한국사 미스터리 1

고대사 뒤집어 보기

오운홍

한국사 미스터리 1

고대사 뒤집어 보기

초판 1쇄 2020년 03월 11일
초판 2쇄 2022년 04월 01일
초판 3쇄 2022년 05월 31일
저   자 오 운 홍
발 행 인 권 호 순
발 행 처 시간의물레
등   록 2004년 6월 5일
주   소 경기도 파주시 숲속노을로 150, 708-701
전   화 031-945-3867
팩   스 031-945-3868
전자우편 timeofr@naver.com
블 로 그 http://blog.naver.com/mulretime
홈페이지 http://www.mulretime.com
I S B N 978-89-6511-305-8 (03910)
정   가 19,800원

이 도서의 국립중앙도서관 출판예정도서목록(CIP)은 서지정보유통지원시스템 홈페이지
(http://seoji.nl.go.kr)와 국가자료종합목록 구축시스템(http://kolis-net.nl.go.kr)에서
이용하실 수 있습니다. (CIP제어번호 : CIP2020009646)

고대사 뒤집어 보기

도서출판 시간의물레

책을 내면서

이 책의 출간은 진정한 역사를 낳기 위한 산고(産苦)의 시작이다.
출산은 고통을 수반하지만 진실을 이어갈 수 있기에 희망이다.

이전에, 우리 한반도에 잘못된 출산이 있었다. 1938년에 태어난 '조선사(朝鮮史)'는 일본인이 써 준 역사책이다. 일본이 실증이라 내세우던 '점제현신사비'가 가짜임이 이미 드러났다. '낙랑 봉니'가 수신지가 아닌 발신지에서 출토되어 신뢰를 잃었다.

한사군은 한반도에 '덤터기 씌워진 사생아(私生兒)'이고 '도적자(盜籍者)'이다. 한반도 대동강 유역에 한사군 '낙랑'이 있었다는 중국 문헌기록은 단 하나도 없다. 근거도 없이 한반도 호적에 올라있는 도적자의 후손이라니 심히 부끄럽다.

사실, '낙랑군'은 한반도 대동강이 아니라 중국 패수(난하) 유역에 있었다. 『수서』와 『구당서』는 '신라의 위치가 한나라 때 낙랑 땅'이라 한다. 그 옆에 '백제'와 '고구려'가 있었다는 중국 문헌을 고구마 줄기처럼 잡아당기다 판이 커졌다. 판만 커진 것이 아니라 우리가 배운 역사가 '도적자(盜籍者)의 역사 소설'이라는 사실을 알고, 분한 가슴을 쓸어안고 있다. 한사군뿐만 아니라 신라, 고구려, 백제의 시작도 한반도가 아니다.

고대사 퍼즐을 뒤집어 보는 목적은 '역사 바로잡음'에 있다. 국사학계가 그동안 정리한 '한국사'와는 상당히 달라서 거센 반응과 치열한 논쟁이 예상된다.

역사에서 논쟁은 숙명이다. 우리가 배운 한국사(韓國史)의 뼈대는 일제(日帝)가 써준 '조선사'와 이병도 학파에 의해 정리된 것임을 누구도 부인할 수 없다.

　해방(1945) 이후 새로운 사료의 발견과 고고학적 발굴, 국내외 여러 학자의 이의 제기, 그리고 인터넷의 발달과 정보의 공유 등을 생각해 보면, '일제의 반도사관(半島史觀)'을 이어온 강단사학계'가 더 이상 한국사를 독점해서는 안 된다는 시대적 공감에 이르렀다.

　일본이 만들어 준 우리 상고사(上古史)는 상식적으로 이해할 수 없는 미스터리 부분이 많다. 마치 난해한 퍼즐을 맞추는 작업과도 같다. 상고사를 새로 맞추어가는 길목에서 반갑게 만나는 '동이(東夷)'를 따라가다 보면 한반도가 아니라, 그 옛날 주요 활동 무대는 중국 문헌이 가리켜주는 대로 지금의 드넓은 중국과 만주와 몽고의 땅이다. 그러나 우리 역사교과서는 엉뚱하게도 한반도 안으로 축소된 반도사(半島史)일 뿐이다. 이로 인해 한국 사학계는 '유사(類似) 역사'니, '사이비(似而非) 사학(史學)'이니 하는 진흙탕 싸움을 하고 있다. 일본의 '식민사관과 반도사관'이 진실의 탈을 쓰고 "너는 사이비 사학이고, 나는 실증주의 역사"라며 역사 마당을 독점한다. 가짜 유물을 실증이라 내세우는 실증주의는 사관(史觀)이 될 수 없다.

　이 책은 역사의 실증을 위해 『삼국사기』와 『삼국유사』를 주된 골격으로 삼고 중국의 사서들을 인용하여 보강하였다. 그런데도 불구하고 도처에 뼈대가 빠져 있어 난감했다. 이 책에서 가끔 인용한 『환단고기(桓檀古記)』가 그나마 상고사의 부족한 사료(史料)를 '좌우상하'로 연결해 주어 천만다행으로 여기고 있다. 그밖에 지구과학, 천문학, 기상학, 지리학,

언어학은 물론, 지명(地名)을 분석하고 사회문화와 전통까지도 참고하였다.

이 책이 『환단고기』를 인용했다 하여 무조건 '환빠'라 부르며 외면하기를 부추긴다면, 독자들은 그들에게 질문을 던지시라. "우리 상고사를 제대로 쓴 책을 본 일이 있느냐?", "베트남이나 일본에도 상고사는 있는데, 우리만 상고사가 없는 민족이냐?" 매섭게 질문을 하시라.

조선시대 우리 할아버지가 대대로 배워오던 역사책, 동몽선습(서당교재)을 왜 하루아침에 할아버지와 함께 땅에 묻으려 하는지 분명히 물어야 한다. 할아버지가 배우던 역사가 『환단고기』에 있다. 사관이 다르면 토론할 일이다. 『환단고기』는 종교서적이 아니고 역사서인데, '강단사학'이 우리의 뿌리를 왜 덮으려 하는지 솔직히 밝혀야 한다.

그동안 의문을 가졌던 한국사의 미스터리가 이 책을 통하여 시원한 청량제처럼 한 줄기 빛을 보게 될 것이다. 그런데 국사를 전공했다는 학자 중에 이 책을 소설이라 폄하하는 분이 있다면 그에게 다시 질문하시라. "한반도에 설치했다는 한사군 자체가 소설 아니냐?" 엉뚱하게도, 번지(番地)가 다른 한사군을 왜 한반도에 끌어와서 옹호하며 소설 같은 역사를 쓰고 있나? 그들은 숨기지 말고, 정직하게 답을 해야 한다. 소설 같은 '한사군설'로 도배질해 놓고, 확실한 실증자료를 소설이라 덮어씌우는 적반하장 행위를 더 이상 묵과할 수 없어 책을 내기로 결심했다.

우리가 국사를 배우는 까닭은 '입시 관문'을 통과하는 시험과목에 있지 않다. 역사의 과거와 미래를 보기에 앞서 나와 나의 정체성을 제대로 확인해야 한다. '국사'를 우습게 여기는 사람들이 도처에 널려있다. 국사가 필수가 아닌 나라가 대한민국이다. 바른 역사의 눈과 비전을 잃게 되면 우리의 미래가 불투명해진다. 독자 여러분이 이 책을 통해 나(국사)를 다시 본다면, 세계를 보는 눈이 한층 밝아질 것이다. 그 눈으로 세계에 나아가시라.

이 책은 홍영기(洪英基 전 교장) 선생과 토론하며 시작됐다. 그가 경기도 교육청 율곡연수원 교육연구사로서 '율곡역사관' 개관에 참여했고, 그의 저서 『율곡 이이의 십만양병론에 대한 재조명』이 말하듯이 조선 중세사에 기여한 분이다. 그가 대화중에 '수메르문명'과 '홍산문명'이란 화두를 꺼냈다. 처음에는 귀 너머 듣다가 우리 상고사의 '미스터리 퍼즐의 공백'을 끼워 맞출 수 있겠다는 가능성을 얻었다. 또한 그의 소장본 『한단고기』(임승국 역)에서 비어있는 고대사의 공백을 찾을 수 있었다.

이 책이 후속 연구나 국사이야기 등의 동기부여로 이어졌으면 한다. 이로 인해 우리 상고사가 탄탄하게 재정립되기 바란다. 어떤 사료, 무슨 색 퍼즐인가는 중요한 게 아니다. 사료가 부족한 상고시대의 역사가 종횡으로 직조물처럼 탄탄하게 짜여진 스토리인가에 초점을 두어야 한다. 토론 중에 퍼즐의 재질이나 출처를 논하는 일에 진을 뺀다면 주제를 이탈하는 일이다. 학계가 못하면 이 책을 읽은 독자가 '역사 제대로 세우는 일'을 하면 된다. 우리의 오랜 숙원이기 때문이다.

끝으로, 홍성림(洪性林) 기획이사님이 독자보다 먼저 날카롭고 매서운 질문을 해 주셨기에 이 책이 더욱 세련되고 단단해졌으며, 이에 깊이 감사드린다.

2020년 2월
강원도 홍천(洪川) 여호내골, 백인당(百忍堂)에서 창도(彰道) 오운홍(吳雲弘)이 쓰다.

目次

신라편

백 ⸰제 편

고 ⸰구 려 편

한사군편

고조선편

기타편

서문

오래전부터 '낙랑' 관련 문헌 기록을 수집하여 왔다. 부끄러운 역사, 한사군의 중심 '낙랑군'의 진짜 위치를 찾으려 함이었다.

필자는 국민(초등)학교 4학년 담임선생님[1]으로부터 일제 강점기 때 다음과 같이 굴욕을 당했다고 전해들었다. "조센징[2]은 식민지 근성이 있다. 너희들은 한사군민의 후예니까." '식민지 근성(根性)'이란 자주성이 없고 게으른 노예근성의 대명사다.

위만조선을 멸망시킨 한나라 입장에서 한사군과 낙랑군을 바라보았다. 한나라는 낙랑군을 어디에 설치하는 것이 효율적이었을까? 일본이 '조선총독부'를 왜 강원도나 두만강에 두지 않고, 서울에 두었을까? 그들이 조선 속국을 통제하려면 그 심장부를 장악해야 한다.

낙랑 관련 문헌만 수집한 것이 아니다. 위만의 수도 서울 '왕험성(王險城) 관련 자료'도 찾고 있었다. 왕험성(왕검성)을 찾으면 '낙랑군'의 그림자를 찾을 수 있을 것 같아서였다.

---

1 제주북국민학교 4학년 3반 담임(1955년), 고문석 선생님
2 조센징은 조선인의 일본어 독음 명칭이다. 본래 뜻은 인종 차별적인 의미가 없었으나, 일제 강점기를 거치면서 한국인에 대한 멸시의 단어로 사용됐다.

낙랑 관련 자료를 정리하다가 그동안 지나쳤던 문헌 자료에서 뜻밖에, 새로운 사실을 발견했다. 중국 문헌 『수서』와 『구당서』에서 '신라의 위치가 한나라 때 낙랑 땅'이란다. 국내문헌 『세종실록지리지』에는 신라 시조 박혁거세 묘가 중국대륙에 있다 한다. 강소성 오현 호구산 운남사 부근에 있다는 것을 알고 놀랐다. 『환단고기』와 박창화의 필사본, 『삼국사기』〈신라본기〉 말미에서 '선도성모'의 존재와 함께 박혁거세의 모친임을 알아냈다. 그 선도성모가 중국 허난성 카이펑(開封)에 살던 실존 인물임이 밝혀지면서 필자는 신라의 위치에 대해 일시적으로 혼란에 빠졌다. 우리가 배운 신라는 한반도 경주 지역에서 일어나 삼국 중 유일하게 천도를 하지 않은 나라로 알고 있었기 때문이다. 정말로 충격이 컸다. 역사를 다시 봐야 하겠다.

신라편

01

新羅

궁금역사
01

신라의 첫 도읍지 금성이 중국이라니?

– 『삼국사기』〈신라본기〉를 보면 혁거세 21년(BC37)에 금성을 쌓았다는 기록이 있다. 그리고 탈해왕 24년, 강한 바람이 불어 금성 동문이 무너졌다. 파사왕 17년, 금성 남쪽의 나무가 바람에 뽑혔다는 등 금성에 관한 기록이 연속적으로 나타난다.

❗ 천문학자 박창범 교수의 상대 신라의 일식기록 분석은 BC57-AD201의 기간 동안 일식을 관측할 수 있었던 위치를 찾기 위함이었다. 이 기간에 신라는 동경 108-118°, 북위 26-36° 지역과 인접한 곳에 있었다고 보아지며, 이에 따른 도읍 금성도 이 지역이라 할 수 있다.

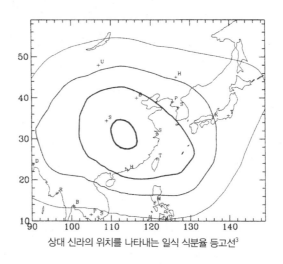

상대 신라의 위치를 나타내는 일식 식분율 등고선[3]

---

3 박창범, 『하늘에 새긴 우리역사』, 김영사, 2018. pp.55-56.

2008년에 중국 산시성(山西省) 린펀(臨汾)시에서 금성(金城)이라는 석판이 달린 토성(土城), 즉 '금성보유적(金城堡遺蹟)[4]'이 발견되었다.[5]

금성을 이루는 동쪽 성벽의 길이가 144m, 서쪽 성벽이 126m, 남쪽 성벽이 109m, 북쪽 성벽이 123m로 주위 502m이다. 그 금성보유적의 서남쪽 분하의 동북안 구릉지에서 동서 약 500m 남북 약 300m 주위 총 1,600m의 조그만 외성도 발견되었다.

산서성 임분시에서 발견된 금성(金城)이라는 글자가 뚜렷한 토성의 정문(서쪽문)

과연 이 금성이 신라의 금성인가?

금성이 있는 신라 땅에 대해 『수서(隋書)』〈동이전(東夷傳)〉의 기록을 보면,

---

4 고구려역사저널 www.greatcorea.kr

5 이곳 임분시에 김씨 조상의 김일제 화상(초상)을 모시고 살고 있는 종손이 현재까지 거주하고 있다.

'신라는 고구려 동남에 살았는데, 이곳은 한(漢)나라 때의 낙랑 땅이다.'(新羅國在高麗東南居 漢時樂浪之地)

『구당서(舊唐書)』〈동이편(東夷篇)〉에는 다음과 같은 기록이 있다.

'신라국은…한(漢)나라 때 낙랑의 땅이었다. 동남쪽으로는 큰 바다가 있고, 서쪽으로는 백제와 접해 있으며, 북쪽에는 고구려가 있다. 동서로 1천 리, 남북으로 2천리이다. 성과 읍, 촌락이 있었다. 왕이 있던 곳은 금성(金城)이다.'(新羅國…其國在漢時樂浪也. 東及南方俱限大海. 西接百濟. 北隣高麗. 東西千里. 南北二千里. 有城邑村落. 王之所居曰金城)

필자가 너무나 충격을 크게 받아 차분하게 다시 정리해 보았다.

신라의 도읍지 ①금성(金城) 사적(史蹟)이 2008년에 와서 기적적으로 발견되었고, ②중국의 사서 『수서』와 『구당서』가 위치를 보증하고 있다. ③신라의 일식기록 관측지를 21세기 첨단 천문기술로 확인까지 하였다. ④일식 관측지로 꼽히는 동경 108-118°, 북위 26-35° 지역 안에 카이펑(開封)시가 있는데 그 곳에는 박혁거세의 어머니로 보이는 선도성모 여선인상(女仙人像)의 유물이 있다.(〈신라본기〉 말미의 기록) ⑤카이펑(開封)의 동남쪽 장쑤성(江蘇省) 호구산(虎丘山)에 박혁거세의 능이 있음을 3서(삼국사기, 삼국유사, 세종실록지리지)에서 밝히고 있다.

이렇게 유적(①, ⑤)과 유물(④)과 중국 문헌(②)과 천문학적 근거(②) 자료가 신라의 태동이 중국 대륙에서 시작되었음을 증명하고 있다. 이밖에도 『삼국사기』의 〈신라본기〉 기록을 보면, 가끔 보이는 ⑥황충의 피해, ⑦음력 4월의 장마, 홍수 피해 등은 중국 대륙에서나 볼 수 있지,

한반도 경주 지역에서는 볼 수 없는 자연 재해 현상이다. 또한 ⑧신라 왕사(王史)를 보면, 유리왕(3대)에서 소지왕(21대)까지 즉위한 직후에 대륙(강소성)에 있는 시조묘에 배알했다는 기록이 있다. ⑨소지왕 때 시조묘에 배알하는 대신 신궁을 설치하고 제사지낸 기록, 월성으로 천도한 기록이 있다. ⑩지증왕(22대) 때부터는 대륙에 있는 시조묘를 찾았다는 기록이 없다.

반면 한반도 경주지역에서는 금성의 자취는 찾을 수 없고, 월성(月城)의 자취만 남아있다. 따라서 신라 금성은 대륙에 있었다고 본다.

통일신라 이후의 일식 관측지는 경주가 맞나?

> ❗ 민족사학자 중에는 신라가 삼국을 통일하고 계속하여 고려 왕건에게 나라를 넘겨주기까지 중국 땅에 있었다고 주장하는 사람도 있어 우리를 혼란스럽게 한다.
>
> 한반도 경주에 남아 있는 오래된 유적들, 황룡사지(진흥왕), 분황사(선덕여왕), 첨성대(선덕여왕), 안압지(문무왕), 석굴암(경덕왕), 불국사(진흥왕? 경덕왕) 등이 남아 있으므로, 신라가 멸망까지 계속하여 중국에 있었다는 주장은 유적들이 인정하지 않는다.

천문학자 박창범 교수의 『하늘에 새긴 우리역사』에 의하면, 787년 이후의 하대(下代) 신라의 경우 '일식의 최적 관측지'는 동경 125–130° 북위 33–37°이다. 지금의 경상남북도, 전라남북도, 충청남북도 일부를 포함한다. 경주 월성은 이 관측지역의 범위 안에 있다. 하대 신라의 도읍지가 (현)경주와 일치한 것으로 보아 일식기록 분석에 신뢰가 간다.

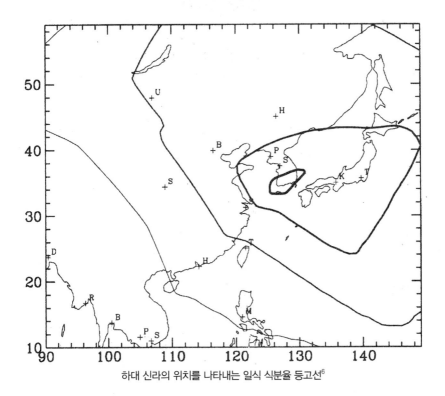

하대 신라의 위치를 나타내는 일식 식분율 등고선[6]

---

6 박창범, 전게서. pp.55-56.

경주 오릉(사릉)은 가묘인가?

－국사학계는 박혁거세 묘(시조묘)를 경주 오릉(五陵)으로 정리하고 있다. 신라 오릉(五陵)의 안내판[7]을 몇 번이나 읽어봐도, 오릉의 오(五, 5)가 1-5대 왕의 다섯 분을 뜻하는지, 삼국유사의 기록대로 박혁거세가 승천한 후 유체가 다섯으로 나뉘어 땅에 떨어져 부득이 오릉으로 조성된 묘인지 종잡을 수 없다.

> ❗ 『삼국사기』에 보면, '61년 3월, (혁거세)거서간이 세상을 떠났다. 그가 묻힌 사릉(蛇陵)은 담암사 북쪽'이라 한다.(六十一年 春三月 居西干升遐 葬蛇陵 在曇巖寺北)

오릉(五陵)과 사릉(蛇陵)에 대한 연유는 『삼국유사』에 있다.

'나라를 다스린 지 61년 만에 왕이 하늘로 올라갔는데, 이레(7일) 뒤에 유해가 흩어져 땅에 떨어졌으며 왕후도 역시 죽었다. 나라 사람

---

7 안내판의 내용이다. '오릉五陵(다섯 무덤)은 신라 시조 박혁거세왕과 2대 남해왕, 3대 유리왕, 5대 파사왕의 임금 네 분과 박혁거세왕의 왕비 알영부인의 능으로 전해 온다. 이는 삼국사기에 네 분의 왕을 담엄(암)사 북쪽 사릉원 내에 장례를 지냈다는 기록과 삼국유사에서 박혁거세왕이 승천한 후 유체가 다섯으로 나뉘어 땅에 떨어지자 이를 각각 장사지내어 오릉이 되었다는 기록에 근거하고 있다. 내부 구조는 알 수 없으나, 겉모습은 경주시내 평지 무덤과 같이 둥글게 흙을 쌓아 올린 형태이다. 1호 무덤은 높이 약 7.86m로 가장 크며, 2호 무덤은 표주박형으로 봉분이 두 개인 2인용 무덤이다. 경내에는 박혁거세왕의 제향을 받드는 숭덕전과 그 내력을 새긴 신도비가 있으며, 그 위쪽으로는 알영부인의 탄생지라 전해지는 알영정이 자리하고 있다.'

들이 왕과 왕후를 합장을 하려고 하였더니 큰 뱀이 나와서 방해를 하여 다섯 동강난 몸뚱아리를 다섯 능(陵)에 각각 장사하고 이름을 사릉(蛇陵)이라 하였다. 담엄사 북쪽능이다.' (理國六十一年 王升于天 七日後 遺體散落于地 后亦云亡 國人欲合而葬之 有大蛇逐禁 各葬五體爲五陵 亦名蛇陵 雲嚴寺北陵是也.)

『세종실록지리지』에는 시조묘의 위치를 좀 더 자세히 기록하고 있다.

'거서간혁거세의 무덤은 虎丘山(호구산)의 雲岩寺(운암사) 남쪽 4里(리)에 있다.'

이곳은 중국 강소성 吳縣(오현)의 호구산을 말한다.

한반도 동남부 경주시(탑동)에 있는 오릉(五陵)이 문헌상으로는 모두 중국 강소성으로 기록되어 있다. 능을 찾는 지표를 보면 '담엄사(曇嚴寺)의 북쪽'(『삼국사기』), '담엄사(曇嚴寺)의 북쪽(『삼국유사』), 운암사(雲岩寺)의 남쪽 4리(『세종실록지리지』)로 절 이름과 위치가 각각 다르다.

왜 이렇게 다를까?

우선 생각해 볼 일은 원본을 베껴(필사)서 사본을 만들 때 옮겨 적는 과정에서 비슷한 글자(雲-曇, 嚴-巖)를 오기할 수 있다고 보는 설이다.

다른 하나는 '일본인들이 『삼국사기』와 『삼국유사』를 조작했다고 주장하는 이도 있다. '가로왈(曰) 자를 '구름 운(雲) 자 위에 붙여서 '구름낄 담(曇)' 자로 조작했고, '남 사리(南四里)'를 '북(北)'으로 날조(捏造)해 놓았다고 한다. 『세종실록지리지』는 미처 변조하지 못한 탓이라고 한다. 일본의 조작했다는 증거가 명확하지 않아 참고할 따름이다.

그러나 세 가지 사료에서 유추할 수 있는 공통점이 있다면 박혁거세 능이 중국 강소성 호구산에 있다는 점이다. 경주 오릉과는 전혀 다른 위치에 있다. 이를 보충해주는 기록이 있다.

『삼국사기』〈신라본기〉소지마립간(21대)이 경주 나을(奈乙)에 신궁을 설치한 이후, 제사가 시조묘에서 신궁으로 옮겨갔다는 기록이 있다. 멀리 중국 땅에 찾아가서 제사를 지내는 일이 어려워졌기 때문으로 볼 수 있다.

이를 종합하면, 경주에 있는 오릉이 중국 강소성 운암사(또는 담엄사, 담암사) 근처에 있는 시조묘를 이장(移葬)해오거나 혹은 새로 조성된 가묘(假墓)가 아닌가 하는 의문이 든다. 반월성 가까이 있는 오릉은 원래 시조묘가 아닌 가묘일 가능성이 높다 할 수 있다.

『삼국사기』의 담암사나 『삼국유사』의 담엄사라는 절[寺] 이름이 막연하지만, 『세종실록지리지』의 운암사(雲岩寺)가 강소성(江蘇省) 오현(吳縣)[8] 호구산(虎丘山)에 있다는 한 가닥 이정표를 따라 탐색의 여정은 계속 되었다.

중국 관광지도[9]에 나오는 강소성 쑤저우(蘇州)시 호구공원은 호구산(E120°35′ N31°20′)[10]에 있다. 운암사 탑은 피사의 사탑처럼 기울어져 있어 관광객의 눈길을 끈다. 관광 가이드는 이 산을 가리켜 옛날 신라 박혁거세 능과 김유신 장군능이 있었다고 한다. 쑤저우는 당나라 때 신라방의 자리이기도 하다. 박혁거세의 시조묘는 찾지 못했지만 『세종실록지리지』에 기록된 호구산과 운암사의 위치를 어렵게 찾아냈다. 분명히 중국 땅이다.

---

8 오현(吳縣)은 오월동주(吳越同舟)의 당사자인 오나라 도읍, 소주(蘇州)의 땅을 말한다.

9 『China Road Atlas』, 산동성지도출판사, 2006. pp.82-83.

10 호구산 호구공원 입구에 오중제일산(吳中第一山)이란 현판이 눈에 띈다. 옛 오나라에서 가장 높은 산이라 한다. 해발 3만8천mm(38m)의 야트막한 산이다.

박혁거세 시조묘 배알은 어느 왕까지 했나?

❗ 2대 남해왕이 시조묘를 건립(AD6)하였고, 3대 유리이사금부터 21대 소지왕까지 임금으로 즉위한 다음에 시조묘에 제사 지낸 기록이 있다. 왕이 직접 시조묘를 배알한 것은 재위기간 중 단 한 차례에 불과한 것으로 보아 제사와 함께 '왕의 등극을 고(告, 아뢰는)하는 절차'에 비중을 둔 것 같다.

이 중 재위 기간에 두 번을 찾은 왕은 19대 눌지왕과 21대 소지왕이다. 눌지왕 19년 4월은, 역대 왕릉을 수리(2월)하고 이어서 시조묘에 제사지낸 것이다. 소지왕 7년(485)의 제사는 "시조묘를 찾는 대신 신궁을 지어 신주를 세우고 종묘를 모시겠고, 시조묘에 지내는 제사를 지제(止祭) 하겠다."고 고하는 절차가 아닌가 한다.

이후, 소지왕은 신궁을 나을에 설치(9년, AD487)하였고 17년에 제사지냄으로써 이후의 제사는 마지막 임금 경순왕 때까지 계속하여 신궁에서 이뤄졌으리라고 본다.

다만, 40대 애장왕, 제41대 현덕왕, 제42대 흥덕왕은 모두 김(金)씨이지만, 신궁과 함께 박혁거세 시조묘를 배알한 것으로 삼국사기에 기록되어 있는데, 국제 역학 관계로 보거나 왕의 안위 문제 등을 고려할 때 중국 내륙의 시조묘가 아니라 경주 오릉(가묘)일 가능성이 높은 것으로 본다.

신라 금관이 김씨 왕릉에서 나오는 까닭은?

❗ 조선일보 만물상[11]에도 나왔지만 식자들에게 궁금한 것 중에 하나다. 금관이 왜 필요한지를 다시 생각하게 한다.

경주 시내에는 거대한 봉분을 갖춘 고분들이 분포하고 있으며 경주분지를 둘러싼 주변의 산기슭에도 고분군이 있다. 그러나 이 고분군들 가운데 왕릉이라 전해지고 있는 것은 56명의 신라왕 가운데 35기에 불과하며 왕릉의 피장자를 정확히 가려줄 수 있는 자료도 매우 희박하여, 무열왕릉·선덕여왕릉·흥덕왕릉을 제외하고는 그 피장자가 명확하지 않다.

그러나 발굴된 바 있는 금관총·금령총·서봉총·천마총·황남대총 등은 왕릉으로 추정되고 있어 왕릉 연구에 중요한 실마리를 제공해주고 있다.

56대에 이르는 신라왕 중에 현재까지 35기만 확보되었다는 것도 경주 천도를 암시한다. 56대 경순왕의 능은 경기도 연천에 있어 제외한다 하여도 약 20기의 왕릉이 경주 부근에서 확인되지 않고 있다.

신라 왕릉이 어느 때부터 경주에 묻혔는가를 밝히는 것이 해답이 될 수 있다.

---

11 김태익, 〈조선일보〉, 만물상, 2009.4.24. 금관이 왜 박(朴) 석(昔) 김(金) 세 왕족 중 유독 김씨 계열 왕릉에서 많이 출토되는가 하는 점이다. 또 거기서 각배(뿔잔), 유리제품, 말안장 등 중앙아시아 기마 민족이 쓰던 물건들이 대량 출토되는 까닭은 무엇일까. 신라 김씨의 시조는 김알지(金閼智)로 알려져 있다. 금관과 기마민족 유물들은 김알지의 출신과 어떤 관련이 있는 것일까. (하략) 궁금한 것이 많다.

『삼국사기』19대 눌지마립간이 19년(435) 2월에 역대 왕릉을 수리하고, 4월에 시조묘에 제사를 지냈다면, 역대 왕릉은 중국 대륙에 있다는 이야기다. 이후 21대 소지마립간 9년(487) 2월에 신궁(神宮)을 설치했고, 10년(488) 정월에 왕의 거처를 월성으로 옮겨, 경주로 완전히 천도를 했다면 그 이전 왕의 능은 경주가 아닌 중국대륙에 묻혔을 가능성이 높다. 특히 초기 신라의 왕들이 중국 대륙에서 임종을 맞았고 그 곳에 묻혔다면, 그리고 부인도 함께 묻혔다면 경주고분에서 금관이 출토될 가능성은 낮아진다. 이는 김씨 왕 때 '경주로 천도했다는 또 하나의 입증자료'가 된다. 신라 왕릉 연구에 참고 자료가 될 것으로 믿는다.

신라금관이 왜 박(朴) 석(昔) 김(金) 세 왕족 중 유독 김씨 계열 왕릉에서 많이 출토되는가에 대한 답이 될 수 있을 것이다.

신라금관이 여성용인 까닭은?

❗ 1973년부터 1975년에 걸쳐, 경주 대릉원에 있는 황남대총을 발굴한 일이 있다. 황남대총은 경주 고분에서 가장 크며, 복분(複墳; 쌍릉)으로 이루어졌다. 황남대총 북분(北墳)에서 화려한 금관이 발굴되었는데, 부인대(夫人帶)라는 명문이 새겨진 금제 허리띠도 함께 발굴되어 당시 국사학계는 큰 파장이 있었다. 북분(北墳)의 피장자를 여성으로 보고 있다. 신라 금관은 과연 여성용인가?

남분(南墳)에서는 은관과 금제 허리띠가 함께 출토되었는데 피장자는 남자다. 피장자의 유해 일부가 나와서 검사해 보니 60대 남자라는 결과가 나왔기 때문에 남자임을 의심할 수 없다. 따라서 북분의 피장자는 여성임이 더욱 확실해졌다. 이런 이유로 피장자가 누구인지 더욱 미궁에 빠졌다. 남자는 생전에 은관을 썼다고 봐야 한다.

황남대총, 천마총, 금관총, 서봉총, 금령총 등에서 여섯 점의 금관을 발견했다. 금관과 동시에 함께 발굴되는 것이 금제 허리띠이다.

금관의 높이는 대략 20-30cm이고, 금은 100여 돈이 소요되며, 1kg 정도의 무게이다. 허리띠는 3kg 정도이고, 허리띠의 띠드리개 길이가 80cm까지 나가는 것도 있다. 허리에서 늘어뜨린 띠드리개가 80cm까지 이른다면 이는 앉지 않고 서서 활동할 때 착용하는 장신구라 할 수 있다.

옷 무게를 제외하고 4kg이 넘게 무거운 것을 착용하고 하루 종일 집무할 수 있을까? 그래서 장례용 혹은 의식용이 아닐까 하는 주장도 제기 되었다. 특히 금관은 신라에서만 발견되는 독특한 형태이다.

그런데 장례용으로 쓰기 위해 세상에 없는 금관과 허리띠를 신라에서 유일하게 창안해 냈다는 것도 설득력이 없다. 또한 남자에게는 사용하지 않고 여성에게만 장례용으로 사용한 것도 이해할 수 없는 일이다. 남자용 은관은 어떻게 설명돼야 할까? 생전에 쓰던 물품이었을 것이라는데 무게를 두어야 한다.

학술회의에서 일본의 고고학자가 금관 뒤에 있는 사슴뿔 형태의 녹각을 보고, 시베리아에 살고 있는 무당의 모자에 녹각을 붙이는 민족이 있다고 소개했다. 그 후 시베리아 샤먼의 모자와 연결된다고 하는 연구논문이 여럿 발표되었다.

필자도 생각나는 게 있다. 『환단고기』《태백일사》〈고구려본기〉에 선도성모 이야기를 다시 꺼낸다.

> '사로의 시왕(始王: 박혁거세)은 선도산 성모(聖母)의 아들이다. 옛날
> 부여제실(夫餘帝室)의 딸 파소(婆蘇)가 있었는데, 남편 없이 아이를 뱄
> 으므로 사람들의 의심을 받아 눈수(嫩水)로부터 도망쳐 동옥저(東沃
> 沮)에 이르렀다. 또 배를 타고 남하하여 진한(辰韓)의 나을촌(奈乙村)
> 에 와 닿았다.' (斯盧始王仙桃山聖母之子也 昔有夫餘帝室之女婆蘇 不夫而
> 孕爲人所疑自嫩水逃至東沃沮 又汎舟而南下抵至辰韓奈乙村)

파소(婆蘇)의 소(蘇)는 솟대를 의미하므로, 이름에서 솟대를 세우는 집안이거나 샤먼(무당)임을 알 수 있다. 사람들의 의심을 받아 눈수(嫩水)로부터 도망쳐 나왔다 했는데, 눈수가 시베리아와 가깝다.

눈수는 대싱안링산맥(大興安嶺山脈)의 동쪽 기슭과 소싱안링산맥(小興安嶺山脈)의 서쪽 기슭에 쌓인 눈이 녹아 이루어졌다 하여 '넌장(嫩江[12], 눈강)'이라 부른다. 이 눈강은 쑹화강(松花江) 상류에 있으며, 동경 125°20′ 북위 49° 지점에 있는 '넌장(嫩江)'이라는 작은 도시는 헤이룽장성(黑龍江省)의 옛 눈강현(嫩江縣)에 있다. 이곳에서 두 산맥을 넘고 아무르강을 넘으면 러시아 땅 시베리아에 이른다. 신라 박혁거세의 어머니 선도성모(파소)가 눈수를 출발하기 전에 시베리아 '샤먼의 문화와 정서'를 지니고 있었다고 봐야 한다.

『위화진경』[13]에 보면 다음과 같은 기록이 있다. 샤먼의 의식 때 사슴뿔 형태의 금관을 쓰게 된 내력이다.

> '예전에 선도산(仙桃山) 원시(元始) 성모(聖母) 파소(婆穌; 박혁거세의 어머니) 천왕이 머리에 진홍색 금관을 쓰고 몸에는 은색의 비단 신의(神衣)를 걸치고, 안에는 자황록의 49가지 색깔의 옷을 입었다.' (昔者 仙桃山 元始聖母 婆穌天王 頭戴絳色金冠 身被銀色錦神衣 內着紫黃綠四十九彩)

신라의 금관은 박혁거세의 어머니 파소가 처음 썼다는 내력이 있다. 금관은 성모인 부인(여왕)의 상징이기도 하다.

---

12 눈강(嫩江)과 눈수(嫩水)의 눈(嫩)은 우리말 눈(雪)을 가리키는 글자라고 본다. 왜 설강(雪江)이나 설수(雪水)라 하지 않았을까? 눈(嫩)에는 여자(女)와 삼갈 칙(敕)이 합쳐진 의미가 들어있다. 한자가 도입하기 전, 이미 수렵생활(구석기시대) 때 '눈 강'이니, '눈 수'라는 지명이 있었을 가능성이 높은 지역이다. 눈이 오면 여자들은 수렵에 참가할 수가 없고 어린 자녀와 함께 집안에 있어야 한다.

13 『위화진경』은 남당 박창화가 일본 왕실도서관에 촉탁으로 근무할 때 필사한 신라 최초의 화랑이며 1대 풍월주인 〈위화〉에 대한 이야기이다.

금령총 금관(金鈴塚金冠)은 보물 제338호로 지정되어 있다. 발굴조사 당시 유리로 장식된 금방울이 출토되었다 해서 '금령총'이라는 이름이 붙여졌다. 이 무덤에서 출토된 장신구는 모두 크기가 작은 편이다. 특히 금관도 지름이 16.5㎝에 불과하여 가장 작은 크기이다. 관테에 3개의 세움 장식[立飾]과 2개의 사슴뿔 장식을 부착한 전형적인 신라 금관을 따르고 있으나, 곡옥 장식이 없고 특히 크기가 작은 점을 통해 교동 금관과 마찬가지로 무덤에 묻혔던 관의 주인은 유소년(幼少年)으로 국사학계는 추정하고 있다. 교동 금관과 금령총 금관이 지름이 작다하여 유소년용으로 보는 것은 남성 중심 생각이다. 필자가 보기엔 피장자가 여성이 아닐까란 생각도 해 볼 필요가 있다.

앞에서 말한 황남대총 발굴 결과에 놀랄 일이 아니다. 이와 같은 여러 정황을 놓고 볼 때, 금관의 주인인 여성이 당시 제사장을 맡고 있는 부인(여왕)이고, 은관의 주인이자 여왕의 남편이 바로 마립간의 역할을 했다고 본다.

신라 개국의 토양 선도성모(1대)는 실존 인물인가?

❗ 선도성모(仙桃聖母)는 제1대 남왕 박혁거세와 제2대 '여왕'(월광성모)
의 어머니라고 한다. 이는 박창화가 일제시대, 일본 천황도서관에 근무
했을 때 필사해 두었던 『상장돈장』의 기록에 따른 것이다.

또 다른 기록이 있다. 『삼국사기』를 쓰기 전 김부식이 문필의 임무를
띠고 송나라 조공단을 따라 갔을 때,[14] 우신관(佑神館)에 나아가 어떤 집
에 모셔진 여선인상(女仙人像)을 보았는데, 안내자 관반학사(館伴學士) 왕
보(王輔)가 "이 여선은 당신 나라의 신(神)으로, 옛날 중국 제실의 딸인
데, 남편 없이 임신해 의심을 받아 바다를 건너 진한으로 가서 아이를
낳은 것이 해동 시조가 되고, (여선은) 지선(地仙)이 되어서 오랫동안 선도
산(仙桃山)에 살았다"고 말했다.

김부식은 또한 송나라의 사신 왕양(王襄)이 지은 동신성모(東神聖母)에
게 제사 드리는 글에, '현인을 낳아 나라를 처음으로 세웠다'는 구절을
보고 그제서야 동신이 곧 선도산의 신성(神聖)임을 알았다.

당시 김부식도 처음 듣는 이야기라 기이하게 여겼고, 또한 듣기에 못
마땅했는지 "그 아들이 어느 때 왕 노릇을 했는지 알 수 없다"라는 주석
을 삼국사기 〈신라본기〉 경순왕 조[15] 맨 마지막에 적어놓은 것을 보면,

---

14 김부식은 1116년(예종11년) 7월에 문한관(文翰官)으로서 상서(尚書) 이자량을 따라 갔다. 송나라
  휘종으로부터 사마광이 쓴 『자치통감』 한 질을 받아왔는데 후일 『삼국사기』 편찬 때(1145년) 영향
  을 받은 것으로 보인다.

15 김부식 지음, 이재호 옮김, 『삼국사기』(1), 솔, 1997. pp.461-462.

신라의 시조로 본 것이라 하겠다.

김부식이 송나라에 갔던 시기가 1116년인데 신라 건국(BC57)으로 보면 1,100년이 지난 때인 데도 그곳 카이펑(開封)의 우신관에 모셔져 있다는 것이 놀라운 사실이다.

일연 스님이 쓴『삼국유사』권7의 '선도성모수희불사'에 보면 다음과 같은 내용이 나온다.

'선도성모가 불교 행사를 좋아하였다. 진평왕 시대에 지혜(智惠)라는 여승이 있어, 어진 행실이 많았고 안흥사에 거주했다. 지혜(스님)가 새로 불전을 수축하고자 하였으나 힘이 부족하여 못하더니, 꿈에 한 선녀가 아름다운 자태로 머리를 보옥으로 꾸미고 와서 말하기를, "나는 선도산의 신모이다. 네가 불전을 수리하고자 하니, 기꺼이 금 10근을 시주하여 돕고자 한다." 하였다.' (仙桃聖母隨喜佛事 眞平王朝 有比丘尼名智惠 多賢行 住安興寺 擬新修佛殿而力未也 夢一女仙風儀婥約 珠翠飾鬘 來慰曰 我是仙桃山神母也 喜汝欲修佛殿 願施金十斤以助之)

상대 신라 때부터 선도성모 사상이 흐르고 있었다고 봐야 한다.

『환단고기』《태백일사》〈고구려본기〉[16]에 있는 선도성모 이야기를 다시 보자.

16 임승국, 『한단고기』, 정신세계사, 2016. pp.292-293.

'사로의 시왕(始王; 박혁거세)은 선도산 성모(聖母)의 아들이다. 옛날 부여제실(夫餘帝室)의 딸 파소(婆蘇)가 있었는데, 남편 없이 아이를 뱄으므로 사람들의 의심을 받아 눈수(嫩水)로부터 도망쳐 동옥저(東沃沮)에 이르렀다. 또 배를 타고 남쪽으로 건너서 진한(辰韓)[17]의 나을촌(奈乙村)에 닿았다.' (斯盧始王仙桃山聖母之子也 昔有夫餘帝室之女婆蘇 不夫而孕爲人所疑自嫩水逃至東沃沮 又汎舟而南下抵至辰韓奈乙村)

선도성모의 본명(성)이 파소(婆蘇)라는 점, 동옥저를 거쳐 해하(海河)의 얕은 물을 건너 진한 땅, 나을촌에 정착한 것 같다. 나을촌 위치에 대하여 소지마립간 9년 2월 '신궁을 나을에 설치했다. 나을은 시조가 태어나신 곳이다'란 『삼국사기』의 기록으로 보아 나정(蘿井)=나을이다. 박혁거세가 태어난 '나을'은 선도성모가 살았던 중국 허난성 카이펑 근처라고 본다. 박혁거세가 태어났다는 '경주 탑동 나정'이라는 유적지는 소지마립간이 '신궁을 설치한 장소'로 볼 수 있다.

쑹화강(松花江) 북쪽 눈수(嫩水)에서 남쪽 진한 땅까지 이동한 경로를 소상히 알 수 있다. 파소(婆蘇)라는 이름에서 솟대를 세우는 집안임을 알 수 있다. 또한 부인(夫人, 여왕) 중심의 마고체제가 여기서 비롯된 것임을 시사하고 있다.

이와 같이 선도성모는 4개의 문헌에서 언급되고 있다. 특히 김부식이 직접 가서 보고 확인했다는 우신관(佑神館)에서 여선인상을 모신 사당이 송나라 수도 카이펑(開封)에 있었다.

---

17 진한(辰韓)의 위치는 '신라가 처음 건국하여 도읍을 정했다는 산시성(山西省) 린펀'과 '선도성모 유적이 남아있는 허난성(河南省)의 카이펑' 일대라고 본다. 또한 배를 타고 건넜다는 바다는 하베이성(河北省)의 해하(海河)라고 볼 수 있다.

또한 이곳에서 남동 방향으로 500㎞ 지점에, 담엄사(曇嚴寺)『삼국사기』에는 담암사(曇巖寺)[18] 근처에 박혁거세의 능(시조묘)이 있다는 것을『삼국사기』와『삼국유사』,『세종실록지리지』에서 확인할 수 있다. 이는 다시 말해 이곳이 선도성모와 박혁거세의 활동 무대 등 신라의 영역이라고 할 수 있다.

이들 활동무대에 대해, 첨단과학기술을 동원한 천문학자 박창범 교수가『삼국사기』에 기록된 신라의 일식 날짜를 분석한 결과, 앞에서 소개한 것처럼 상대(초기) 신라의 일식 관측지의 위치가 동경 108-118°, 북위 26-36° 지역임이 확인됐다. 이 지역 안에 상대 신라의 첫도읍지로 보이는 금성(중국 산서성 임분시, E111°30′ N36)과 카이펑(開封. 송나라 수도, E114°30′. N34°45′)이 있다. 다시 말해『삼국사기』에서 말하는 신라의 일식 관측지라 할 수 있다. 이를 종합하여 보면, 선도성모는 카이펑 지역에 살았던 실존인물이라 할 수 있다.

---

18 북쪽, 삼국유사에는 담엄사(曇嚴寺) 북쪽, 세종실록지리지에는 강소성 호구산 운암사(雲岩寺) 남쪽이라 기록되어 있다.

신라의 한반도 진출은 언제부터인가?

❗ 『삼국사기』나 『삼국유사』에 보면, 고구려나 백제가 도읍을 천도한 기록은 있어도 신라에 대해서는 없다. 있고 없고를 떠나 금성과 월성이 같은지 다른지도 모호하게 기록하고 있다. 『삼국유사』보다 『삼국사기』가 먼저 나왔으니 우리는 김부식의 사관에 대해 의심의 시선을 보낼 수밖에 없다. 김부식은 신라 귀족의 후예로서 신라 중심의 역사책을 쓰고 싶어 했을 것이다. 특히 한반도의 주인이 신라였다는 것을 강조하고 싶었을 것이다.

삼국사기를 쓰는 근거가 되었던 기초 자료, 『신라고기』나 『신라고사』에 신라의 천도 기록이 있었는지 지금으로서 알 수 없는 일이다.

신라가 중국 대륙에서 건국한 것이 사실이라고 밝혀진 이상 중국의 금성(대륙신라)과 한반도의 경주 월성(한반도 신라)이라는 분석틀로 『삼국사기』〈신라본기〉에 기록된 역사적 단서를 분석하여 천도의 시기를 유추할 수밖에 없다.

①금성 유적 관련- 중국 산시성(山西省) 임분(린펀, 臨汾)시에서 금성(金城)이라는 석판이 달린 토성(土城)이 발견됐다- 1대 혁거세거서간 21년 (AD37) 금성을 쌓다(『삼국사기』) ※대륙 신라

②월성 유적 관련- 한반도 경상북도 경주시- 인근에 계림과 안압지가

연이어 있다. -5대 파사이사금 22년 2월 월성을 쌓다. 그해 7월 왕이 월성으로 거처를 옮기다(『삼국사기』) ※한반도 신라

③일식 기록 분석- 첫 일식기록이 박혁거세 4년(BC54) 음4월 1일이고, 내해이사금 6년(201) 음3월 1일까지의 일식을 분석한 결과 관측지는 대륙 금성과 가까운 지역이다.(『삼국사기』 일식기록 분석-박창범 교수) ※대륙 신라

④지진 기록 분석- 첫 지진은 3대 유리이사금 11년(34) 5월 서울에서 땅이 갈라지다(『삼국사기』). 신라의 지진기록이 3국 중에서 상대적으로 많다. 경주(월성)가 지구과학으로 볼 때, 양산단층대 가까이 있어 활성단층의 영향이라 본다. ※한반도 신라

⑤4대 탈해이사금 9년(65) 3월 알지가 태어나고 국호를 계림으로 고치다.(『삼국사기』) 알지가 태어났다는 계림은 월성에 붙어 있다. ※한반도 신라

⑥중국 강소성에 건립(AD5)한 시조묘(박혁거세 능)에 왕이 친히 참석하여 제사지내는 것은 소지왕 7년(485)으로 막을 내린다(『삼국사기』). ※대륙 신라

⑦시조묘 배알 대신, 신궁을 지어(AD487) 제사 지내기 시작한 것은 소지왕 17년(495)이다(『삼국사기』). ※한반도 신라

⑧『삼국사기』에는 금성에 불이 났다거나 문(門)이 바람에 넘어졌다는 기록들이 꽤 있다. 금성 관련 마지막 기록, 소지왕 4년(482) 2월 '큰 바람이 불고 금성 남문에 불이 났다'로 금성 기록이 더 이상 없다. ※대륙 신라

⑨소지왕 9년(487) 7월 월성을 수리하고, 이듬해(488) 1월 왕이 월성으로 옮겨 거주했다는 『삼국사기』기록이 있다. 이번에 천도한 월성은 삼국의 통일전쟁을 거치고 통일신라의 왕궁으로 이어진다. ※한반도 신라

⑩『삼국사기』소지왕 16년(494) 7월 고구려군에 포위당한 실죽[19]을 백제왕 모대(동성왕)가 구해주었다. 이 기록은 소지왕이 경주 월성으로 천도(488)한 후, 6년 만에 일어난 일이다. 왕과 중심세력은 경주 월성으로 천도했지만 중국에도 남아있는 세력이 있었던 것으로 보인다. ※대륙 신라

이때 백제왕 모대(동성왕)는 중국 동해안(요서 백제)에서 북위 7대 고조(高祖, 효문황제 471-499)와 대치[20]중이었다. 만약 한반도에서 실죽이 고구려 군에 포위되었다면 바다 건너 중국에 있던 모대가 어떻게 실죽을 구해줄 수 있을까?

소지왕 17년 8월 이번에는 고구려가 백제 치양성을 포위하자 장군 덕지를 보내 구해주었고, 소지왕 18년 7월 고구려가 우산성(牛山城)[21]을 공격하자 장군 실죽이 이를 물리쳤다는 기록이 있다. 이들 전투는 모두

---

19 『삼국사기』〈신라본기〉소지왕 8년1월 실죽을 장군으로 삼고 삼년성과 굴산성을 고쳐 쌓았다.

20 백제가 동성왕 재위(479년11월-501년12월) 때 북위와 교전을 벌였다는 기록(482년, 488년, 490년 총 3차례 전쟁 기록)이 중국 사서에 남아 있다.

21 대륙에 있는 지명으로 보아 한반도 충청남도 청양에 있는 우산성이 아니라 할 수 있다.

중국 대륙에서 있었다고 본다. ※대륙 신라

⑪이밖에도『삼국사기』〈상대신라〉편에 보면 황충(蝗蟲)이나 누리의 피
해, 4월 홍수나 물난리의 피해가 가끔 보인다. 메뚜기과에 속하는 황
충은 풀무치, 혹은 누리라고도 하는데 펄벅(미국 소설가)의 작품『대지』
에서 보듯 누리 떼가 지나가면 먹을 것이 씨가 마른다. 이는 한반도의
자연현상이 아니라 중국대륙에서 볼 수 있는 피해현상이다. 또한 기
상학적으로 볼 때, 4월(음) 홍수(물난리)도 한반도의 재해 상황이 아니
다. 중국 양쯔강 유역의 장마가 한반도 보다 한 달 이상 일찍 시작한
다는 것이 현대 기상학이 증명하고 있다. 황충(누리)의 피해나 4월 홍
수(물난리)의 피해는 한반도의 경주 지역의 재해가 분명 아니다. 소지
왕 5년 4월 물난리가 크게 났다. 소지왕 16년 4월 물난리가 크게 났
다. 소지왕 19년 7월 가물고 누리의 피해가 발생하다. ※대륙 신라

　신라가 중국대륙에 있었다는 증거들, '금성 남문에 불이 났다'(소지왕 4
년 2월)와 같은 금성 관련 기록, 마지막으로 시조묘에 제사 지낸(소지왕 7
년) 기록, 대륙에서의 전쟁(소지왕 16년 7월, 17년 8월, 18년 7월)기록, 4월
홍수(소지왕 16년 4월)기록, 황충의 피해(소지왕 19년 7월)기록이 지증왕 때
부터 더 이상 나타나지 않고 있다. 이는 소지왕 10년 1월 왕이 월성으
로 옮겨 거주했다는 기록과 맥을 같이하고 있다.
　이를 종합할 때 천도의 완료는 488년경이라 할 수 있다. 그러나 신라
는 다른 나라의 경우와 달리 1국 2도읍 체제를 오랫동안 유지하고 있던
셈이 된다. 2도읍 체제는 언제부터인가?

5대 파사이사금 22년(AD100) 2월 월성을 쌓았다는 기록이 있고, 이보다 앞서 4대 탈해이사금 9년(AD65) 3월 알지가 경주 계림 숲에서 태어나자 국호를 '계림'으로 고쳤다는 기록이 있다.

이보다 더 앞서 첫 지진(유리이사금 11년5월, AD34)이 서울에서 일어났다는 기록이 있다. 그런데 금성이 있는 중국 산시성 임분시는 지진 지역이 아니다. 경주 월성은 양산단층 지역과 인접해 있어 지진 다발 지역으로 신라가 3국 중에서 상대적으로 지진 기록이 많은 이유가 있다.

5대 파사왕이 월성을 쌓기 전에 3대 유리왕 11년에 있었던 지진을 가리켜 '서울(서라벌)에서 땅이 길라졌다'고 묘사하고 있다. 이 때 이미 경주 월성을 서울이라 지칭할 만큼 신라는 한반도 월성에 비중을 두고 있었다고 본다.

1국 2도읍 체제가 된 것은 석탈해의 집권(2대 남해왕 때 국무총리)시기와 비슷하다고 본다.

대륙 금성이 신라 초기에는 구당서의 기록, '왕이 있던 곳은 금성(王之所居曰金城)'이라 불렸지만 박혁거세가 시해당할 즈음에는 다른 곳이 수도였고, 금성은 교역의 전초 기지 역할을 했다고 본다. 이에 대한 연구가 신라의 수도 이동 연구와 함께 이루어졌으면 한다.

신라의 동진정책 의도는?

⚠️ 국제정세로 보면 ①한(漢)을 잇는다는 후한(後漢)이 건국(25)된 이후 신(新)나라 잔존세력²² 토벌에 따라, 신라 안의 김씨(김일제 후손)의 도피처 마련이고, 국내적으로 보면 석탈해의 정치적 의도, 즉 ②신흥 석씨 세력의 기반 강화, ③덕업일신 사방망라의 기반(절생산) 조성에 있었다고 본다.

다시 말해, 선도성모로 이어지는 여왕(부인)의 세력과 석탈해라는 신흥세력이 기반구축을 위해 연합한 것으로 볼 수 있다.

②국제역학 관계에서 덕업일신이 있다. 신라(新羅)의 신(新, new)은 덕업이 날로 새롭다(德業日新)는 뜻이 들어있고, 라(羅)는 사방을 망라한다(網羅四方)는 의미가 담겨있다고 본다. 덕업일신(德業日新) 망라사방(網羅四方)은 지증마립간 4년(303) 왕호를 중국식으로 지증왕으로 정하고, 국호를 옛 신라의 명칭으로 재정립할 때의 명분이기도 하다. 개국 초의 '신라'라는 국명에도 이런 정신이 들어있었다고 본다.

---

22 신나라의 왕망이 광무제에게 패배(AD25)하자 왕망을 후원하던 김일제의 후손들은 가문의 멸문지화를 면하기 위해서 멀리 피신해야만 했다. 김일제의 5(7?)대 손(?)인 성한왕(星漢王)이 신라김씨의 시조인 김알지(AD65 출생)가 된다. 또한 김일제의 동생 윤의 5(7?)대 손 탕(湯)이 가야김씨의 시조인 김수로이며, 김해김씨의 시조가 되었다(AD42)고 한다. 신라는 건국 당시 김씨와 연관이 있는 것처럼 보인다. 금성, 초기 신라의 여왕들이 김씨와 관련이 깊다. 그런대도 중국 사서에 보면, 상대신라에 대한 기록이 있으나 김씨 성이 나오지 않는다. 박혁거세의 박씨도 성이고, 석탈해의 석씨도 성이며 육촌장의 성, 즉 이씨, 배씨, 정씨, 최씨, 손씨, 설씨라는 성을 부여하면서 한국에서 가장 많은 성씨인 김(金)은 당시에 없었다.

석탈해의 정계진출은 선진 제철 기술의 힘인가?

❗ 『삼국유사』에 보면, 탈해가 호공의 집을 뺏는 과정에서 숫돌이 등장한다. 전설처럼 기록된 석탈해의 행적 속에서 제철 기술자 집단의 도래를 엿볼 수 있다.

탈해왕은 철광석을 찾아 동쪽으로 이동해 온 석(昔, Sok)씨 혹은 석가(釋迦, Soka)족과 연관이 있다고 본다.

탈해는 자신이 "숯과 숫돌을 쓰는 대장장이 집안"[23]이라고 밝혔듯이 그의 성(姓)인 '석(Sok)'은 타밀어로 '대장장이'를 뜻하는 '석갈린감(Sokalingam)'의 줄인 말로서 성과 직업이 일치한다. '석갈린감'의 '석' 혹은 '석가(Soka)' 등은 영어의 Blacksmith, Smith처럼 대장장이 집안의 이름으로 통용됐으며 여전히 타밀인의 남자 이름에 남아 있다.

이와 관련하여 『삼국사기』 권1 〈신라본기〉 탈해이사금 조에 '아진포(阿珍浦)'에 이른 탈해를 한 노모가 데려다 길렀다고 했다. 탈해가 태어났다는 혁거세 39년(BC19)이다. 『삼국유사』 권1 〈기이편〉에는 (노모가) '아진의선(阿珍義先)'이라 명기[24]했다.

2천여 년 전 제철 기술자 집단인 석탈해 집안이 수애(水愛)리[25]를 근거로 해서 철제품을 생산하여 부를 쌓아 서라벌로 진출한 것으로 보인다.

---

23 일연 지음, 이재호 옮김, 『삼국유사』(1), 솔, 2007. p.123.

24 상게서. p.121.

25 경상북도 양남면 나아(羅兒)리, 수애(水愛)리, 나아해수욕장, 나아교(羅兒橋) 등 명칭이 남아있다.

그런 연유로 나아(羅兒)리는 신라의 아이가 태어난 고을이며, 나아에 속했던 모포(母浦)는 어린 석탈해를 키워준 아진의선이 살던 마을 이름이다. 현재는 나아의 중심인 수애만 남아있다.

수애를 한 음절로 발음하면 수애→쇄→쇠… 쇠(鐵)라는 말이 된다. 수애에서 시작한 탈해의 제철사업은 번창하여 울산 북구에 있는 노천광산인 달천광산[26]으로 확대된 것으로 보인다. 달천은 원래는 탈해 혹은 탈내(川)였으나 구전되면서 탈내가 달내가 되고 내는 천(川)으로 오기되었을 개연성이 있다. 울산북구는 요즘도 '쇠불이 축제'를 하고 있다.[27]

이를 뒷받침할만한 고고학적 발굴이 있다.

경주시 황성동에 있는 널무덤(목관묘: 木棺墓) · 돌방무덤(석실분: 石室墳) 유적에서 제철유구(製鐵遺構)가 발굴되었다(1991). 발굴 보고자는 부장된 토기의 기종과 형식을 기반으로 3세기 중반에서 후반에 이르는 것으로 보고 있다.

출토유물은 석기류, 토기류, 철기류로 나눌 수 있는데, 석기류는 간돌도끼 1점을 제외하고는 모두 숫돌이 출토되었으며, 토기에는 무문토기와 함께 와질계의 긴 독, 주머니호, 항아리, 손잡이항아리 등이 있고, 철기류에는 쇠화살촉, 쇠낫, 쇠손칼(鐵刀子), 단조쇠도끼, 쇠끌 등이 있다.

황성동 철 · 철기 생산유구(隍城洞 鐵 · 鐵器生産遺構)에서 철광석이나 기타 철원료를 환원시켜 철을 생산하는 공정이 이루어지는 노(爐)는 확인하지 못하였으므로 엄격한 의미에서는 제철 유적이라고 하기 어려우나,

---

26 울산광역시 북구 달천동 달천교 옆 쇠곳이 있다.

27 변정용, 〈서라벌신문〉, 2012.10.22.

생철(生鐵)을 용해하여 주조쇠도끼를 주조했던 용해로(鎔解爐)와 저탄소의 환원철을 단조(鍛造)하여 중간소재나 철기를 생산하는 단야로(鍛冶爐) 등이 발견되었으므로 1차로 얻어진 철원료를 가지고 한 장소에서 집중적으로 철ㆍ철기 생산이 이루어졌던 유적임에는 틀림없다.[28]

황성동 제철유구의 발굴로 신라가 철 생산지라고 완벽하게 대변할 수는 없다. 생철을 녹이는 용해로와 저탄소의 환원철을 단조하는 단야로가 발견되었지만, 철광석을 녹여 철을 생산하는 노(爐)는 발견되지 않았다. 경주 황성동이 철광 지역이 아니고, 또한 당시의 노(爐)가 보존되지 않아 어렵더라도 가까운 곳에 철광이 있는가를 살펴야 한다. 그리고 당시 기술로 채굴하기 쉬운 노천 광산이 있는가는 철 생산국 입증의 중요한 조건이 된다. 교통로가 구비되지 않았던 고대에 교통이 편리한 지역에 나타난 양질의 노천 광맥을 발견해서 채굴했을 것이다.

학자들은 경주 황성동 유적의 시료를 분석한 결과 자철광을 원료로 삼았고, 철에 비소(As)가 다량 함유된 것을 밝혀냈다. 이는 자철광이며, 비소가 다량 함유된 달천광산의 철광석을 연상시킨다. 결국 경주 황성동에서 사용된 철광석은 '달천제'일 가능성이 높다는 것이다. 이곳뿐만 아니라 울산 천상리와 덕천리 제철유적에서도 비소(As)가 나왔다. 역시 달천광산에서 채광한 철광석을 사용했을 것이다.

이와 더불어 울산 창평동 목곽묘(木槨墓)에서 출토된 한나라 거울 2매와 3세기대의 유적인 울주 다대리 목곽묘에서도 청동 솥도 대외교류[29]의

---

28 『한국민족문화대백과사전』에서 발췌

29 3세기 역사서인 『삼국지』 '동이전·한조'의 '나라(國)에서 철(鐵)이 생산된다(出)'는 기사였다. 즉 "한(韓·마한)과 '예(濊)', 왜(倭)가 모두 이곳의 철을 가져갔고, 또 2군(낙랑·대방군)에도 공급했다"

흔적을 보여준다. 이 모두가 달천광산을 기반으로 형성된 유적일 가능성이 짙다는 것이다.[30]

이도학 교수는 '진한=신라' 지역에서는 경주 황성동과 밀양 사촌·임천리, 양산 물금, 울산 달천광산 등 비교적 풍부하고 집중적인 정보를 알려주는 제철 관련 유적들이 많다고 주장하고 있다.

이들 제철관련 유적들이 경상도 일대에 산재되어 있는데, 역사 속에 제철관련 기록들이 있다. 그 중심점을 찾는다면, 경상북도 양남면 하서리 일대의 진리(津里) 또는 하서천 일대라 할 수 있다. 이 일대는 석탈해 왕의 탄생 설화가 있는 아진포의 지명이 남아있는 곳이다.

참고로 경주 황성동 제철유적지는 달천광산에서 20여 ㎞, 동해안 수애(鐵)리에서 약 28㎞ 떨어진 곳이다.

석탈해가 대륙에서 박혁거세 시해사건의 주역으로서 이를 성사시켰고, 당시 신라의 철기를 압도할 만큼 우수한 철기를 생산했다면, 한반도 경주 지역의 제철 기술은 이웃 지역에 비해 상당한 수준을 유지하고 있었다고 본다. 이를 뒷받침하는 전설이 있다.

일본에 철기문명을 전한 '연오랑 세오녀 연구소' 개소식[31]이 포항시에서 있었다. 일본인들이 숭배하는 카라쿠니(한국)신사와 마쓰에(松江)시와 연결된다.

는 것이다. 『삼국지』는 중국 서진의 역사가인 진수(233-297)가 편찬한 사서이다.

30 '철의 왕국'은 사실 가야가 아닌 신라일 수도 있다. 〈경향신문〉. 2019.01.09

31 〈경북일보〉, 2009.12.08

『삼국유사』에 나오는 연오랑세오녀설화(延烏郎細烏女說話)[32]에 의하면,

　'제8대 아달라왕(阿達羅王) 즉위 4년 정유(157), 동해 바닷가(현 포항시 세계동)에 연오랑(延烏郎)과 세오녀(細烏女)가 살고 있었다.(중략) 이때 신라에서는 해와 달이 빛이 없어지니, 일관(日官)이 말했다. "해와 달의 정기가 우리나라에 있었던 것이 지금 일본으로 가 버렸기 때문에 이런 괴변이 일어났습니다." 왕은 사자(使者)를 일본에 보내어 두 사람을 찾았다.(중략) 이에 그 비단을 주었다. 사자가 돌아와 아뢰었다. 그 말대로 제사를 지냈더니 해와 달이 그전과 같아졌다. 그 비단을 임금의 창고에 간직하여 국보로 삼고, 그 창고를 귀비고(貴妃庫)라 하며, 하늘에 제사지낸 곳을 영일현(迎日縣) 또는 도기야(都祈野)라 했다.'
　(第八 阿達羅王卽位四年丁酉 東海濱 有延烏郎 細烏女 중략...是時新羅日月無光 日者奏云 日月之精 降在我國 今去日本 故 致斯怪 王遣使求二人 중략... 仍賜其綃 使人來奏 依其言而祭之 然後日月如舊 藏其綃於御庫爲國寶 名其庫爲貴妃庫 祭天所名迎日縣 又都祈野).

　연오랑과 세(쇠)오녀가 일본으로 건너간 후, 낮(해)과 밤(달)의 밝은 빛이 어두워졌다고 했다. 신라에서는 사람을 보내 세오녀가 짠 비단을 가지고 와서 빛을 되살렸다고 한다. 연오(延烏)와 세오(細烏)라는 이름의 공통점은 이름 속에 까마귀 오(烏; 검을 오)가 들어있다는 점이다. 피부색이 어두운 남방계열, 타밀지역에서 온 제철 기술력을 가진 부부일 수 있다.
　일본으로 떠난 이유가 대우 등 우대 조건이 있었던 것 같다. 일본에서는 연오를 왕[변읍邊邑의 소왕小王]으로, 세오를 귀비(貴妃)로 삼았다.

---

32 일연 지음, 이재호 옮김, 전게서. pp.130-131

연오와 세(쇠)오가 일본에서 말하는 대로 제철 기술자가 맞다 하면, 밤낮으로 밝은 빛을 유지해야 하는 것은 철광석을 녹이는 용광로의 온도 유지이고, 세(쇠)오녀가 보내준 비단 속에는 용광로의 적정 온도를 유지하는 비법이 들어있었을 것이다.

　　일본인들의 말처럼 당시 신라의 제철 기술이 일본(왜)보다 앞섰던 것이 분명하다. 한마디로 연오랑세오녀의 설화는 선진 기술 유출의 표본이라 할 수 있다.

　　또 하나 탈해와 관련된 기록이 있다. 『삼국유사』 '가락국기'에 보면, 탈해가 수로왕을 찾아가 대결했다는 기록이 있다.

　　　'탈해가 바다를 따라 가락국으로 오니 그의 키는 다섯 자였고 머리의 둘레는 한 자나 되었다. 흔연히 대궐에 나아가서 왕에게 말하였다. "나는 왕의 자리를 빼앗으러 왔소." 왕이 답했다. "하늘이 나에게 명하여 왕위에 오르게 했고, 나는 장차 나라 안을 안정시키고 백성을 편안하게 하려 한다. 나는 감히 천명을 어기어 왕위를 남에게 줄 수 없으며, 또 감히 우리나라와 백성을 너에게 맡길 수도 없다." (탈해가) "그렇다면 기술로써 승부를 결정하자."' (從海而來 身長五尺 頭圍一尺 悅焉詣闕 語於王云 我欲奪王之位 故來耳 王答曰 天命我俾卽于位 將令安中而綏下民 不敢違天之命 以與之位 又不敢以吾國吾民 付屬於汝 解云 若爾可爭其術)[33]

　　이 일은 수로왕이 가락국을 세우고 임금으로 즉위한 지 2년째인 44년의

33 상게서. p.372.

일이다. 당시 탈해는 신라 3대 유리왕(21년) 때 대보로 임명(10년)되어 국무총리직을 수행할 때라고 본다. 당시 가야와 신라는 철 상품을 생산하고 대외 무역에서 경쟁 관계였을 것이다. 김해가야 수로왕과의 담판에서 탈해가 졌다는 것은, 철 상품의 품평 전에서 지고, 철 상권의 주도권도 가야의 김수로왕에게 뺏긴 것으로 본다.

앞에서 말한 경주 황성동 제철유물 출토와 달천광산, 탈해의 정착지 수애(쇠)리, 연오랑세(쇠)오녀의 설화, 가락국 김수로왕과의 대결 등의 기록을 종합하면, 석탈해 집안은 석탈해 출생 이전에 이미 한반도의 동남부와 일본 열도에 진출한 인도 타밀계열의 선진 철기문명 세력으로 볼 수 있다.

석탈해의 출생지, 용성국과 다파나국은 어디인가?

–『삼국사기』권1 〈신라본기〉 탈해이사금 조에 다음과 같은 내용이 있다.

"탈해이사금(脫解尼師今)이 즉위했다. 토해(吐解)라고도 한다. 당시 나이가 62세였다. 성은 석(昔)씨 이고, 비(妃)는 아효부인(阿孝夫人)이다. 탈해는 본래 다파나국(多婆那國)에서 태어났다. 그 나라는 왜국의 동북쪽 1천리 되는 곳에 있다."(脫解尼師今立 一云吐解 時年六十二 姓昔妃 阿孝夫人 脫解本多婆那國所生也 其國在倭國東北一千里)

여기서 '다파나국(多婆那國)'이 나온다.

–『삼국유사』〈기이편〉에 아진포(현 경상북도 나아리)의 한 노파(老婆)가 바닷가에서 탈해를 실은 궤를 발견한다. 궤에서 나온 사내아이가 "나는 용성국(龍城國)의 왕자다. (중략) 나의 아버지는 함달파왕(含達婆王)이다." 라 했다. 여기서 용성국이 나온다. 국사학계는 용성국을 정명국(正明國), 완하국(琓夏國), 화하국(花廈國)이라고도 하고, 『삼국사기(三國史記)』에 나오는 다파나국(多婆那國)도 같은 이름으로 보고 있다.

❗ 다파나국과 용성국의 위치를 추정하는 데에 학자들 의견이 분분하다.
①경주에서 동북방향 1000리라면 동해인데 우산국(울릉도)으로 보는 학자가 있다.

②다파나국은 서역(西域)에 있는 소국이며 함달파는 불교 음악의 신이므로 용성국은 서역에 있었다고 보는 학자도 있다.

③탈해를 실은 궤가 아진포에서 발견된 것과 해류의 흐름으로 보아 용성국은 중국 남부 해안지역에 있었다고 보는 견해도 있다.

④다파나국이 탐라국(耽羅國)과 발음이 비슷하기 때문에 지금의 제주도가 다파나국이라고 추측하는 학자도 있다.

⑤윤여동설에 의하면, 지금의 요동반도가 고대 왜국이 있었던 곳이고, 그곳에서 동북쪽으로 1천여 리 떨어진 곳, 지금의 길림성 통구(지안)부근에 옛 용성국(혹은 다파나국)이 있었을 것으로 보고 있다.

이와 같이 용성국(龍城國)과 다파나국(多婆那國)의 위치를 찾는데 의견이 분분한 데는 학자들이 어떤 하나를 가지고 주관적인 해석이 가미되었기 때문이라 본다.

여기서 놓쳐서 안 될 것은, 용성국과 다파나국을 같은 나라로 볼 것인가, 아니면 다른 나라로 볼 것인가 하는 점이다. 삼국사기 기록에 의하면 다파나국은 석탈해가 태어난 나라라고 한다. 삼국유사 기록에는 노파를 만난 자리에서 "나는 용성국의 왕자다. 아버지는 함달파왕이다"라 하였다. 석탈해의 집안 내력을 말하고 있다. 용성국을 석탈해의 조상의 나라라고 본다면 다파나국과는 다른 나라가 된다.

김부식이 『삼국사기』를 편찬할 때 인용했다고 기록에 남은 국내문헌은 『신라고기』, 『신라고사』, 『삼한고기』, 『해동고기』, 김대문의 『계림잡전』, 『화랑세기』, 『한산기』, 『악본』, 최치원의 『제왕연대력』과 문집, 『김유신 행록』 등이다. 물론 이들 문헌이 모두 현존하는 것은 아니다.

이들 문헌 중, 특히 『신라고기』나 『신라고사』에 용성국의 위치나 혹은 다파나국이 '왜의 동북방향 1,000여 리 떨어진 곳에 존재한다.'는 기록이 있었을 것이고, 그와 같이 기록한 때는 탈해가 집권할 무렵이었을 것이다.

　탈해가 집권하기 전, 탈해의 행적으로 보이는 기록, 삼국사기와 삼국유사에 기록된 '박혁거세의 죽음'의 단서에서 찾아보자.

　『삼국사기』 혁거세 거서간 '61년 3월에, 거서간이 세상을 떠났다고 했다. 그가 묻힌 사릉은 담암사 북쪽이라 했다.'(六十一年 春三月 居西干升遐 葬蛇陵 在曇嚴寺北) 그 전해 '60년 9월 두 마리의 용이 금성 우물에 나타났다'(六十年 秋九月 二龍見於金城井中)고 했다. 금성(중국 산시성 린펀시 소재) '남문에서 치열한 싸움이 있었다.'(爆雷雨 震城南門)는 기록이다.

　뇌우(雷雨)와 진동은 두 세력의 충돌과 한 쪽 권력의 부서짐을 뜻한다. 두 마리의 용은 무엇을 말하는가? 권력을 타투는 두 세력을 의미한다. 두 마리의 용은 구체적으로 누구와 누구를 말하는가? 두 마리의 용이라, 용성국(龍城國)의 용이 떠오른다. 용성국의 남자 석탈해와 그의 상대 남자 박혁거세를 뜻하는가? 아니면 당시 권력의 배후에 있었던 여왕, 알영성모(3대)와 새로운 도전의 운제성모(4대)를 뜻하는가?

　『삼국유사』에 보면 다음과 같은 글이 있다.

　'나라를 다스린 지 61년 만에 왕이 하늘로 올라갔는데, 이레 뒤에 유해가 흩어져 땅에 떨어졌으며 왕후도 역시 죽었다. 나라 사람들이 왕과 왕후를 합장을 하려고 하였더니 큰 뱀이 나와서 방해를 하여 다섯 동강난 몸뚱아리를 다섯 능(五陵)에 각각 장사하고 이름을 사릉(蛇陵)이라 하였다. 담엄사 북쪽능이다.' (理國六十一年 王升于天 七日後 遺體散落于地 后亦 云亡 國人欲合而葬之 有大蛇逐禁 各葬五體爲五陵 亦名蛇陵 曇嚴寺北陵是也)

이 글에서 '나라 사람(國人欲合)'은 '국민, 백성, 여론'이다. 그럼에도 불구하고 '큰 뱀'이 나와서 방해를 했다니, 그래서 오릉(五陵)은 왕비 알영을 합장한 능이 아니라는 사실, 뱀의 세력에 의해 조성되었기에 사릉(蛇陵)이라 불리는 사연이다.

그런데 큰 뱀은 누구인가? 뱀과 용이 같은 의미라면 용성국의 왕자를 말함인가? 뱀도 그냥 뱀이 아니라 큰 뱀이다. 권력이 큰? 혹은 풍체가 큰 뱀? 아마도 석탈해를 지칭하는 것 아닌가 한다. 군사적으로 쿠데타를 주도한 석탈해와 운제성모 세력이 여론을 무시하고 알영의 합장을 반대한 뱀(용) 세력이 아닌가 한다.

역사를 해석할 때 어느 포인트(시점과 지점)를 중시하고 보느냐 하는 점이다.

오릉 혹은 사릉을 조성할 때는 탈해가 이사금으로 등극하기 이전의 일이다. 정계를 완전히 장악하지 못했을 때, 탈해를 바라보는 시각과 그에 대한 기록은 뱀 혹은 큰 뱀, 그리고 용으로 묘사되었다고 본다.

또 하나 이렇게 사마천의 '사기'처럼 그 때, 그 때 국사를 기록한 신라(여왕)의 사관(史官)은 어느 곳(지점)에서 기록했을까? 사관이 역사를 기록한 장소는 신라의 도읍지라고 본다. 그런데 박혁거세가 시해를 당한 장소, 금성은 당시 도읍지가 아닌 것 같다. 박혁거세의 시신이 이레(7일) 동안 방치되었다가 국인들에게 발견된 것을 보면, 도읍지와는 다른 곳일 가능성이 높다. 최초의 도읍지 금성을 장삿길의 전초기지로 남겨두고 도읍지를 다른 곳으로 옮긴 것 같다.

또 하나 오능 혹은 사능으로 불리는 '박혁거세의 능(시조능)'이 장쑤성 호구산(虎丘山)의 담엄사(曇嚴寺) 근처라면, 금성(임분시)에서 시조능이

1,000km나 넘게 멀리 떨어져 있다는 점이다. 그렇다면 두 곳의 중간 지점으로 카이펑(開封, E114°30′, N34°45′)을 지목하지 않을 수 없다. 이 지역은 박혁거세의 모친 선도성모의 사당이 있는 곳이기도 하다. 카이펑(開封)[34]에서 국사를 기록했는지 앞으로 더 연구해볼 일이다.

본 책은 『삼국사기』와 중국의 여러 '사서'들의 기록을 종합하고, 최근 천문학 기술 도입으로 신라의 일식기록을 분석하여 얻은 결과로 초기 신라의 도읍지를 찾고 있다. 동경 108-118°, 북위 26-36° 지역이 역사기록의 중심지라 본다. 그 곳이 양자강 이북 황하 인근 지역이며, 임분시(금성)와 카이펑도 이 지역에 있다. 국사를 기록한 그곳에서 용성국 혹은 다파나국의 방향과 거리를 찾아야 할 것 같다.

용성국 혹은 다파나국은 '왜국(倭國)'의 동북방향으로 1,000여 리 떨어진 곳이라 했다. 기점과 방향과 거리를 명확히 했다. 그런데 기준점은 '왜국'이다. 2,000년 전, '왜(倭)'가 어디일까?

중국의 사서, 『삼국지(三國志)』와 『후한서(後漢書)』에 왜인(倭人)이 왜(倭)라는 명칭으로 나온다. 왜(倭, 衛)가, 동북 회계(會稽), 동남 대만(臺灣), 서북 담이(儋耳; 廣西省), 서남 주애(朱崖), 해남도(海南島: 하이난 섬) 사이에 있다 하였다. 그 이웃에 진번(眞番)이 있음을 『사기(史記)』卷七, 〈前漢 卷七〉에 나와 있고, 이 지도는 숭실대학(崇實大學) 박물관(博物館)에도 있다.

『후한서』 〈왜전〉에 관계된 지명으로 회계(會稽), 주애(朱崖), 담이(儋耳), 이주(夷洲), 단주(澶洲)가 있는데 회계(會稽)는 절강성(浙江省), 담이(儋耳)는 귀주성(貴州省), 주애는 해남도(海南島), 단주(澶洲)는 항저우(杭州) 입구이다, 그리고 이주(夷洲)는 바로 대만(臺灣=타이완)을 나타내고 있다.

옥편에 보면, 왜(倭)를 '나라이름 왜라 부른 것은 중국에서 일본을 부르던 일컬음이다.' 왜(倭)라는 글자에 벼 화(禾)와 여자 여(女)가 들어있는 것은 '여자도 참여하는 논농사를 생업으로 하는 중국의 남쪽 지역의 족속'을 말함이다.

예부터 왜인은 체구가 작다 하였다. 중국 정사서, 『사기』와 『후한서』와 『삼국지』가 가리키는 절강성, 대만, 하이난성, 광서성(광시장족자치구)은 물론이고 그 남쪽 베트남의 인종까지 골격상으로 체구가 작다.

왜에 뿌리를 둔 일본은 그들의 '상고사'(일본서기 상고 편) 역사를 엿가락 늘리듯 자기들 마음대로 연장했지만, 그들 조상이 기록해 두었던 일식 기록만큼은 마음대로 조작할 수 없었다. 그들의 일식 기록 중 가장 오래된 일식 기록(AD628-709)을 천문학자 박창범 교수가 분석했다. 이 시기는 일본의 야마토(大和)시대에 해당한다(55쪽, 그림 (ㄱ) 참고). 일식 관측지는 동경 110-126°, 북위 12-26°이다. 이 지역은 대만, 중국의 하이난섬, 푸젠성(福建省), 필리핀의 루손섬이다.

놀랍게도 중국의 사서가 밝힌 왜의 위치와 일치하는 지역이다. 왜가 자기네 국사를 기록할 수준의 국가 단계를 갖출 때까지 중국 남부의 절강성과 타이완 섬, 광서성과 하이난 섬이 왜인의 근거로 봐야 한다. 참고로 일본열도인 규슈나 혼슈가 관측지로서 일식을 기록한 시기는 1189-1326년 사이이며 가마쿠라(鎌倉)시대에 해당한다.

2,000년 전, 이들 왜인은 당시 소형 선박을 이용하여 중국 동해안의 해안가를 따라 장쑤성은 물론 산둥반도를 돌아 황하의 하구까지 진출한 기록이 『삼국사기』에 있다.

이 책에서 필자가 대륙신라(동경 108-118°, 북위 26-35°)의 위치를 밝혔으니 이를 근거로 신라와 왜의 관계를 확인할 수 있다.

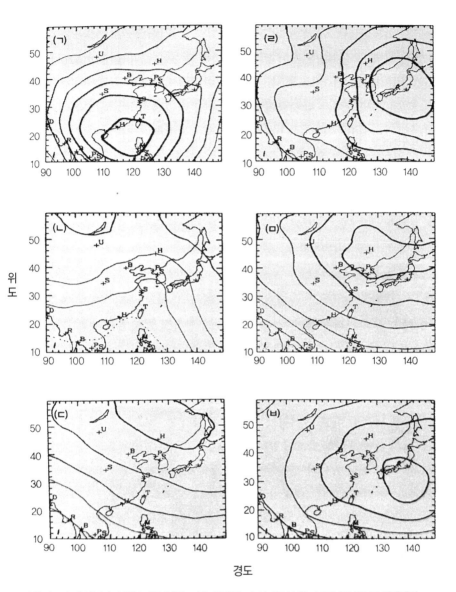

박창범 교수의 일본사서 일식 기록 분석. 좌측 상단이 ㄱ) 야마토시대는 남지나해상으로 결집되며,
ㄴ)과 ㄷ)은 불확실하다. ㄹ) 부터는 열도로 결집된다.[35]

---

35 박창범, 전게서. p.73.

- 혁거세거서간 8년(BC50) 왜인이 침범하려다 물러갔다.

- 탈해이사금 3년(AD59) 왜국과 우호를 맺었다.

- 지마이사금 10년(121) 왜인이 침입하였다. 11년(122) 왜군의 침공 소
  문으로 도망하는 사람들이 많았다. 12년(123) 왜국과 강화를 맺었다.

- 내해이사금 13년(208) 왜인이 변경을 침범하자 이벌찬 이음을 보내
  막았다.

- 조분이사금 3년(232) 왜인이 금성에 쳐들어오자 왕이 직접 나가 물리
  쳤다. 4년(233) 5월 왜병이 동쪽 변경을 노략질 하였다. 같은 해 7월
  이찬 우로가 왜인과 사도에서 싸워 이겼다.

- 첨해이사금 3년(249) 왜인이 서불한 (석)우로(내해왕의 아들)를 죽였다.

- 유례이사금 4년(287) 왜인이 일례부를 습격하였다. 6년(289) 왜병에
  대비해 무기를 손질하였다. 9년(292) 왜병이 사도성을 함락하자 이길
  찬 대곡에게 구원병을 보냈다. 11년(294) 왜병이 장봉성을 공격해 왔
  지만 이기지 못하였다. 12년(295) 왕이 왜국을 정벌하려다 실행하지
  않았다.

- 기림이사금 3년(300) 왜국과 강화를 맺었다.

- 흘해이사금 3년(312) 왜국 왕이 혼인을 청해 와서 아찬 급리의 딸을
  보냈다. 35년(344) 왜국에서 사신을 보내 혼인을 청하였으나 거절했
  다. 36년(345) 왜왕이 문서를 보내 국교를 끊었다. 37년(346) 왜병이
  금성을 포위하자 이벌찬 강세가 물리쳤다.

- 내물이사금(나물마립간) 9년(364) 왜병이 쳐들어오자 이를 물리쳤다.
  38년(393) 왜인이 금성을 포위하자 독산에서 대승을 거두었다.

위의 내용처럼 금성에 대한 기록이 있는 것으로 보아 대륙신라의 기록이 틀림없다. 신라와 왜는 국경을 접하고 있었다. 양자강을 경계로 신라와 왜가 경계를 이루고 있었다고 할 수 있다.

이는 신라 초기부터 393년 이후에까지 이뤄진 국제 정황이다. 더구나 박창범 교수가 일본의 일식 기록을 분석하여 이를 입증하고 있다. 신라 초기 석탈해 3년 왜국과 우호관계를 맺었다 하나 양자강을 경계로 대치중이었다고 본다. 이 당시 석탈해의 고향, 한반도의 동남부 경주부근까지 가려면, 중국 동해안에 있는 상하이나 항저우 뱃길이 있다. 이두 지점의 앞바다 (현)주산군도에서 출발해야 한다. 왜 이곳에서 출발해야 했는가를 다음의 한반도-중국 뱃길(기타 편, 〈궁금역사 12〉)에서 밝히겠다.

이곳 주산군도에서 동북 방향으로 천여 리의 위치를 찾아야 한다. 천여 리란 천리가 넘는 멀리 떨어진 곳이라는 뜻이다. 거기에 한반도 경주와 일본 규슈가 있다. 일본 규슈지역에 있었다는 '다파라(나)국'이 떠오른다.

다파라국에 대한 자세한 역사기록이 있다.

『환단고기』《태백일사》〈고구려본기〉 제6에 보면, "주몽이 성장하여 사방을 주유하다가 가섭원(迦葉原; 동부여)을 택해 그곳에서 살다가 관가에 뽑혀 말지기로 임명되었다. 얼마 안 되어 관가의 미움을 사서 오이(烏伊), 마리(摩離), 협보(陝父)와 함께 도망하여 졸본으로 왔다. 때마침 부여왕은 후사가 없었다. 주몽이 마침내 사위가 되어 대통을 이으니 이를 고구려의 시조라 한다."[36]

---

36 임승국, 전게서. p.259.

협보가 오이, 마리와 함께 주몽을 도와 고구려를 건국하는 데 주역이었다는 것은 한국사를 공부한 국민이라면 누구나 아는 상식이다. 그런데 협보가 AD3년(유리왕 22) 때, 대보(大輔)의 직책을 가지고 있으면서 정사를 소홀히 하는 유리왕을 간하다가 노여움을 사서 좌천되어 관원(官園)의 일을 맡게 되었고, 이에 분개하여 남쪽 한(韓)으로 이주해 갔다가 다시 규슈로 가서 다파라국을 건국했다는 역사기록은 처음 듣는 이가 많을 것이다.

'협보(陜父)는 남한(南韓)[37]으로 도망쳐 마한의 신중에 살았다. (중략) 협보(陜父)는 장혁(將革)을 알고 무리를 유혹하여 양곡을 도둑질하여 배에 싣고 패수(浿水)를 따라 내려와 해포(海浦)로부터 몰래 항해하여 곧바로 구야한국(狗耶韓國)에 이르니, 곧 가라해(加羅海)의 북안(北岸)이다. 여기서 수개월동안 살다가 아소산(阿蘇山)으로 옮겨가서 기거했다. 이를 다파라국(多婆羅國)의 시조라 한다.' [陜父奔南韓居馬韓山中 (중략) 陜父乃知將革誘衆裹糧舟從浿水而下由海浦而潛航直到狗耶韓國乃加羅海北岸也數月轉徙于阿蘇山而居之是爲多婆羅國之始祖也][38]

이와 같은 협보의 행적은 쉽게 믿기 어려운 게 사실이지만, 일본 규슈에 있는 아소산박물관에 가면 '고구려 협보가 세웠다는 다파라국' 유적을 만나볼 수 있다. 협보가 다파라국의 시조가 되었을 즈음, 석탈해는 박혁거세 시해사건(AD4)에 성공하고, 남해왕 때부터 군권을 장악하여 대륙 신라의 도읍에 있었다.

---

37 나중에 패수(浿水)를 이용하여 일본으로 갔다는 기록으로 보아 남한(南韓)은 고구려 남쪽에 있었다는 번한(番韓)의 옛 땅이라 본다.

38 임승국, 전게서. pp.265-266.

여기서 우리는 놀라운 시사점을 얻게 된다. 첫째, 『환단고기』의 기록이 위서가 아니라 사실 기록에 가깝다는 점이다. 『삼국사기』에만 나오는 단 한 줄의 '다파나국'에 대한 기록을 국내외 다른 사서에서는 찾을 수 없었는데, 『환단고기』 기록에는 그 위치까지 정확히 알 수 있어 삼국사기를 해석하는 해결의 실마리를 얻었다는 점에서 놀라운 일이다.

둘째, 다파라국(환단고기)의 '다파라'와 다파나국(삼국사기)의 '다파나'는 고구려의 북방 언어가 아니고 석탈해의 선조가 쓰던 타밀어[39]라는 점이다. '다파나'는 산스크리트어와 고대 타밀어로 '태양'을 뜻하는 다파나(Tapana) 또는 다파난(Tapanan)과 일치한다.[40] 태양국(太陽國)은 해가 뜨는 나라를 가리킨다. 일본열도의 일본(日本)이란 어원도 여기서 비롯되지 않았나 한다. 그렇다고 당시 그 땅(다파나)에 왜인(倭人)이 살았던 것은 아니다.

그런데 협보가 다파라국의 시조가 되었다는 점에 얼른 납득이 가지 않는다. 왜냐 하면 협보의 행적 기록에서 의문점이 남아 있다. 그가 규슈에 도착하여 한동안 구야한국에서 살다가 때를 보아 아소산 밑에 있는 구마모토를 평정하고 국가의 기틀을 마련한 것으로 보인다. 그리고 그 전부터 불리던 타밀어의 지명, '다파나'를 국명 그대로 이어간 것이 의문이다.

협보가 국명을 바꾸지 않고 '다파나' 지명을 국명으로 차용한 이유가 무엇일까? '다파나'라는 브랜드 가치를 인정했기 때문이라 본다.

규슈가 있는 동남아 지도를 펼쳐놓고 보면, 북쪽으로 한반도의 가야와

---

39 타밀어는 남인도 타밀나두 지역을 본거지로 하는 드라비다어족에 속하는 인도의 언어로, 인도 타밀나두 주, 연방직할령 푸두체리에서 공용어로 사용되며, 인도 이외의 지역에서는 스리랑카와 싱가포르에서 각각 공용어의 하나로 지정되어 있다. 말레이시아에도 남인도계가 많아서 널리 사용된다.

40 이글에서 타밀어 관련 음가분석 및 동음(同音) 해석은 김정남(한국타밀연구회, Korean Society of Tamil Studies 회장)의 글에 근거한다. 야후 코리아나 네이버 등 검색엔진에 들어가서 '토론토 김정남'을 넣으면 찾을 수 있다.

경주로 가기 쉽고, 동쪽으로 혼슈를 거쳐 홋카이도까지 이어지는 곳이다. 남서쪽으로는 난세이제도를 거쳐 타이완 섬에서 중국으로, 혹은 타밀국까지 이어진다. '다파나'는 장삿길에 있는 동방 거점 지역이다. 철기문명이 이미 시작된 기원전 1000년 경에는 덜 잠긴 섬들로 인해 징검다리처럼 연결되었을 것이다.

'다파나'라는 지명 이름에는 '철 상품을 취급한다'는 것과 '태양이 뜨는 동쪽에 있다'는 위치 표시가 들어있다. 석탈해가 선친 때부터 이어온 철 생산의 거점지역(수애→쇠)도 '다파나'라는 상권 지역 안에 있었다 할 수 있다.

셋째, 사관(史官)이 기록한 '다파나국'은 이두식 표기라는 점이다. 석탈해가 정계에 입문하면서 자신이 어디서 왔는지 소개할 때, Tapana(다파나; 태양이 뜨는 곳)에서 왔다 하였을 것이다. 그 말을 들은 행정관리인 이서(吏胥)나 국사를 기록하는 사관(史官)이 탈해의 발음을 듣고 그대로 多婆那(다파나)로 표기했을 것이다. 그래서 多婆那國所生也(다파나국에서 태어났다)라 기록했다.

多婆那(다파나)의 '婆(파)[41]'에는 석탈해의 기이한 탄생 설화가 들어있고, '那(나)'에는 그곳이라는 장소의 의미를 담고 있다. '多(다)'는 '파도가 많다, 멀다'라는 뉘앙스가 배어 있다.

사관은 '그곳'이 어디인가를 정확하게 표시하기 위해, 왜국(기점)에서 동북(방향)으로 1,000리(거리)라 했다.(其國在倭國東北一千里)

그런데 왜(?) 왜국(倭國)을 기준점으로 삼았을까? 당시 중국 땅에서 '다파나(규슈)'로 가려면 뱃길을 이용해야 한다. 그 출발지가 양자강 하구 주산군도이다. 당시 주산군도를 왜가 장악하고 있었기 때문이다.

---

41 바닷가에 닿은 탈해를 노파(老婆) 아진이선이 거두어주었고, 그의 아버지는 함달파왕(含達婆王)이다.

동북방향 1,000여 리의 '기준점'은 경주도 아니고, 일본 규슈도 아닌,
탈해가 경주에서 배를 타고 대륙 신라에 닿았던 그곳 주산군도이다.

이글을 통해 '다파나국'은 파악이 되었지만 '용성국'에 대한 해답은 찾지 못했다. 한 가지 길을 연다면, 앞에서 언급했듯이 타파나(태양)가 타밀어라는 점, 석탈해의 아버지 함달파가 용성국의 왕이라는 점에서 타밀지역을 찾아볼 수 있다.

『삼국유사』에서 말하는 용성국(龍城國)의 '용성'은 당시 촐라왕국 도시들 가운데 대장간과 철기 제작으로 잘 알려진 항구 도시 나가파티남(Nagappattinam)을 가리킨다고 주장하는 사람[42]이 있다. 그의 해석에 따르면, 나가파티남(Nagappattinam)의 나가(Naga)는 본래 타밀어로 '코브라'를 뜻하지만 힌두교도들에겐 코브라가 용으로 전화되어 숭배 대상이 됐기 때문에 '용'으로도 일컬어진다. 파티남(pattinam)은 '도시'를 뜻해 '나가파티남'은 '용성(龍城, CIity of Dragon)'을 의미한다. 따라서 석탈해가 철기생산 및 해상무역으로 번성했던 국제 도시 나가파티남, 즉 용성에 있었던 촐라왕국을 용성국으로 지칭한 것으로 보인다. 나가파티남은 대장장이를 뜻하는 '석'('석갈린감'의 줄인 말)이라는 이름을 가진 사람들이 대거 거주했고, 동시에 타밀인들의 해외 진출 전진 기지였던 만큼 대장장이 가문인 석탈해의 가족들이 이곳에서 동아시아를 향해 떠났을 것으로 추정된다. 더 연구할 필요가 있다고 본다.

---

42 김정남(한국타밀연구회, Korean Society of Tamil Studies 회장)

新羅

궁금역사
12

신라왕 이사금(尼師今)이 잇금인가, 연장자인가?

　－『삼국사기』를 지은 김부식은 이사금(尼師今, 니사금)에 대해, '예로부터 전하는 말은 이와 같다. 김대문은 이렇게 말했다. 이사금은 우리말 방언이며 나이 순서를 말한다. 옛날 남해왕이 죽으려 할 때, 아들 유리와 사위 탈해에게 "내가 죽은 뒤에는 너희들 박, 석 두 성에서 나이가 많은 사람이 왕위를 이어라"고 했다.' (古傳如此 金大問則云 尼師今 方言也 謂齒理 昔 南解將死 謂男儒理壻脫解曰 吾死後 汝朴昔二姓 以年長而嗣爲焉)[43]

　－『삼국유사』를 지은 일연도 남해왕이 죽고, 그 아들 노례가 석탈해에게 왕위를 양보하려 하자, 탈해가 "대개 덕이 있는 이는 이가 많으니 마땅히 잇금[齒理]으로 시험해 봅시다."[44]라고 제안, 결국 떡에 물린 이(빨) 자국이 많은 노례왕자가 제3대 유리 이사금(尼師今)으로 등극하였고 그로부터 니사금이라 칭하기 시작했다 한다. (凡有德者多齒 宜以齒理試之)

　－현대 한국사 교과서도 '연장자를 뜻하는 이사금'[45]으로 설명하고 있다.

　❗ 우리가 고교시절, 국사 공부를 할 때, 어느 정도 이해가 가기는 했지만 한편 수긍하기가 쉽지 않았던 부분도 있었다. 기실 수긍이 가지 않더

---

43 김부식 지음, 이재호 옮김, 『삼국사기』(1), 솔, 2006. pp.64-65.

44 일연 지음, 이재호 옮김, 『삼국유사』(1), 2008. pp.119-120.

45 김종수 외, 『고등학교 한국사』, ㈜금성출판사, 2018. p.42.

라도 시험 점수를 따기 위해 정답으로 외우는 경우도 있었다.

탈해가 이사금에 등극한 당시(AD57) 그는 76세[46]였다. 이보다 34년 전(AD24) 3대 유리이사금이 등극할 때, 잇금이 많아야 지혜롭다며 이사금 자리를 양보할 때 탈해는 43세였다. 남해왕의 유언, '연장자 우선'이 있었는데, 잇금(이빨 자국) 제안을 하게 된 배경에는 탈해가 유리보다 연장자이기 때문이 아닌가 한다. 국사학계가 '이사금의 의미를 연장자로 보는 개념'은 남해왕의 유언에서 비롯된 것 같다.

그런데 연장자 아닌 유리(3대)가 탈해(4대)보다 먼저 이사금 자리에 앉았다. 남해왕의 유언이 있음에도 불구하고 탈해가 이사금 자리를 양보해야 했던 이유에 대해, 관심을 가져 볼 필요가 있다. 김대문의 이사금에 대한 해석처럼 단순하게 사양이나 배려인가, 아니면 왕자라서 우선순위가 작용했을까, 그 밖의 어떤 이유, 본책 〈궁금역사 21〉(신라편)에 있는 '이사금체제 확립'에서 다시 살펴보기로 하자.

이사금이란 어원에 대해, 고려의 김부식(12C)과 김일연(13C)이 삼국의 역사를 정리할 때, 김대문(8C)[47]의 책에 근거를 두었다고 했다. 김대문은 "이사금이 '잇금[齒理]'이란 신라 방언"(金大問則云 尼師今 方言也 謂齒理)[48]이라 했다. 먼 옛날(AD24)에 즉위한 유리이사금의 왕호, 니사금

---

46 『삼국사기』 탈해이사금 조에 '탈해이사금(脫解尼師今)이 즉위했다. 토해(吐解)라고도 한다. 당시 나이가 62세였다.(脫解尼師今立 一云吐解 時年六十二)'라는 기사가 있다. 또한 '진한의 아진포 어구에 닿으니, 때는 시조 혁거세 39년이었다.(又至辰韓阿珍浦口 是始祖赫居世在位三十九年也)는 탈해의 출생을 말한다. 이를 계산하면 74세가 된다. 재위기간이 24년이니까 97세에 죽은 것이다. 62세 즉위로 계산하면, 13세에 남해왕의 사위가 되었고, 15세에 대보(국무총리)에 임명되었고, 박혁거세 시해 사건 때 용병대장으로 참여한 때는 8세라는 계산이 나와, 상식적으로 74세를 선택했다.

47 생몰년도는 불명이나 대략 31대 신문왕(681)-35대 경덕왕(765) 통일신라 전성기 시대에 활동하였던 것으로 보인다.

48 김부식 지음, 이재호 옮김, 전게서, p.64.

(尼師今)의 니(尼)가 우리말 '어금니, 앞니, 송곳니 등의 이빨'과 동음으로 본 데서 이런 해석이 나온 것이 아닌가 한다.

탈해의 제안대로 '잇금이 많아야 한다'는 원칙이라면 만약 충치로 이가 몇 개 빠져 있다 할 때 그가 왕이 될 수 있을까 하는 의문이 앞선다. 굳이 떡을 씹어서 시험해 볼 필요가 있을까, "아-, 입을 벌려 보세요." 하면 쉽게 될 일을, 아, 지엄하신 분의 입을 채신머리없이 벌릴 수는 없는 일이기에 떡을 떠올렸는지 모르겠다.

그런데 여기서 한 가지 단서를 포착할 수 있다. '이사금의 잇금[齒理]이 신라 방언'이라 했다. '방언'이라는 이 말은 김부식의 생각이 아니라 '김대문의 식견'이다. 김대문은 '이사금'의 어원이 어디서 흘러온 말인지 정확히 모르고 있었지만, 신라 사람들의 상용 언어와 구분이 되는 방언이라 보았다. 당시 신라는 백제처럼 군장국가 수준이어서 영토가 넓지 못했다. 신라 방언이 따로 있을 만큼 변방이 있었다면 어디일까? 아마도 중국에 있는 신라에서 볼 때 한반도 동남부의 경주-울산 지역의 언어가 아닐까 한다. 만약 이런 가설이 성립한다면 그곳은 신라와 다른 언어가 어느 정도 존재했었다고 볼 수 있다.

이사금(니사금)은 3대 유리왕 때부터 왕호로 사용해 왔는데, 니사금(Nisagum)은 타밀어이며 '왕을 뜻하는 명칭'이라는 것이 최근에 와서 밝혀졌다. 지금 생각해 보면 석탈해가 왕위에 오르기 전, 그의 전왕 유리왕이 타밀인이 쓰는 니사금이란 왕호를 빌려 썼다는 데서 경악하지 않을 수 없다. 니사금이란 명칭을 탈해의 집권 전에 이미 사용한 것으로 보아 석탈해의 영향력을 가늠할 수 있다. 니사금은 당시 타밀어로

'대왕'(=a great king), 또는 '황제'(=an emperor)의 뜻으로 일반적인 왕보다는 상위의 개념이라 한다. 니사금 밑에 국무총리 격인 '대보(大輔)'라는 중책도 타밀에서는 '신의 다음 자리' 또는 '막강한 사람'이라는 뜻을 갖고 있는 '데보(Devo)'와 음가가 같다. 왕 다음의 권력자를 가리키는 직책이다. 타밀어로 '왕비(queen)' 혹은 '여자 신(God dess)'을 '데비(Devi)'라 하는데, 우리나라에서 이와 같은 음가로 '대비' 마마(왕의 어머니), 대왕'대비' 마마(왕의 할머니)로 쓰이고 있다.

따라서, 첫 대보 자리를 차지하고(남해왕 때), 니사금의 자리를 노례왕자(유리태자)에게 잠시 양보했던 석탈해가 나중에 니사금의 자리에 오른 것을 보아 그는 인도의 타밀인 계통이라는 확신이 간다.

『삼국사기』 기록에 보면 '대보' 다음 관직으로 '각간(角干)'이 있다. '대보' 다음의 관직이라면 요새 말로 장관급에 해당한다. 석탈해의 정치적 지원[49]을 받아 왕위에 오른 3대 유리왕이 도입한 행정조직 중에 '각간'은 당시 이벌찬(伊伐飡)·이벌간(伊伐干)·우벌찬(于伐飡)·각찬(角粲) 등으로 불린 또 다른 명칭들과 함께 쓰였던 것으로 보인다. '각간'과 비슷한 음가인 '걱간(Kokkan)', 또는 '일랑걱간(Ilangkokkan)'이 타밀어로 지위를 말한다.

당시 사관(史官)이나 행정관리인 이서(吏胥)들이 석탈해 세력이 사용하는 명칭, '걱간(Kokkan)'을 한자로 기록하자니 유사한 동음인 '각간(角干)'이란 한자로 표기했을 것이다. 더 정확히 표기한다면, '걱간'이라 했어야

---

49 남해(왕) 7년(10) 대보(大輔)가 되어 군국정사(軍國政事)를 관장했다. 남해가 죽자, 유리가 왕자로서 마땅히 왕위에 올라야 할 것이지만 대보 탈해가 본디 덕망이 있으므로 왕위를 탈해에게 미루어 사양하니, 탈해가 말했다. "임금의 자리는 용렬한 사람이 감당할 자리가 아닙니다. 내가 들으니 성스럽고 지혜 있는 사람은 이가 많다 하니 떡을 씹어서 시험해 봅시다."하여 노례왕자 유리가 먼저 등극하게 배려했다. 『삼국사기』의 내용을 필자가 정리함.

하는데 '걱'[50]에 대한 당시 한자가 없었을 테고, 이와 유사한 발음의 '각'으로 표기한 것 같다. 각간의 '간(干)'은 지위나 직책을 말한다.

여기서 다시 질문이 앞선다. '걱'이란 한자가 당시에 없어서 '각'이란 한자에서 골라냈다면, '각'이란 한자음이 많다. 各 角 覺 刻 却 閣 珏 脚 殼 恪 慤 佮 傕 卻 咯 垉 塙 捔 推 擱 斠 桷 觳 鵒 胳 茖 袼 隺 鷽 穀 중에서 왜 하필이면 수많은 글자 중에서 유독 '뿔 角(각)'을 골라서 각간(角干)이라 표기했을까? 이는 각배(角杯)와 관련 있는 한자를 의도적으로 찾은 것이 아닌가 한다.

당시 술잔은 각배였다. 가배는 동물(물소)의 뿔로 만든 술잔이나. 왕이나 대보(수상)와 술잔을 나눌 수 있는 지위(干)를 가진 자리(角干)라면 요새 말로 장관급인데, 대보 다음 관직명, 각간이라는 이름을 붙인 내력과 사연에 이해가 간다.

여기서 주목해야 할 점은 석탈해 세력이 도입한, 동물의 뿔로 만든 술잔인 각배(角杯)가 고구려나 백제에선 발견되지 않는다는 것이다. 고고역사학계에선 시베리아나 몽골 등의 북방 기마 유목민들이 사용했던 뿔잔이 고구려와 백제를 뛰어넘어 신라와 가야 두 나라에만 전해졌다고 주장하고 있다. 한반도에서 오직 신라와 가야 지역에서만 발굴되고 있다. 그런데 북방의 각배가 어떻게 지리적으로 근접해있는 고구려나 백제를 건너뛰어 한반도 동남쪽 신라와 가야에만 전해질 수 있겠는가라는 것이 국사학계의 의문이었다.

이러한 의문은 신라와 가야의 각배가 북방 육로가 아니라 남방의 바닷길을 통해 전해진 것이라는 데서 실마리가 풀린다. 각배는 그리스, 이란, 아프가니스탄 등 지중해 및 중근동의 고대국가 유물에서 발견되는데 이

---

50 걱(특)은 클 거(巨)에 'ㄱ'을 붙인 글자인데, 조선 세종이후 나타난 돌(乭)과 같은 한자+한글식 조합 글자로 보인다.

들 나라와 기원전부터 이미 해상무역을 활발히 했던 인도 남부(타밀인 거주)에서도 흔히 발견되고 있기 때문이다.

　박물관에 전시된 신라의 토기, 각배는 물소의 뿔과 닮았다. 육상의 소 뿔은 짧고 술잔으로 사용하기 어렵다. 인도 타밀 지역처럼 더운 나라에 사는 물소의 뿔로 보인다. 타밀인들이 신라와 가야, 그리고 일본에 진출해서 각배(술잔)로 사용했음을 시사하고 있다.

　각배를 타밀어로 '쿠디꿈 콤부(Kudikkum Combu)'라고 부르는 데 타밀 출신의 석탈해와 허왕후[51](가야 시조 김수로왕의 왕후)가 각각 신라와 가야에 이를 소개했던 것으로 본다. 이러한 추론이라면 바닷길로 통할 수 있는 일본 열도와 한반도 동남부에 타밀인이 진출했을 가능성이 높다. 진출 목적은 철광석 확보와 철괴 또는 철정(鐵鋌: 덩이쇠)의 산출이었다. 이에 대하여는 다음 기회에 소개하겠다.

　동물의 뿔로 만든 각배를 술잔으로 사용할 때, 지도자를 위해 특별히 술잔 받침을 마련한 경우를 제외하고는 대부분 제군(諸君)이나 막료들이 마시고 나서 눕혀두든지 엎어놓아야 하므로 단숨에 마셔야 한다. 지금도 일본의 '간빠이(乾杯)문화'에는 단숨에 마셔야 하는 일배주 풍습이 남아있다. 일본도 타밀문화의 영향을 받았다고 보아진다.

---

51 허왕후(許王侯·AD32-189)의 고향 아유타(阿踰陀)가 인도 남부 타밀나두 주(州)의 아요디야 쿠빰 (Ayodhya Kuppam)이다(《뉴스메이커》, 2005. 08. 16.)

국립경주 박물관에 전시된 신라의 토기 각배(경주 출토)

정리하면 이사금(尼師今), 대보(大輔), 각간(角干)이라는 왕호 또는 행정 조직의 직위와 명칭이 석탈해와 함께 타밀어에서 온 것이 아닌가 한다.

놀라운 일이다. 중국과 일본에서는 북방언어와 남방언어의 혼합에 대한 연구가 많다. 우리 언어에서도 연구의 필요성을 느낀다. 또한 현대 우리나라 지방 언어(사투리)를 고찰할 때, 경상도 언어가 특이한 억양을 보이고 있는데 타밀어 영향이 컸던 지역이란 점에서 다시 한번 관련 연구를 촉구하는 바이다.

석탈해의 영향력이 얼마나 컸나?

❗ 석탈해는 초기 신라 정책에 상당한 영향을 끼쳤고 정책방향의 기초를 마련했다고 본다.

첫째, 이사금(니사금)은 탈해가 아닌 3대 유리왕 때부터 왕호로 사용해 왔는데, 니사금(Nisagum)이라는 '타밀어 명칭'을 사용한 것으로 보아 석탈해의 영향력이 컸음을 짐작할 수 있다. 또한 이사금 제도를 정착시켰다고 보는데, 다음의 〈궁금역사 21〉에서 소개하겠다.

둘째, 석탈해가 박혁거세 시해사건에 가담하여 정계에 입문한 나이를 22-23세로 보고 있다. 그리고 5년 후 27세에 남해왕의 부마가 되고, 다시 2년 후 29세에 대보(국무총리)로 임명된다. 43세 때, 유리 태자(노례 왕자)에게 왕위를 양보하지만 이사금이란 왕호를 사용하게 하는 등 정치권력을 쥐고 있다가 76세에 4대 이사금으로 등극한다. 이처럼 그가 권력을 누리고 마침내 권좌에 앉을 수 있었던 이유는 초기 신라의 군권과 행정권을 장악하고 있었기 때문으로 본다. 당시 국정 전반을 장악한 것으로 보아, 신라의 동진 정책도 석탈해가 주도했다고 짐작할 수 있다.

이사금의 부인(夫人)은 어떤 신분일까?

❗ 상대 신라에서 가장 이해하기 어려운 부분이 '이사금'과 '부인'의 연결 관계이다. 왕(이사금 혹은 마립간)과 왕비(부인)로 보는 자체가 남성중심 사고방식이다.

『삼국사기』〈신라본기〉특히 상대(上代) 신라에 기록된 '부인(夫人)'[52]의 칭호는 성모 혹은 여왕의 개념을 갖고 있다. 그렇게 보는 이유는 다음 네 가지의 합리적 추론이 가능하기 때문이다. 첫째 '부인'이 제사장을 맡고 제사에 관여하고 있다는 점, 둘째 부인(夫人)의 부(夫)가 큰 大(대)에 ─(일) 획을 더하여 하늘(天)을 뚫은 모습(夫)으로 신탁(神託)[53]을 한다는 점, 셋째 남왕(男王) 이사금을 선택하는 인사권을 갖고 있다는 점, 넷째 보통 사람과 다른 특이한 계승 체계를 갖고 있다는 점이다.

계승 체계로 보면, 2대 남해왕 때의 운제성모(4대)는 이타(李佗)의 딸이지만 김씨로, 4대 탈해왕과 5대 파사왕 때의 아혜(阿惠)성모(7대)는 운제와 탈해의 딸(『상장돈장』 참고), 혹은 허루 갈문왕(許婁葛文王)의 딸이지만 사성(史省) 부인 김씨(『삼국사기』)로, 『삼국유사』에는 사초부인(史肖夫人)으로 되어 있다. 그런데 7대 아혜성모(부인)를 보면 석(昔)씨도 아니고 허(許)씨도 아닌 김(金)씨로 기록되어 있다. 이러한 사례를 통해 성모 체계

---

52 부인의 부(夫)에 대한 사전적 의미는 사내 부, 지아비 부, 선생 부, 계집 벼슬 부(女職)가 있고, 부인(夫人)은 제후(諸侯)의 정처(正妻), 귀인(貴人)의 처(妻), 임금의 첩(妾; 후궁), 남의 아내의 존칭(尊稱), 남의 어머니 혹은 자기 어머니를 일컬음이다.

53 사전적 의미는 신이 사람을 매개자로 하여 그의 뜻을 나타내거나 인간의 물음에 대답하는 일.

에서는 모계 계승이 이뤄지고 있었다고 봐야 한다.

당시 신라의 서민들은 모계의 성을 이어갔을까, 부계의 성을 이어갔을까? 초기 신라가 있던 중국의 그 땅은 춘추전국시대에 동이[54]가 살던 곳이다. 그 때, 지배계층은 족보가 있던 사회였다.

> 유리 이사금 '9년(32) 봄에 6부의 이름을 개정하고 이어 성을 내리니, 양산부를 양부라 하고 그 성을 이(李)라 하였으며 (이하생략). (九年春 改六部之名 仍賜姓 楊山部爲梁部 姓李 이하생략)'

이러한 기록으로 보아 분명 부계 성씨 사회였다. 당시 서민들에게 성씨(姓氏)는 없었겠지만 사회 분위기가 부계사회였다고 본다. 그런데 신라 초기의 성모(부인)는 특이한 방법으로 이어가고 있는데『화랑세기』를 쓴 김대문은 이를 대원신통의 계승 방법이라 했다.

여기서 우리는 새로운 역사의 지평, 마립간(이사금)의 시각에서 부인(여왕)을 바라보자는 시선을 갖게 한다. 남왕과 여왕(부인)의 관계를 이사금 중심의 왕과 왕비라는 부부관계로 보지 말자는 것이다. 남성중심에서 보는 역사관을 버리자는 것이다.

'마립'이란 의미 그대로 이사금이 '제사장의 소도'를 세우고 지키는 임무, 즉 부인(여왕)과 이에 따른 남왕의 관계로 봐야 미스터리 역사를 제대로 풀 수 있다. 부인에 따른 남왕의 관계를 반드시 부부관계라는 조건으로 풀면 풀리지 않는다.

---

54 『사기史記』에 보면, 殷日夷 周日華 又云 東日夷 西日夏라는 기록처럼, 낙양 동쪽이 동이의 분포 지역이다.

신라 마고의 유습에 대해 김대문이 『화랑세기』(필사본)에서 언급하고 있는데 여기서 그 실마리를 찾을 수 있다. 화랑세기에 나오는 인통(姻統)에는 '진골정통'과 '대원신통(大元神統)'이 있다. '대원신통'은 모계를 따라 신라왕의 부인을 배출하는 계통, 즉 인통 중 하나이며 임금(이사금, 마립간)에게 색공(色供)하였다고 한다. 실제로 이를 증명하듯 신라의 남왕을 '매금(寐錦)[55]'이라 표기한 기록이 〈울진 봉평신라비〉[56]와 〈충주고구려비〉[57]에 있다.

이와 같은 기록은 남성중심의 시각에서 쓴 것이다. 모계의 성을 이어가는 마고의 유습으로 해석한다면, '대원신통은 신라 여왕(신통 神統)을 이어가는 딸의 계보(모계)이며, 대(代)를 이어가기 위해 부인(夫人)이 선남(善男)을 선택했다'고 봐야 한다. 부인에 의한 이사금의 선택도 이와 같은 시각에서 봐야 할 것 같다.

박창화의 『화랑세기』 필사본에 대해 진위 논란이 있기는 하나 화랑세기에 나오는 내용 즉, 당시 인물과 역할이 연대적으로 신라의 역사와 전후좌우가 맞기 때문에 사료적 가치가 있다고 본다.

화랑세기 필사본에 따르면 부인이라는 인통의 계승은 모계 계승으로 이루어졌는데, 남자들은 한 대[壹代]에 한하여 어머니의 계통을 따라 대원신통이 되기도 하였다고 한다.

---

55 매(寐)는 침상(寢牀)에서 잠자거나 쉰다는 뜻인데, 매금(寐錦)은 대부분 일과를 비단 금침에서 소요한다는 묘사이다. 고구려에서 신라왕을 바라본 시선이다.

56 국보 제242호, 대한민국 경상북도 울진군 죽변면 봉평2리 118번지에서 발견되었다. 신라 법흥왕 11년 (524)에 세워진 것으로 추정하고 있다.

57 중원고구려비라고도 하는데 국보 205호로 소재지는 대한민국 충청북도 충주시 중앙탑면 용전리 감노로 2319이다. 비석 건립 시기에 대해, 광개토왕(5세기 초)설, 장수왕(5세기 말), 평원왕(6세기)설이 있다. 최근 영락 7년(397)이 판독되어 건립시기가 명확해졌다.

최치원(崔致遠)이 숨기고 싶어 했던 역사란?

－『삼국유사』남해왕 조에서 일연 스님이 '사론(史論)이라며, 신라왕으로서 거서간과 차차웅이라 부른 이가 한 분이요, 이사금이라 부른 이는 열여섯 분이며, 마립간이라 부른 이가 네 분이다. 신라 말기에 이름 난 유학자 최치원이 제왕 연대력을 지으면서 모두 모왕(某王)이라고만 부르고 거서간 등으로는 말하지 않았다. 혹시 그 말이 야비해서 족히 부를 것이 못 된다고 생각함인가? 그러나 지금 신라의 사실을 기록함에 있어 방언을 그대로 두는 것도 또한 옳겠다.'며 못마땅하게 여겼다. (史論曰 新羅稱居西干 次次雄者一 尼師今者十六 麻立干者四 羅末名儒崔致遠 作帝王年代曆 皆稱某王 不言 居西干等 豈以其言鄙野 不足稱之也 今記新羅事 具存方言 亦宜矣)

❗ 박혁거세(1대 왕) 때는 1대 선도성모(仙桃聖母)[58], 2대 월광(月光)성모[59], 3대 알영(閼英)부인과 연결된다. 남해차차웅(2대 왕)은 4대 운제[60](雲帝, 또는 아루阿婁)부인(夫人)과, 유리이사금(3대 왕)은 5대 아리(阿利)[61]부인과, 석탈해(4대 왕)는 6대 아효(阿孝)[62]부인 그리고 7대 아혜(阿惠)[63]부인과의 연결이 있다. 이 연결을 부부관계로 보는 것은 남성중심 시각이다. 그런 시각으로 보면 참으로 부끄러운 근친관계가 된다.

---

58 박혁거세의 어머니
59 선도성모의 딸, 박창화의 필사본 「상장돈장」 참고
60 월광성모의 손녀
61 남해와 운제성모의 딸
62 남해와 운제성모의 딸
63 석탈해와 운제성모의 딸, 박창화의 필사본 『상장돈장』 참고

학창시절, 부인과 이사금의 관계에 대해 질문을 했던 어느 친구가 국사 선생님으로부터 핀잔을 들었던 기억이 있다. 신라의 『제왕연대력(帝王年代曆)』을 쓴 최치원(崔致遠)도, 『삼국사기』를 편찬한 김부식도, 역사 선생님도 부끄러운 역사를 본 듯하다.

그러나 당시 상대(초기) 신라의 전통과 사회 분위기는 남성 중심 사회가 아니었다고 본다. 이사금이 먼저 정해지고 부인이 선택되는 것이 아니라, 부인(성모, 여왕[64])이 '마고(麻姑) 체제'[65]에서 모계사회의 정통성을 계승하고, 남왕(이사금)이 정해지는 것이었다. 신라는 초기부터 여자가 성모 체제를 이끌고, 남자가 이를 유지하는 모양새를 보이고 있었다.

이사금이 '제사장을 맡고 있는 여왕의 솟대'를 보위했다는 시각에서 보면 제사장과 마립(이사금)의 관계로 이해할 수 있다. 이는 어디까지나 필자의 가설이다.

후학들에게 두 가지 바라는 것이 있다. 하나는 필자가 인용한 『상장돈장(上章敦牂)』[66]을 박창화 선생이 힘들게 필사했지만 사본에 불과하다. 따라서 일본 천황도서관에서 진본을 확인해 보라는 것이다. 또 하나는 초기 신라는 여성 중심 사회였다는 점을 인식할 필요가 있다는 것이다.

---

64 박창화의 필사본 『상장돈장』에는 5대 파사이사금 이전의 성모를 여왕으로, 이에 상대되는 남왕을 기록하고 있다.

65 마고는 전설의 마고할멈의 의미로 쓰이지만 인류 초기의 모계사회의 주도적 권위를 상징한다. 초기 신라 7대 성모 중 3대 성모 알영을 제외하면, 모계에 의한 여왕의 계승이고 부친의 성이 아니라 모계인 김씨 성을 갖고 있다.

66 박창화가 황실도서에서 필사했다는 『상장돈장』은 화랑세기 관련, 계보도로 보고 있다. 누구와 누가 누구를 낳았다는 식의 가계도와 비슷하다.

이사금 시대에는 부마(사위)가 왕이 되는 조건인가?

－부마가 왕에 오른 사례는 4대 석탈해(아효부인, 2대 남해왕의 사위), 5대 박파사(아혜부인, 4대 탈해왕의 사위), 11대 석조분(아이혜부인, 10대 내해왕의 사위), 13대 김미추(광명부인, 11대 조분왕의 사위)가 있다.

❗ 위의 사례 중, 4대 석탈해의 경우는 이사금으로 등극하기 전에 이미 장악한 행정 수반(대보) 자리와 군권 등 정치적 권력이 왕좌를 차지하는 데 크게 작용했으며, 3대 유리왕에게 왕위를 양보할 정도로 석탈해는 부마라는 조건보다 정치권력을 갖춘 덕에 자력으로 이사금에 등극한 것으로 봐야 한다.

13대 김미추의 경우는 바로 전(前) 왕(12대 첨해이사금)의 부마가 아니라 전전 왕(11대 조분이사금)의 사위라는 점에서 엄격한 의미의 부마 승계라 할 수 없다. 특히 미추왕이 등극한 2년 후에 그의 아버지 '구도'를 갈문왕으로 봉한 것을 보면, 부마로서 등극했다기보다 광명부인(석씨)이 여왕(부인)으로 먼저 등극함에 따라 미추가 남왕(이사금)에 등극하고 나서 신분을 보완한 것으로 보인다.

5대 파사이사금은 4대 석탈해 이사금의 사위, 11대 조분이사금은 10대 내해이사금의 사위가 맞지만, 엄밀히 말하면 여왕으로 먼저 등극한 부인에 따라 결정된 것으로 봐야 한다. 왜냐하면, 상대(上代) 신라에서 14명의 이사금 중에 부인의 칭호를 둔 경우가 8명이고, 6명의 이사금은 부인에 대한 기록이 없다. 이를 자세히 분석하면 부인이 없이도 이사금 직을 수행했다는 사실이다. 이런 점에서 볼 때, '부마가 이사금이 될 수 있는 우선순위'는 아니라고 본다. 우리는 그동안 왜 '신라왕과 부마'에 연연했는지 모르겠다.

아버지를 갈문왕으로 추존하는 일은 어떤 경우인가?

–『삼국사기』〈신라본기〉 7대 일성이사금 15년(148)에 '박아도'를 갈문왕으로 삼았다.

–12대 첨해이사금 원년(247)에 아버지 '골정'을 세신갈문왕으로 봉했다.

–13대 미추이사금 2년(263), 아버지 '구도'를 사면한 후 갈문왕으로 봉했다.

❗ 일연 스님은 『삼국유사』 제2대 남해왕 조에서 '신라 사람들은 추봉(追封)된 모든 이를 갈문왕(葛文王)이라고 불렀는데 자세히 알 수 없다.'(羅人凡追封者 稱葛文王 未詳) 하였고, 김부식도 『삼국사기』 일성이사금 조에서 갈문왕 추봉(追封)에 대해 그 뜻을 자세히 알지 못한다 했다.

갈문왕의 '갈문(葛文)'이란 칭호에 대해 필자가 보기에는 숭문(崇文)의 교화정책이 들어있다고 본다. 교화(敎化)로써 태평성대를 누렸다는 중국의 갈천씨(葛天氏)[67]가 떠오른다.

갈문왕(葛文王) 제도는 중대(中代) 신라의 김춘추 즉위 직전에 쟁점이 됐던 성골(聖骨), 진골(眞骨)의 '골품(骨品) 제도'를 연상하게 한다. 성골과 진골과 골품의 공통인자는 요새말로 '뼈대 있는 가문'이라는 뼈 골(骨), 즉 혈통이 아닌가 한다. 이와 같이 골품을 중시하던 의식이 상대 신라에도

---

67 중국 고대 전설상의 제왕. 이상적 정치를 펼쳐 태평했다고 하여 성군(聖君)이라 한다. 『여씨춘추』

있었다고 봐야 한다.

미추(13대)가 광명부인의 남편으로서 이사금에 등극하였는데도, 그의 아버지 '구도'의 패전 (죄인) 경력이 문제가 되었다. 이를 보완하기 위하여 먼저 시조묘에 제사지내고 (양해를 구한 후에) 아버지의 죄를 사면한 후 갈문왕에 봉한 것으로 보인다. 일종의 신분 보완이다.

첨해(12대)가 그 아버지 '골정'을 세신갈문왕(世神葛文王)으로 봉한 것에 대해 쉽게 이해할 수 없다. 왜냐하면, 11대 조분이사금과 12대 첨해이사금은 형제다. 다시 말해 공통점은 벌휴이사금(9대)의 장남 '골정'을 아버지로 두었다는 점이다. 그런데 왜 첨해(12대, 골정의 차남)만 그의 부친을 갈문왕으로 추증하였을까? 다시 말해 조분(11대, 골정의 장남)은 그의 부친을 갈문왕으로 추증하지 않았을까? 『삼국유사』를 쓴 일연이 풀지 못한 부분이다.

이에 대해, 다음과 같은 국사학계의 통설이 있다. 9대 벌휴의 장남 '골정'에게 왕위 계승권이 있었는데, 골정(왕이 아님)의 사위(내해)가 10대 이사금(왕)이 먼저 되고, 그를 이어 11대 조분(골정의 장남)이 골정의 상속권을 사용하는 바람에 벌휴(9대)의 상속권을 가진 장자, '골정의 상속권'이 소진되어 골정의 차남 첨해(12대)가 새로운 뼈대를 갖추기 위해 그의 아버지를 갈문왕으로 추증했다는 것이다. 이는 해괴망측한 추론이다.

필자는 다음과 같이 통설과 다른 의견을 제시한다.

"11대 조분은 아이혜(阿爾兮) 부인에 의해 이사금으로 등극한 것이고, 12대 첨해는 부인이 없어서 아버지를 갈문왕으로 추증한 것이다. 다시 말해 전(前) 왕의 아이혜 부인에 의해 이사금에 등극하였기 때문이다. 벌휴(9대)의 장남 '골정'은 처음부터 왕위 상속권이 있었던 것이 아니다."

7대 일성이사금 15년(AD148)에 '박아도'를 갈문왕으로 삼았다는 기록에 대해서도 학계에서는 이견이 분분하다.

국사학계에서는 박아도가 일성 이사금의 아버지일 가능성이 가장 크다고 보고 있다. 그런데 일성이사금이 박아도의 아들이라면, 즉위한지 15년이나 지나서 겨우 아버지를 갈문왕으로 삼은 것은 시기적으로 보아 너무 늦고 부적절하다는 문제를 제기한다. 또 하나 제기되는 문제는 일성이사금의 가족관계 등 출신을 보면 진골이어서 이사금 등극이 당연한 일인데, 그 아버지를 특별히 갈문왕으로 봉할 이유가 없다는 것이다. 세 번째 문제는 갈문왕으로 봉해진 박아도가 파사이사금의 4대손 증손자라는 내용이 삼국사기에 있는 것도 문제다. 사실 파사이사금부터가 유리이사금의 차남 또는 조카라고 기록되어 있기 때문에 가족관계를 정확하게 설명하기 어려울 정도로 복잡하고 모호해진다. 이와 같은 문제들이 어느 것 하나 우리의 상식에 흡족하지 않다. 독자 중에는 처음 접하는 문제라서 어리둥절하겠지만, 사학을 전공한 자들도 풀기 어려운 문제 중의 하나였다고 본다.

이 난제를 풀기 위해 『삼국사기』에 일성이사금의 부인 자리를 부인 호칭 없이 박씨로 기록한 점에 주목해야 한다. 다음은 필자의 가설이다.

'일성이 지마이사금(6대)의 뒤를 이어 7대 이사금으로 등극했을 당시, 이미 아내 박씨를 둔 기혼자였다고 본다. 일성이 등극할 때 아내 박씨는 부인[여왕군(女王群) 반열]에 오르지 못한 상황으로 보아진다. 당시 제사장을 맡은 부인은 전 왕(6대 지마이사금)의 부인, 애례(愛禮)부인이었다'.

남왕이 바뀌면 자동적으로 부인(여왕)도 바뀐다는 생각은 남성중심 시각이다. 이런 시각으로는 상대(上代)신라를 이해하지 못한다. 여왕이 먼저이고 솟대를 세우고 관리할 남자가 이사금(마립의 역할)으로서 남왕에 등극하는 것으로 봐야 한다. 일성이사금 15년, 그 때까지 여왕이었던 애례(愛禮)부인이 어떤 이유(노령, 병사 등)로 여왕의 자리에서 물러났을 것이고, 이후 일성이사금의 아내 박씨가 부인으로 등극하면서 그의 아버지를 갈문왕으로 봉했을 것으로 본다. '박아도를 갈문왕으로 삼았다'는 『삼국사기』 기록이 '지소례(支所禮) 갈문왕(葛文王)'으로 봉한 것으로 본다. '박아도 갈문왕'이 '지소례 갈문왕'과 동일 인물이라는 증거를 구하는 가설이다.

선왕(6대) 때, 애례(愛禮)부인도 마제(摩帝) 갈문왕(葛文王)의 딸로서 그 시대에 부인의 아버지를 갈문왕에 추존한 사례가 있었다. 파사왕(5대)의 비 아혜(阿惠)부인[68]은 허루(許婁)갈문왕의 딸로, 유리왕(3대)의 비 아리(阿利)부인[69]은 일지(日知)갈문왕의 딸로 기록되어 있다.

이 가설이 성립된다면, 일성이사금의 부인으로 기록된 박씨가 아례(阿禮)부인이고 지소례 갈문왕의 딸로서 동일(박씨=박아도의 딸=지소례갈문왕의 딸=아례부인) 인물이 된다. 이에 대한 후속 연구가 있기를 기대해 본다.

---

68 『상장돈장』에 따르면, 부(父)는 석탈해, 모(母)는 운제성모.
69 『상장돈장』에 따르면, 부(父)는 2대 남해왕, 모(母)는 운제성모.

역대 이사금 14명 중 6명의 이사금이 부인 없는 까닭은?

❗ 남왕을 중심으로 부인(여왕)을 연결하면 다음과 같다. 이는 『삼국사기』의 기록과 박창화[70]의 필사본, 『상장돈장』을 참고한 것이다.

- **1대 박혁거세**(박씨) - 월광(月光, 선도仙桃성모의 딸) 성모(2대)와 알영(閼英) 부인(3대 성모)

- **2대 남해차차웅**(박씨) - 운제(雲帝, 또는 아루阿婁) 부인(4대 성모)

- **3대 유리이사금**(박씨) - 아리(阿利) 부인(5대 성모) 운제성모의 딸

- **4대 탈해이사금**(석씨) - 아효(阿孝) 부인(6대 성모) 운제성모의 딸, 아혜(阿惠) 부인(7대 성모) 운제성모의 딸

- **5대 파사이사금**(박씨) - 아혜(阿惠, 사성) 부인(7대 성모) 김씨, 운제와 탈해의 딸 (※『삼국사기』에는 허루 갈문왕(許婁葛文王)의 딸 사성(史省) 부인으로 표기되어 있으나, 『삼국유사』에는 사초 부인(史肖夫人)으로 되어 있다.)

- **6대 지마이사금**(박씨) - 애례(愛禮) 부인 김씨, 마제(摩帝) 갈문왕(葛文王)의 딸

- **7대 일성이사금**(박씨) - ...〈박씨〉→아례(阿禮) 부인, 지소례(支所禮)갈문왕의 딸

- **8대 아달라이사금**(박씨) - 내례(內禮) 부인 박씨, 지마이사금(6대)의 딸

---

70 박창화 선생은 일본의 역사잡지 《중앙사단(中央史壇)》에 세 차례 역사 관련 논문을 발표(1927)했다. 이후 1933년~1942년 사이에 일본 궁내성 서릉부(왕실도서관)에서 촉탁(계약직)으로 근무했는데, 서릉부에는 일제가 규장각 등에서 약탈해 간 비공개 고서가 많이 있었다. 이곳에서 10여 년간 여러 책들을 읽고 손으로 옮겨 적었다고 한다.

- **9대 벌휴이사금**(석씨) – ....⟨부인에 대한 기록이 없다⟩
- **10대 내해이사금**(석씨) – ......⟨부인이 아닌 석(昔)씨, 조분이사금(11대)의 누이⟩
- **11대 조분이사금**(석씨) – 아이혜(阿爾兮) 부인 석씨, 내해이사금(10대)의 딸
- **12대 첨해이사금**(석씨) – ....⟨부인에 대한 기록이 없다⟩
- **13대 미추이사금**(김씨) – 광명(光明)부인 석씨, 조분이사금(11대)의 둘째 딸
- **14대 유례이사금**(석씨) – ....⟨부인에 대한 기록이 없다⟩
- **15대 기림이사금**(석씨) – ....⟨부인에 대한 기록이 없다⟩
- **16대 흘해이사금**(석씨) – ....⟨부인에 대한 기록이 없다⟩

–이사금으로 즉위할 당시 '부인' 기록이 없는 일성이사금(7대)을 제외하면 3대에서 16대까지 부인이 있는 이사금은 14명 중 7명(50%)이다.

–벌휴이사금(9대)은 '부인'에 대한 기록이 없다. 과연 독신이었을까? 벌휴의 '부인'은 기록에 없지만, '아내'는 실제로 있었다. 벌휴이사금의 장남 석골정(昔骨正)이 왕위에 오르지는 못했지만 골정의 첫째 아들 조분이사금(助賁泥師今, 11대, 벌휴이사금의 장손)과 둘째 아들 첨해이사금(沾解泥師今, 12대)이 역사의 기록에 존재한다. 벌휴의 차남인 석이매(昔伊買)의 아들이 내해이사금(奈解泥師今, 10대)으로 등극한 것도 사실이고 보면, 석골정(벌휴의 장남)과 석이매(차남)를 낳은 어머니, 즉 벌휴이사금의 아내가 분명 존재했었다. 그런데 왜 벌휴이사금 전(傳)에 '부인' 이름이 빠진 것일까?

앞에서 언급했지만 벌휴이사금의 아내는 '부인(여왕군女王群 반열)'에 오르지 못한 것이 분명하다. 역사를 기록한 사관(史官)은 냉정하게 '부인' 이름에 올리지 않은 것으로 보인다. '부인(夫人)'은 '부인(婦人)'과 다르다. '아내'라는 뜻이 아님에 유의해야 한다. 벌휴이사금의 사례로 보아 부인에 대한 기록이 없다고 아내가 없는 것이 아니며 독신으로 살았다고 말할 수도 없다. 이에 대한 해석은 어디까지나 필자의 견해이다.

벌휴이사금과 내해이사금을 등극시킨 사람은 누구인가?

！ 박씨 왕조(5, 6, 7, 8대)에서 홀연히 나타난 벌휴(석씨)는 어떻게 하여 이사금(9대)에 등극한 것일까? 역사의 기록을 살펴볼 때 벌휴가 혁명에 의한 찬탈은 아닌 것 같다.

이를 풀기 위해, 벌휴가 이사금(마립간)으로서 보위하던 부인(여왕)은 누구인가를 살펴야 한다. 아마도 전 남왕(8대)의 부인, 내례(內禮)부인(여왕)이 아닐까 한다. 이를 증명하듯 벌휴이사금(9대)이 죽은 후, 다음 10대 이사금(남왕)은 내례부인의 아들, 내해(10대)가 등극했다. 내해이사금도 부인이 없다. 그 이유는 간단하다. 이사금으로 등극한 내해가 벌휴의 손자(차남 석이매의 아들)여서 왕으로 등극한 것인지, 내례부인의 아들이라 당연한 것인지 학계는 분명한 답을 내놓지 않고 있다. 필자는 후자라고 본다. 전자의 시각(벌휴의 자손)이라면 후일 12대 첨해이사금이 등극하자 곧바로 그의 아버지 골정을 세신갈문왕으로 봉했던 것처럼 그 아버지 석이매를 갈문왕으로 봉했어야 한다.

내해(10대)가 이사금 자리에 등극할 수 있었던 배경을 보면 짐작이 간다. 『삼국사기』의 기록대로 '내해(석씨)가 벌휴왕의 손자요, 어머니는 내례부인이라 했다.' 내해는 큰 저항 없이 쉽게 이사금에 등극했다. 아무 생각 없이 그냥 읽으면 벌휴이사금의 손자로서 자연스럽게 이어지는 왕통이다. 돋보기를 쓰고 다시 읽어보자. 벌휴의 차남, 이매(伊買: 내해의 부친)를 건너뛰어 어린 나이의 내해가 이사금 자리에 등극한 것이다. 웬일일까?

내례부인(박씨)의 남편(남왕) 아달라이사금(8대)은 박씨다. 어디를 보나 내해의 석씨 성이 태어난 것은 (박)아달라(8대)의 박씨 성과는 연결될 수 없는 일이다. 삼국사기는 벌휴이사금(9대)의 차남 석이매(昔伊買)의 아들이라 기록하고 있다. 돋보기로 다시 즉위 연도를 살펴보자. 내해이사금(10대)이 왕(남왕)위에 오른 것은 196년이고, 벌휴이사금(9대)이 남왕(마립=이사금)에 오른 것은 184년이다. 불과 12년의 간격이다. 이를 어떻게 해석해야 할까?

　내해가 등극할 당시 12살(12년 차이 등극)이면 몰라도 이 보다 많은 것이 사실이라면, 그의 할아버지 벌휴(9대)가 이사금으로 등극한 것(12년 전)은 내해가 태어난 이후의 일이 된다. 다시 말해 벌휴이사금이 등극하게 된 까닭은 어린 내해의 안전을 위해, 내해의 할아버지가 누군가에 의해 필요했던 것이다. 벌휴(9대)가 이사금으로 등극한 일이 (박)아달라(8대 이사금)의 뜻인가, 내례부인(여왕)의 뜻인가? 답은 자명한 일이다. 이는 신라의 부인(여왕)은 주요 국정 방향과 이사금 등극과 같은 주요 인사를 관장했다는 증거이다.

　다시 생각해 보자. 누가 벌휴를 이사금(9대)으로 등극시켰을까? 내례부인(여왕)이 아니면 할 사람이 없다. (박)아달라(8대 이사금)의 말년(재위 21-31년) 기록[71]이 없다. 10년 동안 그는 어디에서 무엇을 했을까? 내례부인의 탈선에 대해 아달라이사금이 대노했다는 기록으로 보아 고혈압 등으로 쓰러져 중풍 등 반신불수로 연명했거나 아니면 여왕에 의해 유폐되었다고 볼 수도 있다. 이때 (박)아달라이사금의 부장인 (석)벌휴가

71　아달라이사금 21년 1월 흙비(황사)가 내리다. 21년 2월 우물이 마르다. ...... 31년 1월 왕이 죽다.

그를 대행하다가 (박)아달라가 죽자, 즉시 이사금으로 등극했을 가능성이 높다. 이는 무엇을 시사하는가?

골품을 중시하던 당시 박(朴)씨 성에서 석(昔)씨 성으로 이동한 경위를 살펴보자. 9대 벌휴이사금의 어머니는 김씨 지진내례부인(只珍內禮夫人)이고, 부계(父系)는 탈해이사금의 아들인 구추(仇鄒) 각간(角干)의 아들이라 한다. 그러나 연대상으로 탈해가 죽은 지 104년 만에 즉위한 것이므로 연대 차이가 너무 심하다. 벌휴가 이사금으로 등극한 데는 벌휴 자신이 갖춘 조건보다 타인에 의해 그 자리에 앉았다고 보며, 억지로 꿰어 맞춘 흔적이 보인다.

타인이 누구일까? 어린 아기(왕자) 내해를 지켜줄 사람, 할아버지 벌휴가 필요하다고 여긴 그가 누구일까? 아기의 어머니 내례부인 말고 누가 있을까?

이러한 필자의 가설에 대해 혹자는 '소설 쓰고 있다'면서 기존의 통설을 지키려 할 수도 있다. 그렇다면 필자가 반문해 본다.

"아달라이사금(8대)이 죽은 해가 AD184년이다. (박)아달라가 죽기 전 AD174년부터 10년 동안 기록이나 행적이 없는 이유를 어떻게 설명할 수 있는가? 내례부인(여왕)은 벌휴이사금(9대)만 등용한 것이 아니다. 자신이 낳은 아들, 내해를 이사금(10대) 자리에 앉힌 것을 어떻게 설명할 것인가?"

(박)아달라이사금 다음 왕으로 늙고 수명이 다해 보이는 벌휴를 선택한 것은 절묘한 인사라고 본다. 삼국사기에는 전왕(벌휴)의 태자 골정과 둘째 아들 이매가 일찍 죽고 태손이 아직 어리므로 이매의 아들 내해를

세웠다고 했다. 벌휴이사금의 아들, 골정과 이매가 병사했는지 사고사인지 알 수 없으나 골정의 왕위 계승권도 인정할 수 없는 일이다.

내해가 이사금으로 등용될 당시 내해에게는 아내 석씨가 있었다. 이미 결혼을 했다는 것과 12년 전 조부 벌휴의 등극 등 정황상으로 볼 때, 내해가 이사금으로 등극할 당시 12살 이상이었다고 본다. 아내 석씨는 큰아버지(골정)의 딸(11대 조분이사금의 누이)로서 내해이사금과 사촌 사이다. 내해 이사금이 즉위 당시 나이가 12살 이상이 분명하다면 내해가 즉위하기 12년 전에 벌휴(내해의 조부)가 즉위한 AD184년은 내해가 태어난 이후의 일이다. 이렇게 연대별로 볼 때 내해의 출생과 벌휴의 이사금 등극이 내례부인과의 인과관계로 성립된다.

내례부인(여왕)과 연결된 이사금은 박아달라(8대)와 석벌휴(9대)와 석내해(10대) 3대가 된다. 70여 년간 여왕의 자리에 있었다고 할 수 있다. 내례부인과 벌휴이사금과의 관계, 그리고 내례부인과 그녀의 아들인 내해이사금(벌휴의 손자)은 어떤 관계인가? 석벌휴와는 단언할 수 없지만 내례부인과 석내해는 정황상, 성(性)이나 부부관계로 볼 수 없는 일이다.

'이사금' 보다 먼저 알아야 할 '마립간'의 명칭과 역할은?

❗ 상대(上代) 신라의 왕호가 거서간(居西干, 1대)→ 차차웅(次次雄, 2대)→ 이사금(尼師今, 3대-16대)→ 마립간(麻立干, 17-21대)→ 왕(王, 22대 이후)으로 변하여 갔다. 이들 명칭을 모두 '왕'으로 알고 있지만 우리가 아는 일반적인 왕은 아니라고 본다. 예를 들어, '이사금(尼師今)'이란 모호한 명칭으로 포장되어 있지만 실은 '거서간'이나 '마립간'처럼 '마립(麻立)'의 역할을 하고 있었다고 본다. 그런 면에서 2대 차차웅(무당)을 빼고는 대체로 '왕(王)'과 '간(干)'으로 대별할 수 있다.

신라 말기 최치원은 그의 저서 『제왕연대력(帝王年代曆)』에서 거서간(1대), 차차웅(2대), 이사금(3대-18대), 마립간(18대-21대) 등 신라 고유의 왕호를 사용한 초기 군주들을 모두 무슨 왕 무슨 왕이라는 중국식으로 왕호를 바꿔 기술하였다.

이사금(尼師今)도 그렇지만 마립간(麻立干) 명칭을 피하고 싶어 했던 이유는 단순히 방언 때문이 아니라 '마립간'이 갖는 의미에 있었다고 본다. '마립간'에 무슨 의미가 들어있는가? '마립간'은 글자 그대로 마(麻)를 세우는(입立) 사람(우두머리, 간干)이다. 마의 의미 탐구 전에, '립(立)'이라는 글자는 임무를 뜻하고, '간(干)'은 그 임무를 수행하는 사람의 직분을 뜻한다.

그런데 핵심이 되는 '마(麻)'는 무슨 뜻인가? '마'는 마고의 유습, 마고지나(麻姑之那, 마고의 나라, 모계의 나라)를 뜻한다. 마립간은 '마고지나'에 뿌리를 두고 있다. 바로 이런 의미가 드러나기 때문에 최치원이 싫어했던 거다.

마립은 '마고를 세운다.'는 뜻이니, 이는 곧 '솟대를 세우는 일이다.' 솟대를 '소도에 세우는 일'을 해 온 가계가 소성(蘇姓) 집안이었다.

박혁거세가 그의 어머니 선도성모의 소도를 세우고 지켰던 것처럼 신라의 임금으로 출발한 이후, 신라의 이사금(남왕)들이 솟대를 세우고 지킨 것이다. 『삼국사기』에 의하면, 박혁거세의 모친으로 보는 선도성모의 이름이 '파소(婆蘇)'라 했다. 소성(蘇姓) 집안 사람이 아닌가 한다.

『삼국사기』의 기록대로 해석하면, 마립이 말뚝 박을 정도의 중심 위치라면 '마립간'은 마고를 세우고 이를 지키고 관리하는 위수사령관으로 봐야 한다. '마립간'이 솟대의 제사장을 엄호하는 역할만 한 것은 아니다. 내무 행정과 군사를 통솔하기도 했다.

신라의 부인이 제사장이란 점에서 남성중심 사회의 인식으로 보면 이해하기 어려운 유습이다. 이러한 제사장을 중심으로 마립간의 역할을 고고학적으로 말해주고 있는 것이 '황남대총' 발굴이다.

황남대총 북분(北墳)의 피장자는 여성인데 금관과 부인대(夫人帶)라는 명문이 새겨진 금제 허리띠가 나왔다. 남분의 피장자는 남자인데 머리에 쓰는 은관이 나왔다. 부인(여왕)의 남편은 마립간의 역할을 했다고 볼 수 있다.

그 이전의 이사금(왕)도 이처럼 마립간의 역할을 했을 것이다. 이사금의 왕호를 마립간으로 바꾼 데는 우선 지배세력의 변화가 있었고, 이사금이란 의미의 모호함에 있었다고 본다. 앞으로 두 체제에 대한 비교연구가 필요하다고 본다.

마립이라는 이사금 체제가 정착된 것은 언제인가?

❗ 우리가 알고 있는 이사금은 (남)왕의 명칭이다. 그러나 이사금은 ① 부인(성모, 여왕)에 의해 선택되고, ②부인의 솟대를 세우고 관리하고 보위하는 마립(간)의 역할을 함으로써 '부인(여왕)중심 체제'를 유지하는 근간이 되고 있다. 그래서 부인(성모)과 마고를 연결 짓는 솟대를 중심으로 해서 '이사금 제도'의 정착을 바라보자는 것이다.

이러한 이사금체제가 3대 유리왕 때 확립된 듯 보이지만, 이사금이란 왕의 호칭 이전에도 명칭은 다르나 거서간이 ①성모에 의해 선택되었고, ②솟대를 세우고 관리하고 보위하는 마립(간)의 역할로 보아 박혁거세 때부터 있었다고 본다.

박창화의 필사본 『상장돈장』에 의하면, 1대 선도(仙桃)성모와 2대 월광(月光; 선도성모의 딸)성모 때 박혁거세가 솟대를 세우고 관리하고 보위하는 마립(간)의 역할을 다한 것으로 보인다. 그런데 월광의 대를 이을 3대 성모로 월광의 딸 월지(月知; 운제성모의 어머니)가 아니라 알영(關英)부인이 그 자리에 앉은 것이다. 이는 박혁거세의 선택이라 본다. 알영은 신라가 아닌 낙랑국[72]출신 여인이다.

이에 운제(雲帝)를 앞세운 신라의 마고 세력이 남옥저로 넘어간 권력을 찾아오기 위해 '박혁거세 시해' 사건을 일으킨 것으로 보인다. 이때 박혁거세의 군권을 제거하기 위해 선진 철기문명의 강력한 무기와 전투력을

---

72 중국 역사에 등장하는 낙랑군이 아니라 남옥저의 자리를 차지한 시길(柴吉)의 낙랑이다.

동원할 수 있는 석탈해를 끌어들인 것이 아닌가 한다.

박혁거세는 ②솟대를 세우고 관리하고 보위하는 마립(간)의 역할은 다 했지만, 남왕으로서 여왕을 선택한 것은 ①성모(부인)에 의한 남왕의 선택권을 무시하고 위반한 것이다.

박혁거세 시해사건을 단순한 권력 암투로 보는 시각이 있다. 그러나 시해사건 때 함께 죽은 알영부인이 박혁거세와 합장하지 못해 사릉(蛇陵)이라 불린 사연(『삼국유사』)을 보면, 성모중심의 마고체제를 존속하고 이어가야 하는데 알영부인이 끼어듦으로써 계승절차가 훼손되었다고 여긴 쪽에서 마고체제를 지키려는 반격으로 보인다. 박혁거세 시해사건은 여왕국의 정체성 혼란을 야기 시킨 것에 대한 책임과 바로잡는 뜻에서 운제성모를 중심으로 한 세력이 주도한 것이라 할 수 있다.

2대 남왕, 남해차차웅[73]은 자신이 직접 무당이 되어 신과 소통하려 함으로서 여왕과 남왕의 역할 정리에 막연하고 미숙했다고 본다. 당시 운제성모와도 제사장 문제로 갈등이 있었을 것이다. 남해왕과 운제성모 각각의 솟대를 세우고 관리하는 일은 석탈해가 맡았을 개연성이 있다.

석탈해는 3대 유리이사금을 통해 '이사금'이라는 왕호와 '제도'를 확립하는 실험기간으로 삼았을 것이며, 그 후 본인이 이사금이 되어 직접 운영하였다고 본다. 그 결과물이 아혜부인(성모, 운제여왕과 석탈해의 딸)을 먼저 여왕(부인)으로 세우고, 후(後)에 남왕(5대 파사이사금)의 등극이라는 절묘한 관계가 여왕체제를 유지하는 이사금제도로 굳어진 것이라 본다. 이와 같이 석탈해가 '여왕의 나라를 유지하는 데에 적절한 이사금(마립간)제도'를 정착시켰다고 본다.

---

73 '차차웅'이라는 왕호에 대해서 『삼국사기』는 김대문을 인용하여, '차차웅 혹은 자충(慈充)은 무당을 이른다. 세상 사람들이 무당이 귀신을 섬기고 제사를 받들기에, 그를 외경(畏敬)해 마침내 존귀한 어른을 일컬어 자충이라고 하게 되었다.'고 전한다.

신라 14-16대 이사금이 연달아 부인 없는 이유는?

–『삼국사기』〈신라본기〉 13대 미추이사금(광명부인) 이후, 14대(유례이사금), 15대(기림이사금), 16대(흘해이사금)의 3대에 걸쳐 '부인'에 대한 기록이 없다.

❗ 이 부분이 신라 역사를 해석하는 데 최대의 미스터리 중 하나이다. '부인'에 대한 기록이 없는 것은 먼저 인통(姻統, 〈궁금역사 14〉)이 끊어진 것인지, 아니면 이어지고 있는데 기록되지 않은 것인지 생각해 볼 일이다. 인통이 끊어지지 않고 있었다는 인통맥을 다음의 몇 가지 사례로 유추할 수 있다.

①13-16대 이사금 이후, 17대 내물이사금(마립간)에서 26대 진평왕에 이르기까지 '부인'의 이름이 보인다. ②황남대총 발굴 결과와 여러 정황을 놓고 볼 때, 금관의 주인은 제사장을 맡고 있는 부인(여왕)이고, 여왕의 남편이자 은관의 주인이 바로 마립간[74]의 역할을 했다고 본다(〈궁금역사 6〉). 그리고 학계에서는 황남대총을 17-21대 마립간의 어느 능으로 보고 있다. ③13-16대 이사금 이전에도 8대(아달라) 9대(벌휴) 10대(내해) 이사금 때 내례(內禮)부인이 3대에 걸쳐 있고, 11대(조분) 12대(첨해) 이사금 때 아이혜(阿爾兮)부인이 여왕의 자리에 있었음을 〈궁금역사 17〉과

---

74 국사학계에서는 17대 내물이사금이 '마립간'의 칭호를 처음 사용한 왕으로 보고 있다.

〈궁금역사 19〉에서 확인할 수 있다. 이와 같은 근거로 볼 때, 부인에 대한 기록은 없지만 끊어지지 않았다고 유추할 수 있다.

다음으로 생각해 볼 일은 13-16대 이사금 때 누가 부인(여왕)의 역할을 했을까 하는 점이다. 앞에서 언급했듯이 8대 아달라이사금의 내례(內禮)부인이 9대(벌휴) 10대(내해)까지 이어갔고, 11대 조분이사금의 아이혜(阿爾兮)부인이 12대(첨해)까지 이어갔음을 보았다. 이로 미루어보아 13대 미추이사금의 광명부인이 14, 15, 16대까지 이어갔을 거라고 짐작할 수 있다.

『삼국사기』에 보면, 17대 '내물이사금(奈勿尼師今)'이 즉위했다. 성은 김씨이고 구도갈문왕의 손자다. 아버지는 각간 말구이고 어머니는 김씨 휴례부인이다. 왕비(부인)는 미추왕(13대)의 딸이다. (奈勿尼師今立 姓金 仇道葛文王之孫也 父末仇角干 母金氏 休禮夫人 妃金氏 味鄒王女). 왕비(부인)의 이름은 알 수 없고 미추왕의 딸이라고만 했다.

내물왕의 아들로 되어 있는 19대 눌지마립간의 어머니가 보반(保反)부인(訥祇麻立干 立 중략... 奈勿王子也 母保反夫人)이라는 기록이 있어 내물이사금의 왕비인 미추왕의 딸이 보반부인임을 알게 되었다. 다시 말해, 미추왕(광명부인)의 딸과 보반부인은 같은 사람으로 국사학계는 보고 있다.

정리하면 광명부인(여왕)이 13대→ 14대→ 15대→ 16대를 이어간 것처럼 보이지만, 그 사이에 광명부인에서 딸 보반부인으로 여왕의 승계가 이뤄졌다고 본다. 그런데 언제 승계가 된 것인가? 왕들의 재위 연대를 살펴보면 광명부인의 생애를 찾을 수 있지 않을까 한다.

13대 미추이사금(23년 재위), 14대 유례이사금(15년), 15대 기림이사금(13년), 16대 흘해이사금(47년)을 이어갔다면 도합 95년간 여왕의 자리에 있었다는 계산이 나온다. 광명부인이 최소 12살에 여왕으로 등극하였다 하더라도 12+95년이면 107년이란 생애가 성립한다.

앞의 계산에서 맨 마지막 흘해이사금 시대(47년 재위)를 빼고 다시 계산하면 48년이다. 광명부인이 최소 12세에 여왕으로 등극했다고 가정하면, 60(12+48)세의 일기는 이해할 수 있다. 흘해이사금이 등극할 당시 광명부인이 생존했을 가능성이 높다 하겠다.

여기서 가설을 세우면, 흘해이사금이 등극(310)한 이후 47년간 재위 기간 중 어느 날, 광명부인이 생을 마쳤고 이에 뒤를 이어 보반(保反)부인 김씨(미추왕과 광명부인의 딸)가 부인(여왕)의 자리를 이었다고 가정할 수 있다. 그러나 『삼국사기』에는 부인의 등극에 대한 기록이 없으므로 정확한 햇수는 알 수 없다.

다만 모용황의 잔존[75] 세력인 나밀(那密)[76] 일파가 신라의 도읍으로 남하하여 신흥 세력으로서 흘해이사금의 군권을 장악하고 보반부인과 동반자의 관계 설정이 이루어졌을 것으로 본다면, 그 이전에 보반부인이 부인(여왕)의 자리를 계승하지 않았을까 유추할 수 있다. 이렇게 보면, 광명부인(여왕)에서 그의 딸 보반부인(여왕)으로 이어짐이 연대 계산상 가능한 일이 된다.

앞에서 누누이 언급한대로 이사금으로 등극하여 부인(여왕)이 정해지는 것이 아니라 부인에 따라 이사금이 정해진다고 했다. 이와 같은 관점에서 본다면, 나밀[내물]은 보반부인과 동반자 관계(마립)를 설정했다고

---

75 AD342년 겨울, 선비족(鮮卑族) 모용황(慕容皝)은 5만5천의 군대를 이끌고 두 갈래 길로 고구려 수도 환도성을 공격했다. 험준하고 비좁은 남로(南路, 압록강 북안 산악길)에 4만을, 평탄한 개활지 길인 북로(北路)에는 1만5천을 투입했다. 이 전쟁에서 연나라 장사와 왕우의 지휘 아래 북로(北路)로 신성을 침공했던 선비족 기마군단 1만5천은 고구려 고무장군에 의해 모두 죽은 것으로 삼국사기에 기록되어 있다. (會王寓等戰於北道, 皆敗沒) 이때 장사와 왕우의 잔존 세력으로 보인다.

76 『삼국사기』에서는 내물이사금을 내물(奈勿) 혹은 나밀(那密)이라 했고, 『삼국유사』에서는 내물왕(奈勿王), 나밀왕(那密王)으로 기록하고 있다.

봐야 한다.

그 시점이 언제인지 기록에는 없으나 『삼국사기』에 특이한 단서가 있다. 16대 흘해이사금 '41년(350) 봄 3월, 황새가 월성 모퉁이에 새 집을 만들었다(四十一年 春三月 鶴巢月城隅)'는 기록이 눈에 띈다. 보통 상식으로 보면 '황새가 집을 짓다'는 기록은, 복을 물고 온다는 '제비가 집을 짓다'와 별다름이 없는 평범한 일인데 『삼국사기』에 특별히 기록한 이유가 무엇일까?

우리 속담에 '뱁새가 황새 쫓아가다가 가랑이 찢어진다'는 속담이 있다. 황새는 상대적으로 우월하다는 상징성을 지닌다. 당시 우월한 무기를 지닌 '나밀' 세력을 지칭한 것이 아닐까? 더구나 월성 귀퉁이라면 정권 진입을 의미한다. 이 때(350)가 미추왕(재위 262-284)이 죽은 지 66년이 지난해이다. 미추왕의 딸, 보반부인의 나이가 적어도 66세 이상이라고 본다. 그 전에 이미 보반부인이 여왕으로 등극해 있었다고 볼 수 있다.

여기서 다시 미스터리가 연속적으로 발생한다. 보반부인이 66세 이상이라면, 17대 내물이사금으로 등극(356)한 때는 72세 이상이 된다. 더구나 18대 실성(實聖)이사금이 등극할 때(402) '내물왕이 세상을 떠나자 그 아들이 어리므로 나라사람들이 실성을 세워 왕위를 잇게 했다(奈勿薨 其子幼少 國人立實聖繼位)'는 기록이 있다. 앞에서 19대 눌지마립간의 즉위 당시 모친이 보반부인이라는 기록이 있듯이, 그녀가 몇 세에 아들(눌지)을 낳았을까 하는 의문이 생긴다.

우리의 옛 풍습에 보면, 본처 외에 후처를 둔 경우 그의 자녀들을 본처의 소생으로 입적(入籍)하여 핏줄을 중시하는 경우가 많았다. 앞에서 소개했듯이 『화랑세기』 필사본에 따르면 부인이라는 인통의 계승은 모계 계승으로 이루어졌는데, 남자들은 한(1)대(代)에 한하여 어머니의 계통을 따라 대원신통이 되기도 하였다[77]고 한다. 부인(왕비)의 아들로 입적(入籍)이 되면 마립간 등극이 쉬워진다. 이렇게 보면 늦은 나이에 눌지를 출생했다는 미스터리도 설명이 가능하다.

또 하나 선명하지 못한 기록이 눈에 띈다. 내물이사금의 '왕비는 미추왕의 딸이다.(妃金氏 味鄒王女)' 그리고 역시 실성이사금의 '왕비는 미추왕의 딸이다.(妃味鄒王女也)'라는 대목이다.

우리는 여기서 두 가지 의문을 제기하게 된다. ①두 왕의 왕비인 '미추왕의 딸'이 같은 사람인가? 또한 부부관계일까? ②두 왕의 즉위 때 기록을 보면, 왕은 누구의 자손이요, 누구의 아들이고, 어머니는 ○○부인이고 왕의 외가는 무슨 집안이라 상세히 기록하면서, 왕의 부인에 대해서는 왜 거두절미하고 '미추왕의 딸'이라며 간략하게 넘어가는 것일까?

①의 두 왕의 왕비, '미추왕의 딸'은 같은 사람으로 보인다. 보반부인이 100세 이상 살았다면 가능할 수도 있는 일이다. 앞에서 언급했는데 내물왕(17대)이 등극할 때(356) 왕비를 최소 72세 이상으로 봤다. 이런 계산이라면, 실성왕(18대)이 등극할 때(402)는 최소 118세가 된다. 이때는 미추왕이 죽은(284) 지 118년이 되는 해로서 이보다 나이 많은 미추왕의 딸은 상상할 수 없기 때문이다. 실성왕의 왕비에 대해서는 필자도 쉽게 수긍하지 못하는 부분이다.

②의 두 왕의 왕비를 '미추왕의 딸'이라며 대충 넘어가는 식의 기록으로 보아 부인(夫人)은 형식적 의미이고 부부관계가 아니었음을 짐작할 수 있다. 단순히 제사장과 이사금(마립간)의 관계였을 가능성이 높다 하겠다.

다시 곱씹어 볼 일은 『삼국사기』에 내물이사금(즉위 356년) 부인이

---

77 내해이사금(10대)은 어머니 내례부인이라는 대원신통의 사례가 있다.

미추왕의 딸이고, 실성이사금(즉위 402년) 부인이 미추왕의 딸이라고 분명히 기록되어 있다. 그런데 미추왕이 죽은 284년으로 계산하면, 실성이사금이 즉위한 402년은 118년째가 된다. 미추왕의 딸 보반부인이 유복자라 하더라도 117세가 된다. 특이한 사례로 117세까지 장수할 수 없는 것은 아니지만 쉽게 이해하기는 어려운 사례이다. 이 점은 우리 국사학계가 두고두고 계속 풀어나가야 할 연구 과제라 생각한다.

백제편

02

백제의 첫 도읍지 위례성은 한강유역이 맞나?

❗ 『삼국사기』 권 제23 〈백제본기〉 제1 온조왕 13년(BC6) '5월 왕이 신하들에게 말했다. 나라 동쪽에는 낙랑이 있고 북쪽에는 말갈이 있어 우리의 변경 강토를 침범하니 평안한 날이 별로 없다.' (十三年 夏五月 王謂臣下日 國家東有樂浪 北有靺鞨 侵軼疆境 少有寧日)

어머니 소서노 없이 미숙하지만 국정을 운영해야 하는 온조왕의 걱정을 기록한 대목이다. 위례성 동쪽에 낙랑이 있고, 북쪽 국경에는 말갈이 있다. 일본(일제)이 그려준 평양의 낙랑군과 만주 이북의 말갈과 한강유역 위례성의 배치로 보면 이해할 수 없는 상고사의 그림이다. 우리 국사지도에는 동쪽에 낙랑 대신 신라가 있고, 북쪽에 낙랑과 고구려가 있으며 말갈은 없다.

〈백제본기〉 첫 장에 비류, 온조, 소서노 일행이 고구려를 탈출하여 도읍지를 정하는 과정을 그린 기록이 있다.

'그러더니 주몽이 북부여에서 낳은 아들이 오자 태자로 삼으니, 비류와 온조는 태자에게 용납되지 않을 것을 두려워하여 마침내 오간(烏干), 마려(馬黎) 등 열명의 신하들과 함께 남쪽으로 가니, 백성들이 그에게 따르는 이가 많았다. 그들은 마침내 한산(漢山)에 이르러 부아악(負兒嶽)에 올라 살 만한 땅을 바라보았다. 비류는 바닷가로 가서 살려고 하니, 열 명의 신하가 간해서 말했다. "오직 이 하남(河南) 땅은 북쪽으로 한수(漢水)가 (방어) 띠(帶)를 이루고, 동쪽으로 높은 산악을 의지할 수 있으며, 남쪽으로 기름진 땅과 못(연못)들이 있으며, 서쪽은 큰 바다가 막아주므로 그(이)런 자연적 요해와 지리는 얻기 어려운 지세입니다." 비류는 듣지 않고 그 백성들을 나누어 미추홀(彌鄒忽)로 가서 살았다. 온조는 하남위례성에 도읍을 정하고 열 명의 신하를 보필로 삼아 나라를 십제(十濟)라 했다.' (及朱蒙在北夫餘所生子來爲太子 沸流溫祚恐爲太子所不容 遂與烏干馬黎等十臣南行 百姓從之者多 遂至漢山 登負亞嶽 望可居之地 沸流欲居於海濱 十臣諫曰 惟此河南之地 北帶漢水 東據高嶽 南望沃澤 西阻大海 其天險地利 難得之勢 作都於斯 不亦宜呼 沸流不聽 分其民 歸彌鄒忽以居之 溫祚都河南慰禮城 以十臣爲輔翼 國號十濟)

우리 국사학계는 서울 송파구 풍납동 풍납토성(風納土城)을 하남위례성으로 보고 있다. 그 인근 몽촌토성 자리에 한성백제 박물관을 차릴 정도로 한강 유역을 확신하고 있다.

풍납토성을 중심으로 하여 삼국사기의 위례성 지세를 살펴보면, 북쪽은 한강이 있고, 동쪽은 예봉산, 운길산, 천마산 등 산악으로 이어지는 점은 비슷하다. 서쪽에 방어선 혹은 저지선은 아니지만 황해가 있으니 비슷하다고 하자. 그러나 남쪽 방향은 아니다. 지금의 송파구와 강동구 일대, 도시 개발 전에 평야가 아니라 구릉지였고 일자산과 이성산과 청량산(남한산성)과 검단산으로 이어져 있다. 삼국사기가 묘사(南望沃澤; 남쪽에는 기름진 땅과 못들이 보인다)하는 습지대 평야가 아니다. 학계에서는 풍납토성에서 동남쪽으로 광주산맥을 넘어 40여 km를 가면 이천평야와 또 그 남쪽으로 여주평야가 있다고 하면서 풍납토성을 억지로 하남 위례성이라 변호하고 있다. 남망(南望)이라는 바라볼 망(望)은 지금 눈에 직접 보이는 대상을 전제로 한다. 보이지 않는 남쪽 어느 땅이라 함은 억설 중의 억설이라 할 수 있다. 심지어는 위례성에 대한 묘사가 처음부터 잘못된 것이거나 『삼국사기』를 편찬할 때 잘못 옮겨 적은 것이라고 주장하는 학자도 있다. 어쨌든 한강 유역의 하남 위례성에서 보는 남쪽 풍경이 삼국사기와 전혀 다르다. 위례성은 한반도 한강유역이 아닌 것 같다.

21세기에 와서 천문학자 박창범 교수가 『삼국사기』〈백제본기〉에 수록된 일식 기록들을 역산으로 분석한 결과를 내 놓았다. 백제 도읍에서 일식을 가장 잘 관측할 수 있는 위치, 관측지[78]를 찾아냈는데 동경 110-122°, 북위 38-48° 범위에 있다. 이 관측 범위에는 '베이징(北京)과 청더(承德), 톈진(天津) 그리고 산시성(山西省)의 다퉁(大同)을 포함한 요동과 요서지역[79]이다.' 이 지역은 중국의 『송서』와 『양서』에 백제의 위치에 대한 기록(百濟所治, 謂之晉平郡 晉平縣)인 진평군과 유사한 지역이다. 위례성은 한반도의 한강 유역에 있지 않았다는 증거이기도 하다.

중국의 『송서』와 『양서』에 백제의 위치에 대한 기록이 있다.

> 『송서(宋書)』 97 열전 제57 동이 백제조(百濟條)에 '백제는 본래 고구려와 함께 요동에서 동쪽으로 천(千)여 리 떨어진 곳에 있었다. 그런데 뒤에 고구려는 요동을 침략해 소유하고, 백제는 요서를 침략해 소유하였는데 소치(所治, 治所 치소, 관청)가 진평군 진평현이다.'(百濟國本與高驪 俱在遼東之東千餘里, 基後高驪略有遼東, 百濟所治, 謂之晉平郡 晉平縣).

---

78 박창범, 『하늘에 새긴 우리역사』, 김영사, 2018. p.56.
79 요동과 요서의 경계가 되는 요수는 조선하(조하)이다. 본 책 〈궁금역사3〉(백제편) 참조.

이 기록은 백제가 요서[80]를 지배했다는 사실을 중국의 정사(正史)들이 증명하고 있다. 특히 백제가 먼저 이 지역을 지배했고 나중에 뒤를 이어 고구려가 세력을 확장하여 백제와 국경을 맞닿을 정도로 요동 지역까지 진출했음을 기록하고 있다.

백제의 소치(所治)는 진평군 진평현이라 했는데, 지금의 톈진(天津)에서 산시성(山西省) 다퉁(大同)을 아우르는 지역에 있다. 그곳에 자리 잡은 소치(所治)는 소도(所都)를 말하는 것으로, 다스리던 바로 그곳, 치소(治所, 관청)가 있는 도읍을 말한다.

현대에서 가장 가까운 시대의 기록물『흠정만주원류고』〈백제조〉에는 『문헌통고(文獻通考)』를 쓴 마단임(馬端臨, 1254-1323?)의 말을 빌어, 진평의 위치에 대해 '지금의 금주(錦州), 영원(寧遠), 광녕(廣寧) 일대'라고 보다 구체적으로 청나라 당시의 지명으로 열거했다.(『欽定滿洲源流考』 권3 部族3 百濟條 '馬端臨謂 晉平在唐柳城北平之間 實今錦州寧遠廣寧之境)

이 기록은 진평(晉平在)의 위치에 대해, 송(宋)말, 원(元)초에 쓰인『문헌통고(文獻通考)』의 '唐柳城北平之間'를 인용하여 '당(唐)나라 때 유성(柳城)과 북평(北平)의 사이에 있던 지역'을 당시 지명으로 구체적으로 밝히는 데 의의(意義)가 있다. 진(晉, 西晉 280-316. 東晉 316-420)나라 때에 '고구려가 이미 요동을 점령하였고, 백제도 역시 요서와 진평 2군을 점거

---

80 요동요서(遼東遼西)란, 요의 동쪽과 요의 서쪽이라는 지명을 일컬음이다. 중국 역사기록의 주체가 된 지나(秦)족 중심으로 볼 때, 장안(시안)에서 멀리 떨어져 있다는 요(遼, BC5세기)를 경계로 하여 동이국가와 장안 중심 지나족 국가를 의미 있는 경계지역으로 구분한 것이다. 요동이란 말은 『사기』 권 69 소진의 기록에서 그 위치를 찾을 수 있다. "연의 동서남북을 기록" 하였는데, 동유조선요동(東有 朝鮮 遼東: 동쪽에는 조선 요동이 있다), 북유임호누번(北有 林胡 樓煩: 북쪽에는 임호 누번이 있다), 서유운중구원(西有 雲中 九原: 서쪽에는 운중 구원이 있다), 남유호타역수(南有 易水: 남쪽에는 호타 역수가 있다). 현대 중국의 지도를 펴놓고 보면, 하베이성(河北省)과 산시성(山西省)의 요의 경계선 에 있는데 요서쪽이라 할 수 있다.

소유하였다'라는 기록을 말함이다.

　이러한 중국사서 기록의 진위에 대해 국사학계는 아직도 갑론을박하고 있다. 중국의 사서를 금과옥조로 여기는 학자도 이 부분에 대해서는 잘못 기록된 부분이라 하며 변명과 회피의 심경을 보이고 있다. 학자라면 이 부분을 정직하게 받아들여야 한다. 이분들을 위해 첨단과학으로 증명된 초기 백제의 일식기록 위치가 중국 문헌의 기록과 일치하고 있음을 강조하고 싶다.

　또 하나 진위를 논할 일이 있다. 『삼국사기』 온조왕 원년(BC18)의 '한산, 한수'와 같은 왕, 온조왕 13년(BC6) 이후의 '한수, 한산' 기록이 서로 논리적으로 모순 되고, 근초고왕 26년(371) 도읍을 한산으로 옮긴 것으로 보아, 온조왕 원년(BC18) '한산, 한수'는 오기이거나 조작 가능성이 짙다고 본다. 후학이 눈여겨 볼 부분이라고 본다.

백제 위례성 서쪽 대해(大海)는 어디, 『삼국사기』 기록 맞나?

!　앞에서 인용한 『삼국사기』 권 제23 〈백제본기〉 시조 온조왕 편의 기록, 비류, 온조, 소서노 일행이 고구려를 탈출하여 도읍지를 정하는 과정을 그린 기록을 세밀하게 분석해 보자.

'그들은 마침내 한산(漢山)에 이르러 부아악(負兒嶽)에 올라 살 만한 땅을 바라보았다.(중략) 오직 이 하남(河南) 땅은 북쪽 둘레에 한수(漢水)가 (방어) 띠(帶)를 이루고, 동쪽으로 높은 산악을 의지할 수 있으며, 남쪽으로 기름진 땅과 못(연못)이 있는 평야가 펼쳐지며, 서쪽은 큰 바다가 막아주므로 그(이)런 자연적 요해와 지리는 얻기 어려운 지세입니다.' (遂至漢山 登負兒嶽 望可居之地 -중략- 惟此河南之地 北帶漢水 東據高嶽 南望沃澤 西阻大海 其天險地利 難得之勢 作都於斯 不亦宜呼)

한산(漢山) 부아악(負兒嶽)에 올라 그들이 도읍으로 정한 땅은 이렇다. 북쪽은 한수, 동쪽은 높은 산, 남쪽은 평야(물과 기름진 땅), 서쪽은 큰 바다(대해)이다. 북쪽의 강, 동쪽의 산, 서쪽의 바다는 방어 개념으로 본 지세이다.

여기서 바다가 핵심이다. 중국에서는 동쪽이 황해(보하이만)이므로 서쪽에 바다가 있을 수 없다. 그래서 『삼국사기』의 위례성의 위치를 해석함에 있어 당연히 황해가 서쪽인 한반도의 어느 곳이라 추정할 수밖에 없었다. 그런데 한반도의 한강 유역, 한강의 남쪽 하남위례성으로 추정하였는데, 앞에서 언급했듯이 풍납토성에서 바라본 서쪽과 남쪽의 지세는 삼국사기의 기록과 달라서 필자는 거부할 수밖에 없었다. 혹시 『삼국사기』 기록이 잘못된 것은 아닐까?

중국의 『송서』와 『양서』, 『흠정만주원류고』와 『문헌통고(文獻通考)』에서 백제의 위치를 가늠하는 땅이 중국 '요서' 땅이라 했다. 그리고 천문학자 박창범 교수의 『삼국사기』〈백제본기〉에 수록된 일식 기록들을 역산으로 분석한 결과, 동경 110-122°, 북위 38-48° 범위라는 위치를 찾아 낸 곳도 '요서'를 포함한 지역이다.[81]

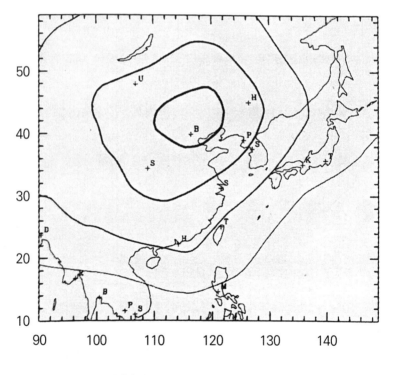

백제의 위치를 나타내는 일식 식분율 등고선

81 박창범, 전게서. p.56.

그런데 백제의 도읍지라고 보는 그 땅에서 서쪽을 바라볼 때, 큰 바다가 보이지 않는다. 요서지역을 중심으로 북쪽에 한수가 있고, 동쪽에 높은 산악(山岳=高嶽)이 있으며, 남쪽으로 기름진 평야(옥택; 沃澤)가 직접 보이는 곳은 현재 베이징과 텐진 사이로 추정된다. 그런데 그 곳의 서쪽은 큰 바다가 없는 곳이다.

필자의 집념으로 결국, 21세기 중국지도에서 큰 바다(大海)를 찾아냈다. 중국의 요서지역, 동경 115-118° 북위 36-41°지역에는 5개의 강이 있다. 이를 묶어 해하(海河) 유역(The Hai River Basan)의 수계라 한다. 한마디로 바다(海)로 표현하고 있었다.

해하라는 수계에 해당하는 다섯 개의 강은 북쪽에서 차례대로 베이징 동북부를 흐르는 ①차오바이강(Chaobai River; 潮白河), 베이징 서쪽을 흐르는 ②융딩강(Yongding River; 永定河), 이 강의 남쪽에 있고 서에서 동으로 흐르는 ③다칭강(Daqing River; 大淸河), 또 이 강의 남쪽에 있고 동북방향으로 흐르는 ④쯔야강(Ziya River; 子牙河), 그 남쪽에서 동북방향의 대운하인 난원강(南運河)과 만나서 합수를 이루는 ⑤후퉈강(濠沱河)을 묶어서 '해하(海河)'라고 부른다.

특별히 해하(海河)라는 강(줄기)은 없다. 이 다섯 줄기의 강물이 모이고 넘쳐서 텐진(天津)에서 바다로 이르는 '바다 강'을 지금까지도 '해하(海河)' 혹은 '해(海)'라고 부르고 있었다.

20세기 이후, 중국에서 베이원강(北運河)과 난원강(南運河)을 만들었다. 그리고 ①차오바이강(Chaobai River)과 ②융딩강(Yongding River)과 ③다칭강(Daqing River)에 각각 댐을 건설하여 홍수를 조절하고 있지만 21세기에 와서도 '해하(海河)'라는 말을 여전히 사용하고 있다.

이처럼 홍수조절이 어려웠던 19세기 이전까지 이 지역의 겨울은 건조해서 많은 하천이 말라버리고, 여름과 가을에는 비가 많이 내려 홍수가 바다를 이룬다. 해하(海河) 유역(The Hai River Basan)의 수계 면적[82]이 약 208,500㎢이다. 홍수가 났을 때 호수가 아니라 보하이만과 황해로 연결되어 바다를 이룬다. 홍수조절이 되지 않았던 상고시대에는 이곳을 가리켜 '해하', 더 줄여서 '해(海)'라 불렀다고 한다.

어렵게 하남위례성의 서쪽에서 큰 바다(大海)를 찾아냈다. 삼국사기의 기록, 서조대해(西阻大海)의 위치를 찾아낸 것이다. 남쪽으로 옥택(沃澤)이 눈앞에 펼쳐짐은 물론이다. 『삼국사기』의 지형을 근거로 백제 도읍지 위례성은 현 베이징 동부 지역, 조백하(朝白河)의 서쪽이 아닌가 한다.

『삼국사기』의 기록은 틀린 것이 아니다. 한반도에서 찾으려 하니 틀리게 보인 것이다. 이로써 백제 도읍지 하남 위례성이 한반도 한강 유역에 있지 않았다고 말할 수 있다.

---

82 남한의 국토면적은 100,364㎢

비류와 온조가 건넜다는 패수와 대수 2강은 어디인가?

❗『삼국사기』권 제23 〈백제본기〉 제1, 온조왕 조에 비류(沸流)가 '드디어 아우(온조)와 함께 무리들을 거느리고 패수(浿水)와 대수(帶水)의 두 강을 건너 미추홀에 이르러 살게 되었다'는 기록이 있다. (遂與弟率黨類 渡浿帶二水 至彌鄒忽以居之)[83]

고구려에서 유리명왕(瑠璃明王)이 고주몽의 뒤를 이어 즉위하자, 위기감을 느낀 소서노가 두 아들 비류와 온조를 데리고 남쪽으로 내려와 건국의 터를 잡는 과정을 기록한 대목이다. 패수를 건너고 다시 대수를 건너 미추홀에 이르렀고, 여기서 비류와 온조가 미추홀과 위례성에 따로따로 도읍[別立國都]을 정하게 된다.

백제의 위례성이 한반도 한강 유역이 아닌 것으로 밝혀진 이상, 온조의 형 비류가 자리 잡았다는 미추홀[84]도 인천이 아닌 것이다.

국사를 읽고 이해할 때, 누구(인물)를 중심으로 무엇을 어떻게 했다는 스토리로 읽는 것도 중요하지만, 분석적으로 파악하기 위해 언제, 어디서인가를 분명히 할 필요도 있다. '어디'라는 위치에 따라 역사의 근간이 흔들리기 때문이다. 왜(?)라는 해석은 그 다음의 문제라고 본다. 그러나 어디인지 혼란스러울 때는 왜(?)를 넣어 역으로 판단할 수도 있다.

---

83 김부식 지음, 이재호 옮김, 전게서. p.298.
84 위례성과 가까이 있는 보하이만 연안, 해하지역이라고 유추할 수 있다.

패수와 대수 2강에 대한 국사학계의 정리가 막연하고 분분하다. 국사계의 말을 그대로 빌리면, '패수가 만약 압록강이라면 대수는 자연스레 대동강이 되겠고, 패수가 대동강이라면 대수는 재령강(은파강)이나 예성강이 될 것'이라 한다.

이에 필자가 의견을 제시한다. 압록강과 대동강 사이에 청천강이 있는데 재령강은 언급하면서 청천강을 제외한 것도 설득력이 없다. 또한 일제가 자기네 입맛(반도사관)에 맞게 조선사(한국사)를 재단하는 과정에서 먼저 낙랑과 왕검성은 패수에 있다며 패수가 지금의 대동강이라 정하고 보니, 백제 건국의 이정표에서 거쳐야 할 패수와 대수 2강을 배치하는 데 혼란이 야기된 것이다.

일제가 대동강을 패수로 본 까닭은 『수경주(水經注)』[85]의 기록을 아전인수식으로 해석한 데서 비롯되었다고 본다. 여기에 한수(한강?)의 위례성을 백제의 도읍으로 연결하다 보니, 그 북쪽의 임진강을 대수라 보는 학설도 있다. 이래저래 끼워 맞추어보며 아직도 '도패대이수(渡浿帶二水)'에 대해 제대로 정리가 안 된 상태이다.

이와 다르게 중국의 베이징과 톈진(天津)을 포함한 요서지역과 만리장성과 요동지역과 그 경계에 있는 난하와 조백하와 영정하에 주목하는 사학자도 있다. 이 지역이 백제는 물론 동이의 흥망성쇠가 점철됐던 지역이다. 한반도 한강에서 눈을 돌려 이 지역을 다시 보자.

---

85 『수경주(水經注)』는 중국남북조 시대에 저작된 지리서이다. 『수경(水經)』이란 책에 주석이 추가된 서적이다. 책의 저작 연대는 연창(延昌) 4년(515년)으로 추정된다. 『수경』의 주요 내용은 고대 중국의 수로(水路)를 기술한 것이다. 추가적으로 지역의 특색을 기술하였으며, 본문의 내용에 주석이 붙어있는 형식으로 되어 있다. 『수경주』는 북위 시대에 역도원에 의해 편집되었으며, 수경의 원래 분량에서 40배 크기로 방대해졌다. 10세기 무렵 책의 일부 내용이 유실되었다. 그리고, 책의 내용도 경문(본문)과 주석이 뒤죽박죽이 되었다. 『수경주』를 복원하려고 명나라. 청나라의 유명한 학자들이 조사하여 조합한 결과, 여러 종류의 복원이 이루어졌다. 그 중에서 가장 상세한 고증본은 명나라의 주모위(朱謀㙔)가 1615년에 복원한 『수경주소(水經注疏)』이다. 『수경주소』를 토대로 하여 전조망과 대진 등이 문장을 추가하여 『수경주』가 만들어졌다.

재야사학자 중에 패수를 난하로 보는 학자들이 있다. 필자도 이와 같은 견해를 갖고 있다. 그 배경에는 『수경주』의 원문인 『수경』에, '패수(浿水)는 낙랑 루방현에서 나와서 동남을 지나 패현(浿縣)을 거쳐서 동해 바다(보하이 만)로 들어간다'(浿水出樂浪鏤方縣, 東南過臨浿縣, 東入于海)는 기록을 중시한다. 또한 '패수는 낙랑의 루방현에서 나온다'고 했으니, 루방현을 알면 패수의 위치는 저절로 알 수 있다. 중국 문헌의 기록을 보면 루방(현)은 현재의 베이징 인근 서북쪽으로 나타난다. 여기서 중요한 단서를 찾을 수 있다. '패수는 루방현에서 나온다'는 말은 '루방현이 패수의 상류'라는 거다. 그 루방현이 낙랑 땅에 속한다고 하였다. 또한 루방현이 베이징과 '청더(承德)' 사이에 있다고 한다. 중국 지도에 표시된 난하는 청더 서쪽을 흐르는 강으로 『수경주』에서 말하는 패수의 위치와 일치한다.

다음으로 찾을 것은 '대수(帶水)'가 어느 강인지 찾는 일이다. 『삼국사기』의 기록대로, '비류와 온조는 태자(유리)에게 용납되지 않을 것을 두려워하여 마침내 오간(烏干), 마려(馬黎) 등 열 명의 신하들과 함께 남쪽으로 가니, 백성들이 그에게 따르는 이가 많았다'(沸流溫祚恐爲太子所不容 遂與烏干馬黎等十臣南行 百姓從之者多)와 같이 고구려를 탈출하여 이곳 베이징 근처 위례성까지 남하한 것이다.

혹자는 남행(南行)이 아니라 압록강 변의 고구려 졸본성에서 서진(西進)한 것이 아니냐고 하겠지만 남행했다는 『삼국사기』 기록이 맞는 것으로 본다. 다음 장(章) 고구려 편에서 자세히 밝히겠지만 졸본성은 압록강변이 아니고 만주와 몽골의 경계지점인 부이르호(貝爾池) 근방임을 찾아냈다. 이곳에서 남하하여 베이징 근방까지 가려면, 일행의 안위도 있고 하여 대싱안링산맥(大興安嶺山脈)에 있는 이얼스[86]를 거쳐 옛길을 택해 우란하오터와 싱링하오터와 린시(林西)를 거쳤을 개연성이 있으며, 난하(灤河; 패수)와 조백하(潮白河; 차오바이강)를 차례로 건넜을 것이다.

여기서 '대수(帶水)'가 '조백하'인가를 다시 탐색한다. 그전에 비류와 온조 일행이 건넜다는 '도패대이수(渡浿帶二水)'라는 '두 강'의 의미를 먼저 규명해야 한다. 만약 기록에 도패대수(渡浿帶水)라 되어 있다면 어떻게 해석할 것인가? 이렇게 기록했다 해도 '패수와 대수라는 2개의 강을 건넜다'는 의미는 전달될 수 있다. 그렇다면 이수(二水)의 '2(二)'는 없어도 될 군더더기인가? 아니면 '대수(帶水)가 두 개의 강줄기를 가진 강'임을 강조하기 위해서 쓴 것인가? 왜냐하면 대수로 보는 조백하(차오바이강)가 조하(潮河; 차이허강)와 백하(白河; 바이허강)라는 두 개의 강줄기로 이뤄졌기 때문이다. 만약 이수(二水)가 대수의 두 강줄기를 뜻한다면 조백하라는 해석이 더 명확해진다.

비류와 온조의 행보로 보면, 패수(난하)를 넘고, 다음에 두 개의 강을 넘었는데 알고 보니 하나의 강인 대수(帶水; 조백하)이다. 지도상으로 보더라도 조백하는 북경의 서북쪽을 흘러 다시 동남쪽의 보하이 만으로 흘러든다. 두 개의 강줄기가 합쳐진 조백하와 대수 2강을 같은 강으로 볼 수 있다. 현대 지도상으로 볼 때, 패수를 건너 다음으로 만나는 강이 조백하(차오바이강)이기 때문이다.

그 다음으로 분석하고 접근할 일은 대수(帶水), 요수(遼水)와 조하(潮河; 조백하의 한 줄기)의 명칭 관계이다. 여기서 조백하(潮白河; 대수)의 조하(潮

---

86 몽골식 명칭 이얼스(伊爾施)는 현(現) 아얼산시(阿爾山市)를 이루는 북쪽 지역이다.

河)와 백하(白河)의 두 강줄기 중 조하(潮河)는 옛 '조선하(朝鮮河)'라 한다.

송나라 때 펴낸 병서(兵書) 『무경총요(武經總要)』에 '조선하'는 북경시 북쪽 지역이라 했다. 청나라 『사고전서(四庫全書)』[87]에는 '노룡의 서쪽 북경(北京) 부근에 '조선하'가 있다'는 기록이 있다. 이것으로 보아 현재의 '조하'는 옛 지명 '조선하'이다.

중국 사서의 기록을 보면, 요수(遼水)를 중심으로 요동(遼東)과 요서(遼西)의 경계를 이룬다고 했다. 조하(潮河) 서쪽에 있는 북경과 천진(톈진)은 요서라 했고, 조하(潮河) 동쪽에 있는 만리장성 시발점 친황다오, 그리고 탕산(唐山)과 청더(承德)는 요동이라 했다. 요동과 요서의 경계에 요수 또는 조하가 있는 셈이다. 요수와 조하(조선하)를 같은 강으로 보는 것이다. 따라서 대수(帶水)와 요수(遼水)와 조하(潮河)를 같은 강으로 볼 수 있다. 비류와 온조가 건넜다는 '패대이수(浿帶二水)'는 난하와 조백하라 할 수 있다.

---

87 『사고전서』는 청나라 건륭(乾隆: 1736-1795) 연간에 학자 1,000여 명을 동원해 10년에 걸쳐 청 이전 중국의 사료를 집대성한 것으로 세계에서 가장 규모가 큰 사료의 보고(寶庫)이다. 8만 권에 달하는 방대한 사료를 담고 있다.

백제의 근초고왕(13대)은 황해를 건너지 않았다

❗ 앞에서 인용한 중국『송서』〈백제전〉의 기록을 다른 각도에서 분석해 보면, '백제는 본래 고구려와 함께 요동에서 동쪽으로 천(千)여 리 떨어진 곳에 있었다. 그런데 뒤에 고구려는 요동을 침략해 소유하고, 백제는 요서를 침략해 소유하였는데 소치(所治, 治所치소, 관청)가 진평군 진평현이다.' (百濟國 本與高驪 俱在遼東之東千餘里, 基後高驪略有遼東, 百濟所治, 謂之晉平郡 晉平縣)

요서를 차지한 백제의 치소(관청)는 진평군 진평현이라고 구체적 지명을 기록하고 있는데, 진평군의 진(晉)이나 진평현의 진(晉)은 진(西晉280-316, 東晉316-420)나라의 영토였다. 또한『양서』〈백제전〉에도 '백제는 진(晉)나라 때 요서[晉의 영토]를 점거하여 진평에 백제군을 설치했다'는 기록이 있다.

『삼국사기』에 보면 다음과 같은 내용이 나온다. 근초고왕보다 앞선 백제 고이왕 때의 기록이다.

'13년(246) 가을 8월에 위나라의 유주자사 (관)구검이 낙랑태수 유무와 삭방(혹은 대방)태수 왕준과 더불어 고구려를 쳤다. (백제 고이)왕은 그 틈을 타서 좌장 진충을 보내 낙랑(군)의 변방 주민들을 습격하여 빼앗았다. 낙랑(군)태수 무가 이를 듣고 화를 냈다.' (十三年 秋八月

魏幽州刺史丘儉 與樂浪太守劉茂 · 朔(帶)方太守王遵 伐高句麗 王乘

虛遣左將眞忠 襲取樂浪邊民 茂聞之怒)

　후한이 멸망(220)했음에도 한의 낙랑군 태수 유무(劉茂)가 자체적으로 존립했다는 사실, 그리고 삼국지의 위, 촉, 오 3국 중 지리적으로 위[88] 나라와 함께 하였다는 사실을 알 수 있다. 유주자사와 낙랑태수와 대방태수가 연합하여 공격했다고 한다. '유주(幽州)'는 지금의 베이징 근처로 위례성과 가까운 곳이다.

　고이왕 13년 조 기록을 읽으며 이상한 점, 두 가지를 발견할 수 있다. 우리가 배운 역사, 삼국의 배치도로 보면 고구려를 치는데 유주자사 관구검은 만주에서 고구려의 서쪽을 공격하는 것이고, 낙랑태수 유무와 대방태수 왕준은 한반도에서 고구려의 남쪽을 공격하는 것이 된다. 그렇다면 양쪽에서 협공했다고 써야 하는데 함께(與) 공격했다니 맞지 않다. 더구나 통신이 발달되지 못한 시절인데 반대쪽에서 제대로 공격하는지 알 수 없는 상황에서 양면 공격이 성공할 수 있을까 하는 점이다.

　또 하나는 백제 고이왕이 그 틈을 타서 낙랑의 주민을 습격하고 빼앗았다 했는데, 낙랑에 이르려면 대방을 거쳐야 한다. 그런데 대방 주민은 그대로 두고 어떻게 대방 땅을 건너갔다가 건너왔을까? 고이왕 때의 『삼국사기』 기록이 사실이라면 백제도, 낙랑군도, 대방군도 한반도에 있지 않았다. 중국 대륙 요서와 요동에 있어야 설명이 가능하다.

　백제가 건국(BC18)해서 고이왕(246)을 거쳐 근초고왕(재위346-375) 대(代)에도 한반도 '한성백제(?)'가 아니라 중국에 있었음을 말하려 함이다. 낙랑은 요동(遼東) 땅에 있었고, 백제는 그 서쪽 요서에서 조하(요수)를

---

88 위나라는 한의 승상 조조, 그 아들 조위가 건국(AD220)했다.

경계로 하여 국경을 접하고 있었다.

한의 멸망 후에도 존립했던 낙랑(군)을 고구려가 미천왕 14년(313)에 '낙랑군을 침략하여 남녀 2천여 명을 잡아왔다'는 기록이 있다.(十四年 冬 十月 侵樂浪郡 虜獲男女二千餘口) 이로써 낙랑(군)은 우리 역사에서 사라진다 (식민사관과 공동 인식). 이후, 백제의 근초고왕(13대) 재위기간(346-375) 때는, 진(서진)이 북방세력에 밀려 동진(東晋)으로 천도(317)한 이후의 일이므로 근초고왕이 점거한 땅은 서진이 지배했던 땅의 일부라고 볼 수 있다.

『해양대국 대백제』를 저술한 소진철 교수는『통전』을 근거로 당시 요서백제가 낙양에 도읍하고 있는 10만 대군의 위나라와 싸워 이겼다며 백제의 위상이 상상 이상이었다고 말한다. 또한『위서』〈말갈전〉을 보면 "요서백제는 북방제국(말갈족)과 연합해 고구려에 대항했던 '군사집단'이었다. 아마도 백제는 고구려를 견제하기 위해 고구려 후방인 요서 지역으로 '진출한 것'으로 추정된다"고 했다.

'백제의 요서진출론'은 '한반도의 한성백제론'에 근거한 상상이라고 본다. 이 시기에 한반도 한강 유역의 백제가 군대를 앞세워 요서 지역으로 진출했다면 어떤 방법으로 바다를 건넜을까? 전쟁을 수행하려면 일시에 건너가야 하는데 당시의 해양조선 기술로 보아 불가능한 일이었다.

고대 선박연구가 이원식 박사는 8세기 일본의 '견당선(遣唐船)'이 '백제선'과 같다[89]는 기록을 토대로 그것의 수치를 대입시켜 '백제선[90]'을 복원했다.

---

89 엔닌의 견당은 9세기(838년)이고, 100년 전(8세기)에도 평저선인 견당선이 있었다. 백제가 멸망한 것은 7세기(660년)이다.

90 백제선은 7세기 이전의 선박이라 할 수 있다.

'견당선'은 일본이 당나라와 사신 등 외교적 왕래에 쓰였다고 한다. '백제선'의 특징은 밑바닥이 평평한 평저선이다. 통나무를 횡으로 다섯 쪽 이상 이어주고, 현판을 석 장, 다섯 장 혹은 일곱 장 정도 붙이고 노와 키와 돛을 모두 갖춘 해양선이 존재했었다고 한다. 평저선으로는 파도가 사나운 해양을 건너기에는 어렵다. 몇 명을 태울 수 있을까? 이런 크기의 평저선으로 10여 명을 태우고 대양을 항해한다면 안전상 곤란한 일이다.

위나라 10만 대군을 격파하려면 적어도 5만 이상의 방어용 군대가 필요한 것인데 바다를 건너가려면 10명씩 실어 나르는 백제선으로 몇 대의 선박이 필요할까? 적어도 5,000대의 선박이 필요하다. 더구나 군량미와 무기를 동시에 실어야 하므로 한반도에서 황해 바다를 건넜다는 것은 어려운 일이다. 만약 백제군도 10만 명이라면 단기간 이동이 성립될 수 없는 일이다. 또한 백제군이 바다를 건넜다는 기록이 국내외 사서 어디에도 없다. 한반도의 백제가 요서백제를 지원했다는 기록도 없다.

『위서』의 기록 그대로 온조왕 때부터 요서에 거주하는 백제인과 그 인근(중국 동해안)의 백제인이 연합하여 치른 전쟁이었다고 봐야 한다. 근초고왕은 바다를 건너간 것이 아니라 요서백제에 근거를 두고 활동한 것으로 봐야 한다.

백제 근초고왕 때, 고구려와의 평양성 전투는 어디인가?

『동사강목(東史綱目)』에 보면, 백제 근초고왕(26년)이 고구려를 침공(371년)해서 평양성까지 이르렀는데, 고구려 고국원왕(16대)이 성을 나와서 싸우다가 화살에 맞아 전사했다는 기록이 있다. 이는 장수왕이 평양으로 천도한 427년보다 56년이 앞선 해이다. 지금의 한반도 평양일까?

❗ 먼저 근초고왕이 활동했던 무대를 살펴볼 필요가 있다. 24년(369) 한수 남쪽을 사열했다. 26년(371) 패강(패수 상류에 매복) 전투에서 고구려군을 물리쳐 승리한 것은 요동의 옛 낙랑 땅으로 진출한 것이고, 그해 겨울 평양성 승리로 이어진다.

『삼국사기』에 근초고왕(백제)은 '27년(372) 정월, 진(동진)나라에 사신을 보내 조공하였다'는 기록이 있다.

『진서(晉書)』에 보면, 이에 대한 답례로 '6월(372년)에 사신을 보내어 백제왕 여구(餘句, 근초고왕)에게 진동장군 영낙랑태수(鎭東將軍 領樂浪太守)를 제수하였다'는 기록이 있다. 교차 검증된 이들 기록에 대해 국내 사학자들은 한반도의 한성백제가 북진하여 평양성 전투(371)에서 고구려와 충돌한 것이고, 백제는 이듬해(372) 낙랑태수라는 명예를 사기 위해 진나라에 조공을 보냈다고 한다.

이에 대해 몇 가지 의문이 뒤따른다. 첫째, 한반도에서 벌어진 전투라면 바다 건너, 그것도 중국의 양쯔강 남쪽에 있는 동진(수도 건강,

建康: 지금의 난징)이 멀리 떨어져 있는데 백제와 무슨 상관인가?

둘째, 한반도 한강유역에 있는 근초고왕에게 '낙랑'태수라는 칭호를 수여했다면 무슨 명목으로 제수한 것일까?

백제 근초고왕에게 낙랑태수 칭호를 제수(372)한 것은, 낙랑군이 고구려군에 의해 소멸(313년)된지 반세기가 지난 때이다. 당시 근초고왕이 장악하고 있는 낙랑의 옛 땅[91]은 고구려 16대 고국원왕의 부왕인 미천왕(15대)이 낙랑을 쳐서 빼앗은 고구려의 땅이다. 이후 근초고왕은 고구려 세력을 몰아내고 낙랑의 옛 땅을 소유하여 낙랑태수라는 칭호를 얻은 것으로 본다. 백제는 왜 조공을 하였을까? 당시 선린외교의 생존방식이라고 본다. 〈백제본기〉에 근초고왕이 '24년(369) 한수(漢水) 남쪽을 사열했다'고 했는데, 그 한수는 중국 한수이(漢水)[92]가 아니라 큰물(수량)의 대명사 황하로 본다. 이유는 한성을 이어받은 개로왕이 패망 직전 제방 공사를 했던 사성과 숭산(崇山)이 황하 남쪽 변에 있기 때문이다.

근초고왕이 한산으로 천도한 후, 그다음 해(372) 봄 정월에 진(晉, 동진)나라에 선린외교를 위해 조공한 기록이 있다. 진나라는 과거 고구려와 적대적 관계에 있었던 나라였다. 조공에 대한 답례는 상국(上國)의 입장에서 더 큰 것을 주는 경우가 많다. 『진서』의 기록대로 '진동장군 영낙랑태수(鎭東將軍 領樂浪太守)'를 제수한 것은, 지금 근초고왕이 차지하고 있는 낙랑의 땅을 국제적으로 백제의 땅임을 인정해 주는 것이다.

『삼국사기』〈백제본기〉에 기록된 근초고왕 26년(371)에 고구려의 침입을 패하(강)에서 물리쳐 승리하고, 그해 겨울에 패하를 건너가서 평양성을 공격했다 했는데, 장수왕이 천도(427)했다는 평양은 대동강변에 있으므로 맞지 않다. 고국원왕이 전사한 평양은 한반도의 평양이 아니다.

---

91 본책 「한사군편」의 〈궁금역사 17-18〉에서 낙랑의 위치가 중국 난하(패수) 지역임을 증명하였다.
92 중국 창장강(長江, 양쯔강)의 최대 지류이다. 우한(武漢)시에서 합수하는 강이다.

한반도의 평양이 아니라면 평양성은 어디인가?

『환단고기』〈단군세기〉에 의하면, 44세 단군 구물이 왕검성을 버리고, 장단경으로 도읍을 옮긴(BC425년) 후, 그해 7월에 해성(海城)을 개축하고 평양(平壤)이라 부르도록 한 하이청(海城, 랴오닝 성 안산시의 행정구역)이 아닌가 한다.

우리가 아는 대동강변 '평양'이 '왕검성(王儉城)'이라는 고정관념을 깨는 역사기록이 있다. 평양은 지형에 따른 지명이 아니라 왕이 안심하고 거할 수 있는 좋은 이름의 땅을 말한다. 단제가 도읍지로 삼아 거처를 정하면 그곳을 '평양' 혹은 '왕검성(王儉城)'이라 불렀다.

『삼국사기』권17 동천왕 21년조에 '평양성은 본래 선인(仙人) 왕검의 택(宅)이다. 또는 왕의 도읍을 왕험[93]이라 한다'(平壤者 本仙人王儉之宅也 或云 王之都王險)는 기록이 있다. 이를 해석하면, 단제(단군)=선인=왕검이 동격이고, 왕검의 택=왕의 도읍=평양이 같은 의미의 지명(땅)을 뜻한다. 단군이 거처했고 천도하기 전 집권과 함께 통치했던 도읍을 가리켜 평양으로 불렸다는 말이 된다.

다시 말해 평양은 '단제가 천도하는 곳이면 평양으로 불렸다'고 할 수 있다. 평양이 한 곳이 아니라 단제가 거하는 그곳이 모두 평양이라는 말이 된다. 국사학계는 평양이라는 개념을 대동강변으로 고정시킬 것이 아니라 본연의 의미 그대로 해석해야 한다고 본다.

---

93 『한서 지리지』에는, 낙랑군의 패수 동쪽에 있는 험독현의 왕험성에 대한 기록이 있다. 준(準)왕이나 위만의 도읍을 말한다.

백제와 북위의 전쟁을 어떻게 해석할 것인가?

-장수왕 침입(475년)으로 패망 직전의 백제 동성왕이 어떻게 북위의 효문제를 이길 수 있었을까?

❗ 『삼국사기』 〈백제본기〉에도 백제 24대 동성왕(재위, 479-501) 10년, 북위가 군대를 일으켜 침범해 왔으나 백제에 의해 패퇴되었다고 기록되어 있는데, 연도(488)까지 『자치통감』의 기록과 정확히 일치한다. 또한 중국의 사서(남제서)에는 490년에도 북위가 백제를 침입했다가 진 전쟁 기록이 있다.

『삼국사기』 기록에 의하면, 고구려 장수왕의 침입(475년)을 받은 백제의 21대 개로왕이 한성에서 잡혀죽고, 그 아들 문주가 웅진성으로 천도한다. 그러나 2년 후에 문주왕(22대)이 시해를 당하고, 그 아들 삼근왕(23대)도 또 다시 2년 만에 시해를 당하여 긴급하게 왜에 가 있는 개로왕의 손자인 10대 소년 모대를 데려와 왕위(24대, 479년)를 이어간 것으로 되어 있다.

중국의 사서에 기록된 488년 북위와의 전쟁은 어린(10대) 모대(왕)가 즉위 10년 만에 전쟁을 치르고 승리한 것이 되며, 패망 직전의 웅진백제(?)가 황해 바다를 건너가서 승리까지 했다니 쉽게 이해할 수 없는 역사기록이다.

앞에서 거론 했듯이 『양서』〈백제전〉에 보면, '백제는 진(晉)나라 때 요서(군)와 진평(군) 두 군에 백제군을 설치했다'는 기록으로 보아 백제시조 온조왕(BC18-AD28)은 위례성을 중심으로 이곳, 처음부터 요서 지역에 있었다. 또한 근초고왕 때(346-375)도 황해 바다를 건넌 것이 아니라 이곳, 요서에 있었다. 개로왕 죽음 이후 동성왕 때(479-501)도 요서 지역에 근거를 두고 북위와 국경을 맞대고 전쟁을 한 것이 된다.

결론적으로 말하면, 북위와 백제의 전쟁은 바다를 건너 치른 전쟁이 아니다. 모대, 즉 동성왕은 한반도의 웅진백제왕이 아니고, 중국에 있는 백제의 왕으로서 북위와의 전쟁에서 승리한 것이었다. 이 점은 우리 국사학계의 통설과 궤를 달리하는 주장이다.

무령왕 표지석이 말하는 서쪽 땅은 어디인가?

한반도 공주에 있는 무령왕릉 왕비 지석이 중요한 의문을 던져 주고 있다.

'병오년(丙午年, 526년) 12월 백제국왕대비(百濟國王大妃)께서 수명을 마쳤다. 서쪽 땅에서 상을 마치고 을유년(己酉年, 529년) 2월 (증략) 비 (妃)를 대묘(왕릉)로 옮겨 장사지냈다.' (丙午年十二月 百濟國王大妃壽 終 居喪在酉地 己酉年二月 (증략) 改葬 還大墓立)

무령왕능 안에서 발굴한 표지석에서, '終 居喪在酉地(서쪽 땅에서 상을 마 치고)'의 '서쪽 땅'이 어디일까?

❗ 종(終)이란, 526년에 왕비가 죽고, 529년에 무령왕 봉분에 합장하 기 위해 3년 동안의 빈장(殯葬)을 마쳤다는 기록으로 국사학계는 해석하 고 있다. 그런데 서쪽 땅에서 상을 마쳤다는 기록은 임종 전에 서쪽 땅에 서 거주하였지 않았나 하는 논란의 실마리가 되고 있다. 서쪽 땅에서 상 을 마치고(終 居喪在酉地)의 '서쪽 땅'에 대하여 국사학계에서는 공주 정지 산 유적지(사적 제474호)를 지목하고 있다. 이곳은 빈장(殯葬)을 치르기 위 해 빈전(殯殿)을 마련했던 곳이라 한다. 서쪽 땅에 대한 논란은 일단 차단 된 듯 보인다.

그러나 필자가 이에 대해 다른 의견을 제시한다.

첫째, 표지석이 있는 무령왕릉을 기준점으로 해서 볼 때, 정지산은 서쪽이 아니라 동북쪽이다. 국사학계에서 무령왕릉이 공산성 서쪽에 있다며 '서쪽'을 애써 변호하려 하고 있다. 그렇다면 왕비는 서쪽이라는 무령왕릉에 살다가 동쪽인 공산성에 묻혔다는 말이 된다.

둘째, 지석이나 비석에 빈장이나 빈전의 위치를 일일이 기록할 필요가 있느냐 하는 점이다. 다른 왕릉의 어떤 비석에도 그런 기록 사례가 없다. 빈전의 위치는 비석이나 지석에 남길 정도로 중요한 사항이 아니다.

셋째, 왕비가 무령왕과 함께 웅진에 살다가 죽었다면, 빈장 터가 어디든 '서쪽 땅이란 글자'를 굳이 새겨 넣고 강조할 필요가 있었을까 하는 점이다. 서쪽을 강조한 의도를 파악할 필요가 있다.

넷째, 무령왕릉의 출토품과 왕릉 조성 기술로 보아 바다 건너 서쪽 땅, '월주와 그 이웃에 있던 양나라'의 물품과 기술 등이 동일하다는 것이 드러났는데 웅진백제(?)의 것이라고 억지로 꿰어 맞출 필요가 있을까? 기술교류라 주장하는 학자가 있는데 그렇다면 이후의 부여 왕릉 기술은 왜 후퇴했을까 하는 의문이 뒤따른다.

다섯째, 양나라 시호, 무령왕의 작호를 보면 대륙, 양나라와의 관계가 밀접했음을 알 수 있다. 이는 양나라와 국경을 맞대고 있었다는 증거다. 왕의 지석에 새겨 있는 '영동대장군'은 521년(서거 2년 전) 양(梁)나라로부터 무령왕이 받은 책봉이다.

『삼국사기』〈백제본기〉에 "무령왕 21년(521) 12월 양나라 고조(高祖)는 왕에게 조서를 보내 책봉하여 말했다. '행도독백제제군사진동대장군백제왕(行都督百濟諸軍事鎭東大將軍百濟王) 여륭(餘隆)은 바다 밖에서 변방을 지키며 멀리 와서 조공을 바치고 그 정성이 지극함에 이르니 짐은 이를 가상히 여긴다. 마땅히 옛법에 따라 이 영예로운 책명을 수여하여 사지절도독백제제군사영동대장군(使持節都督百濟諸軍事寧東大將軍)으로 삼는다.'"고 했다.

중국에서 주어지는 작호는 아무에게나 주어지는 것이 아니다. 31명의 백제왕들 중에 작호를 받은 왕은 근초고왕이나 동성왕, 성왕, 위덕왕 등이 보인다. 한반도와 중국대륙과 교류를 했다고 주어지는 작호가 아니라 국경을 접하고 있는 강대국이 주변 소국을 다스리는 선린 외교 정책의 하나라고 본다.

이렇게 무령왕릉 왕비 표지석에 새겨진 '終 居喪在酉地(서쪽 땅에서 상을 마치고)'라는 문구가, 그동안 필자가 '국사 탐구 여행'을 시작한 단초이다.

무령왕릉보다 부여 능산리고분 조성 기술이 후퇴한 까닭은?

　-송산리 6호분(성왕의 모후능 추정)과 무령왕릉 천정은 아치형인데, 그 이후에 조성된 부여지역의 능산리 고분은 평평한 횡혈식 석실로서, 무령왕릉의 아치형 천정 건축기술에 비할 바가 못 된다. 부여 능산리 고분군은 무령왕릉보다 100여 년 후에 조성되어 기술이 너욱 발전됐어야 할 터인데, 오히려 기술이 더 후퇴하였다. 그 이유가 무엇인가?

　❗ 백제사(百濟史)에 보면 와박사(瓦博士)가 있다. 와박사는 기와를 전문으로 만드는 기술자 중에서 재능이 뛰어난 장인에게 준 벼슬이다. 기와를 굽는 기술의 장인, 와박사가 그의 기술로 기왓장과 벽돌을 구워낼 수는 있어도 무령왕의 능을 건축하기는 어렵다고 본다.

　무령왕릉은 아치형 터널식 벽돌무덤이기 때문에 건축 설계라는 고급 건축기술이 필요하다. 벽돌 한 장을 굽더라도 6면 모두 직각을 이루는 정각의 직육면체가 아니라 6면(六面)중 두 측면은 사다리꼴이고, 상하를 이루어 마주보는 두 측면은 직사각형 크기가 다르며 나머지 두 측면만 직육면체를 이루는 사각형이라 벽돌 한 장이라도 전체적으로 볼 때 쐐기 모양에 가까운 직육면체를 이뤄야 한다. 더구나 아치형 천정의 각도에 따라 미세하게 사다리꼴 두 면에서 윗변과 아랫변의 비율을 기하학적으로 조정하여 낱개의 벽돌을 만들고 구워내야 한다. 이러한 고차원의 건축기술이 양나라에는 있었고, 그 이웃의 월주백제에도 공유하고 있었다. 지금도 중국 월주지역에 이와 같은 고분 유적이 남아 있다.

다음은 『한단고기』를 쓴 임승국 교수가 문교공보위원회에서 있었던 국회청문회(1981.11.27.금)에서 증언한 속기록 내용이다.

"무령왕릉에 관한 말씀도 했습니다만, 중국 땅에 가보면 무령왕릉과 꼭 같은 양나라 묘제가 많이 있는데, 무령왕의 묘제는 이상하게도 양나라 묘제와 꼭 같습니다. 그렇다면 양나라 하고 백제는 어떤 관계가 있었던 것이 틀림없지 않겠습니까? 그러나 과거와 같으면 의례 이렇게 생각들을 했어요. 즉 '묘제가 같으니 아마도 양나라 쪽에서 백제를 쳐들어왔을 것'이라 생각했을 거예요. 그러나 반대로 '백제가 양나라에 진출했을지도 모른다.'고 생각지는 못했습니다."

임교수는 수준 높은 묘제 건축기술을 양나라와 그 이웃의 월주백제가 공유하고 있었다고 증언하고 있다.

그러나 한반도의 웅진백제(?)나 사비백제(남부여)의 다른 봉분에는 아치형 천정이 없다. 송산리 6호분과 무령왕릉뿐이다. 만약 한반도 백제의 기술이라면, 무령왕릉 이후에 조성된 부여지역의 능산리 고분에서도 아치형 터널식 벽돌무덤이 발견됐어야 한다. 고급 기술이 무령왕릉 조성 이후 갑자기 사라진 것이다. 이를 어떻게 설명할 것인가?

아마도 무령왕릉을 조성한 장인 팀의 주축은 월주백제의 성왕 때, 그곳에서 파견된 기술팀이 아닌가 한다.

무령왕은 웅진백제왕이 아니다

❗ 다음과 같은 이유에서 무령왕은 웅진백제왕이 아니고 월주백제의 왕이라 할 수 있다.

①왕의 지석에 새겨 있는 작호 '영동대장군'은 521년(서거 2년 전) 양(梁)나라로부터 무령왕이 받은 책봉이다. 그 당시 월주백제는 양나라와 국경을 맞대고 밀접하게 지냈다는 것을 말한다.

②왕과 왕비의 저승길은 일상생활의 연장으로 생각하기 때문에 관 속에 노잣돈을 넣는다. 그 노잣돈이 양나라와 월주백제가 사용하던 양나라 오수전이다. 그들은 어디에서 생활하던 사람인가? 무령왕과 왕비가 월주백제에서 살았다는 흔적이다. 당시 웅진백제(?)의 지배층이 동일한 화폐를 사용했다면 한반도 공주 지역에서 오수전이 단 몇 개라도 발굴됐어야 한다.

③중국 양쯔강 이남에 가보면 무령왕릉과 꼭 같은 양나라의 묘제가 많이 있다. 고차원의 건축기술이 양나라에 있었고, 그 이웃의 월주백제에도 공유하고 있었던 것이 지금도 중국 월주지역에 유적으로 남아있다.(임승국 교수의 국회증언)

④노잣돈 말고, 토지매입권의 의미는 웅진 땅이 무령왕의 영토가 아니라는 입증이다.

그렇다면 그 땅은 누구의 땅일까? 국내 고고학계는 3세기 이후에 도래한 마한의 유적을 보며, 2014년 2월 5일 전남 나주시 반남면 덕산리 3호

고분 위에서 마한 역사문화권 답사를 이끈 임영진 전남대 교수(인류학)가 참가자에게 질문을 던졌다. "5세기 말이나 6세기 초에 축조된 이 고분은 지름이 40m입니다. 백제의 무령왕릉보다 18m가 더 크지요. 마한이 4세기 중엽 백제 근초고왕한테 병합됐다면, 과연 백제왕보다 큰 고분을 만드는 것이 가능했을까요?"

당시(529) 웅진 지역도 전남 나주와 같이 마한 지역이었다고 할 수 있다.

⑤무령왕릉에서 출토된 화려한 유물은 하나같이 양나라와 그 인접의 대륙문화이지, 웅진백제(?)에서 생산된 것이 아니다. 결정적 증거는 글자가 새겨진 용 장식의 은제 팔찌다. 왕비의 왼쪽 손목 부분에서 발견되었다. 팔찌 안쪽에는 만든 때와 만든 사람의 이름, 팔찌의 주인 등 제작연유에 대한 글씨가 세로 방향으로 새겨 있다.

그 내용은 '경자년(庚子年, AD520) 2월, 다리(多利)라는 사람이 대부인(大夫人) 즉 왕비를 위하여 230주이를 들여 만들었다'는 기록이다. 여기서 230주이는 금과 은의 무게단위로 추정된다. 제작자 '다리(多利)'는 양나라 때 금은(金銀) 세공의 장인(匠人) 이름이고, 왕비를 위해 특별 주문제작을 뜻한다. 이 팔찌는 단순히 수입할 수 있는 중국산 명품이 아니라고 본다.

⑥무령왕이 생전에 직접 통치하던 월주백제에 묻히지 못하고, 바다 건너 한반도에 묻힌 까닭이 뒤늦게 밝혀졌다. 박창화의 필사본 〈고구려 사초/략〉이 없었더라면 묻혀질 역사였다.

'사초'의 기록을 요약하면, 무령왕이 독살 당했고, 서자 〈명농(聖王)〉이 상을 당한 것을 숨기고 보위에 올랐으며, 후일 고구려 23대 안원왕이 성왕의 책임을 묻는 내용이다. 이 과정에서 무령왕의 묘를 한반도에 숨긴 것으로 본다.

국사학계는 아직도 박창화의 '필사본 진위 논쟁'에 매진하느라 국민들이 바라는 '궁금역사' 해결에 한 걸음도 나아가지 못하고 있다. 우물 안에서 진위 논쟁에만 매진할 것이 아니라 그런 힘과 시간이 있다면, 일본 황(왕)실 도서의 반환 운동은 못 하더라도 '열람 교섭'은 해야 할 것이 아닌가 권한다.

필자도 먼저 박창화의 필사본을 역사학적, 논리적 타당도 면에서 따지고 검토한다. 그리고 역사의 공백, 예를 들면 확실한 펙트 사이에 빠진 퍼즐 자리에 이를 끼워 맞춰 본다. 좌우상하가 자로 잰 듯 정확이 맞는 부속인지 다시 따져 본다.

따라서 필자는 무령왕이 활동했던 무대는 웅진백제(?)가 아니라 『구당서(舊唐書)』에서 백제의 존재를 인정하고 있는 월주백제[94]라고 본다.

---

94 『구당서(舊唐書)』에 '백제국은 서쪽으로 바다 건너 월주(지금의 중국 절강성, 상하이와 인센 앞바다 주산군도=신라군도 포함)에 이르고, 남쪽으로 왜국(일본)에 이르며(西渡海至越州 南渡海至倭國), 북쪽으로 고구려에 이른다(요서백제: 중국 발해만 접경)' 했다.

다수동체라는 해양백제 왕위 계승의 비밀은?

❗『양서(梁書)』에 보면 백제를 가리켜, '그 나라는 22담로(擔魯)[95]가 있는데 이를 모두 자제종친으로 나누어 다스렸다(其國有二十二擔魯 皆以子弟宗族分據之)'는 기록이 있다.

무령왕이 통치했다는 월주백제도 해양백제 체제의 22개 담로국 중 하나로 세력과 영향력이 큰 담로국(擔魯國)이라고도 할 수 있다.

담로국의 로(魯)에는 어업과 관련성이 숨어 있다. 해상 무역 활동을 주로 하는 해안 읍성을 뜻하며 그 읍성의 담로왕은 그 지역에 영향력이 컸던 것 같다. 또한 22개의 담로국은 배를 가지고 바다를 통한 해상 활동이라는 연관성을 가지고 있었다. 이처럼 백제는 담로국을 네트워크로 이룬 동아시아의 거대한 해양제국이라 볼 수 있다.

동성왕(24대)이 '요서백제'에서 시해를 당했고, 그 전에 삼근왕(23대)과 문주왕(22대)이 시해를 당했고, 그 이전에 개로왕(21대)이 죽음을 당해도 백제는 끊어진 것이 아니다. 무령왕(25대)의 '월주백제'로, 성왕 때 남부여(사비백제)로 이어가고 있는 것이다.

다수동체의 백제라는 개념은 당시 여러 곳의 왕(22담로국)이 공통으로

---

95 담로는 백제말로 읍성을 뜻한다. 중국의 군현과 같은 것으로 초기 지방 세력을 편제하여 중앙집권화되는 과정에서 성립된 듯하다. 『양서(梁書)』 백제전에 의하면, 전국에는 22개의 담로가 있었는데 왕자와 왕족이 각 지방 장관으로 임명되어 통치했다고 한다. 따라서 담로는 지방통치의 중심으로 성을 뜻함과 동시에 일정한 통치영역을 말하는 듯하다. 『송서(宋書)』나 『남제서(南齊書)』에 보이는 백제 왕이 신하를 왕이나 후(侯)에 봉한 기사와 연관시켜 봉건영지(封建領地)로 이해하는 견해도 있다.

가지고 있었던 비류 혹은 해양백제의 연합체와 같은 것이다.『일본서기』 조메이 천황(舒明天皇) 7년조에 기록된 '상서로운 연꽃이 검지(劍池)에서 피어난다. 한 개의 줄기에 피어있는 두 송이의 연꽃'(瑞蓮生於劍池一莖二花) 이라는 이 시는 다수동체(多首同體)의 백제 모습을 잘 표현하고 있다. 이 기록은 조메이 천황이 당시에 백제의 사신들이 왜(일본?)를 방문했을 때 그들을 접대하는 자리에서 말한 것이다. 백제와 일본을 하나의 줄기로 보고 싶다는 암시와 희망이라고 할 수 있다. '다수동체'는 '해양백제'라 는 연합체의 다른 표현이기도 하다.

백제와 일본과의 관계에 대해 이노우에 미쓰사다(井上光貞, 1917- 1983) 교수는 백제 사신으로부터 칠지도를 전해 받은 왜왕 오우진이 백 제 왕족이며 천황 가문 자체가 조선[96]으로부터 건너온 이주자였다고 주 장하였다. 미즈노 유(水野祐, 1918~2000) 교수는 오우진(應神) 천황과 그 의 아들인 닌도쿠(仁德) 천황(오우진 천황의 제4 왕자)이 백제국의 왕가로부 터 일본으로 건너와 정복 왕조를 이루었다. 이들 오우진·닌도쿠 천황 은 외래 민족 세력으로서 일본에 침입한 정복 왕조이며 대륙적 성격을 띠고 있었고 이들은 대륙의 사정에도 정통하였다고 한다. 다수동체의 해양백제를 연상케 한다.

『삼국사기』〈백제본기〉 무령왕 편에, 동성왕의 서거에 무령왕이 발 빠 르게 대응했다는 기록이 있다.

'모대왕이 재위 23년에 돌아가시자 그가 왕위에 올랐다. 봄 정월, 좌평

---

96 광개토대왕비문의 백잔과 이잔 중에 이잔 계열로 볼 수 있다. 더 연구할 분야이다.

백가가 가림성(加林城)을 거점으로 반란을 일으키니 임금(무령왕)이 병사를 거느리고 우두성(牛頭城)에 이르러 한솔 해명(解明)을 시켜 토벌하게 하였다. 백가가 나와서 항복하자 임금이 백가의 목을 베어 백강(白江, 금강)에 던졌다.' (牟大在位二十三年薨 卽位 春正月 佐平苩加 據 加林城叛 王帥兵馬 至牛頭城 命扞率解明討之 苩加出降 王斬之 投於白江)

이 일을 두고, 현대 사학자 중에는 반란자 백가가 너무 쉽게 투항한 것은 '뒤를 봐주는 어떤 세력이 있어서가 아니겠느냐'며 무령왕의 배후설을 제기하는 학자도 있다. 그리고 무령왕이 투항한 백가(苩加)가 이실직고할 틈도 없이 재빨리 처형하여 입막음 했다는 거다. 다시 말해 동성왕 시해 사건에 무령왕도 관련이 있다고 보는 '왕위 찬탈' 주장의 근거다.

이에 대해 필자는 무령왕이 백가를 진압한 것을 '왕위 찬탈'이 아니라고 본다. 요서백제의 동성왕의 왕권 수호를 위해, 멀리 있는 월주에서 무령왕이 나선 것이므로 왕위 찬탈이 될 수 없다. 『양서』에서 말하는 22담로국과 다수동체의 해양백제를 연합체로 볼 때, 동성왕의 시해 사건을 마무리한 무령왕의 출병은 '왕권 수호'로 봐야 한다. '왕위 찬탈'로 보는 학자들은 동성왕(24대)과 무령왕(25대)을 모두 '웅진백제(?)'왕으로 보았기 때문이라 생각한다.

『양서』의 기록대로 22개 담로국을 인정하더라도 22명의 왕 중에 1인자가 있는 것이 아니다. 때로 협력이 된다 하여도 개별적인 명멸과 변천은 어쩔 수 없는 일이다.

김부식이 『삼국사기』의 〈백제본기〉를 편찬할 당시, 백제 고흥 등이 쓰기 시작한 『백제서기』나 역시 백제인이 썼다는 『백제신찬』 등에 기록된 여러 곳의 왕의 이름을 무시할 수 없었을 것이다. 이를 한 줄로 이어가려면 다수동체의 백제라는 여러 곳의 역사를 하나로 꿰어 맞출 수밖에 없었을 것이다. 화려한 대륙 백제의 역사를 감추고 한반도 서남부의 자그마한 백제 속에 쓸어 담으려 하니, 연대별로 무 자르듯 왕위 계승을 끼워 맞춘 것이 아닌가 한다. 예를 들면, 무령왕의 왕권을 동성왕의 시해사건에 맞춰 계승한 것으로 이어가려니 그 이전 무령왕이 월주에서의 통치 경력은 잘라내고 40세 이후로 맞춘 것으로 본다.

이런 관점에서 볼 때, 무령왕이 40세가 되어 갑자기 나타난 리더가 아니다. 동성왕이 시해 당하기 전에도 무령왕이 월주에서 왕으로서 집권하고 있었다고 봐야 한다. 또한 동성왕과 근초고왕이 활동했던 역사적 사실도 김부식이 『삼국사기』를 편찬하는 데 근거로 한 『백제서기』 등의 기록을 인용하였을 것이다.

백제의 왕위계승은 22개 담로국을 연결하는 다수동체인 해양백제 간의 긴밀한 소통에서 계승된 것은 아니다. 나중에 『삼국사기』를 편찬할 때 승전국의 후손 김부식의 역사관에서 비롯된, 붓 끝에서 백제의 왕위계승이 기록됐다고 봄이 타당하다.

신라방 거주자는 신라인이 아니다

–엔닌의 순례기에 '밀주에서 하선한 우리 일행은 마침 지나던 배 한 척을 만났다. 이들은 본시 신라인으로 배에 숯을 싣고 도회지인 양주(장쑤성江蘇省)로 간다고 했다. 말하자면 숯장수였다' 이들의 생활 수단이 주로 어업과 선박을 통한 생업이었다.

–신라방에 거류하는 사람들은 과연 누구인가?

❗ 승려 엔닌이 당나라를 견학하던 9세기는 백제가 멸망(660)한 지 180년이 지난 때이다. 당시 한반도 서해안 지역은 통일신라에 의해 철저히 봉쇄되고 있었다. 통일신라에서 볼 때, 백제 부흥 운동과 관련하여 감정이 좋지 않았던 일본인은 물론 당나라에 살고 있는 신라인조차 왕래할 수 없도록 금지했었다. 이런 역사적 사실로 보아 엔닌이 만난 재당 신라인들은 '신라에서 건너갔다는 신라인'이 아니었다. 이들이 대체 누구였기에 통일신라는 그들의 왕래를 허락하지 않았던 것일까?

『수서(隋書)』 권81 〈백제전〉에 '백제는 건국 초부터 백가제해(百家濟海)'라 했다. "백 개의 부족국가가 연합하여 널리 바다를 다스린다"는 백제가 백(百)가(家. 부족국가)를 구성하는 다양성을 지닌 집단이라는 뜻이다. 제해(濟海)는 바다를 건넌다, 다스린다는 뜻이니 바다를 중심으로 한 방대한 나라를 일컬음이다.

더 구체적으로 표현한 『구당서(舊唐書)』를 보면, '백제국은 서쪽으로 바다 건너 월주(지금의 중국 절강성, 상하이와 닝보 앞바다 주산군도=신라군도 포함)에 이르고, 남쪽으로 왜국에 이르며(西渡海至越州 南渡海至倭國), 북쪽으로 고구려에 이른다(요서백제: 중국 발해만 접경)'했다. '바다 건너'라는 문장은 '백제의 강역에 한반도도 포함되어 있음'을 말한다. 신라방에 살던 사람들은 백제 유민과 신라인들이 섞여 있다고 봐야 한다.

신라방의 하나인 양저우(楊洲, 장쑤성 江蘇省)에서 '신라방의 비밀'을 푸는 결정적 실마리를 찾았다. 최치원이 활동했던 당나라시절 창장강(長江, 양쯔강) 유역의 양저우도 신라방의 하나였는데, 한반도의 통일신라가 망하고 고려시대에 접어들자 고려방[97]으로 불렸다는 것이다. 이런 중국의 역사기록으로 보아 당시 신라방도 백제가 망하자 국적이 바뀌어 신라거류민단이 된 지역도 있다고 봄이 옳겠다.

---

97 김성환 교수는 지난 2009년 국립 군산대학교 인문콘텐츠학회에 제출한 논문에서 최치원이라는 인물이 갖는 '새만금 고군산열도'와 '새만금 최치원관광단지'를 조성하는 가치에 대해 주장했다. 김 교수는 '새만금 최치원프로젝트를 제안하며'라는 부제로 '고군산의 최치원 문화원형 연구'라는 논문을 냈다. 그의 논문에 따르면 고운(孤雲) 최치원 선생은 서기 874년 군산 옥구에서 태어났다. 최치원 선생 아버지가 옥구현감으로 있을 때다. 최치원은 12세이던 경문왕 8년(868) 당 나라에 유학 해 7년 만인 874년에 18세의 나이로 빈공과(賓貢科)에 장원으로 급제했다. 그 뒤 낙양(洛陽)에서 학문에 몰두했고, 876년에 율수(溧水) 현위로 임명되었다가 이듬해에 사직했다. 878년 회남(淮南) 절도사 고변(高騈)의 종사관이 되었는데, 특히 881년에 지은 "황소에게 보내는 격문(檄黃巢書)"으로 중국 전역에 명성을 떨쳤다. 최치원은 '도통순관 승무랑 전중시어사 내 공봉(都統巡官承務郎殿中侍御史內供奉)'에 임명되고 당나라 황제에게 비은어대 (緋銀魚袋)까지 하사받는 등, 재당 신라인으로서는 최고의 지위에 올랐다가 885년 29세의 나이에 신라로 돌아온다. 이러한 최치원의 당나라 유학 당시의 행적은 중국인들이 가장 좋아하고 존경하는 조선의 큰 인물로 추앙받고 있다. 당나라에서 행적 중 낙양성 율수 현위로 재직 당시 설화는 '전설 따라 삼천리'를 방불케 한다. 당시 율수에서는 큰 가뭄과 기근이 심했는데 억울하게 죽은 처녀귀신 두 자매의 원혼이 일으킨 일이었다. 이를 안 최치원은 두 자매와 만나 원혼을 풀어 주었는데, 이때부터 가뭄이 더 들지 않았다는 일화다. 중국에서는 이러한 설화를 바탕으로 최치원 사당을 크게 짓고, 지금도 이를 기리고 있다. 중국 남부 장강유역 양주에는 최치원 기념관이 있다. 양주는 장보고 때에는 신라방, 그 이후 고려시대에는 고려방이 있어 많은 신라인과 고려인들이 해상무역을 위해 진출했던 곳이다. 낙양성 등 이들 지역에서는 해마다 최치원 기념사업을 통해 생전에 이룬 최치원의 업적을 기리고 있다.

우리 국어사전에 보면, "①신라방은 당나라에 설치한 신라인의 거주지이며, ②중국을 왕래하는 상인과 유학승 등이 모여 ③자치적으로 동네를 이루었다"는 신라방의 개념 중 ②의 부분은 수정돼야 하지 않을까 한다.

高句麗

고구려 편

03

고구려 졸본성은 압록강변, 오녀산성이 아니다

–중국에서는 랴오닝성 통화시에 있는 오녀산성(五女山城)을 졸본성으로 추정하고 있다. 때문에 한국의 관광객들이 많이 찾는 곳이다. 오녀산성은 압록강의 지류 혼강(渾江)가에 있으며, 국내성에서 70㎞ 정도 떨어져 있다. 이 산성은 환런현(桓仁縣)에 속하며 높이 200m에 이르는 천연의 절벽을 그대로 이용하면서 산세가 비교적 완만한 동쪽과 남쪽에만 성벽을 쌓았다. 산성은 남북의 길이가 600m 동서 넓이가 130 내지 300m이며, 성안에 저수지와 조망대, 주몽이 거주했던 터가 남아 있다고 한다. 2004년에 유네스코 세계문화유산에 등재되었다.

–국내 학계에서는 비류수를 압록강의 어느(?) 지류로 보고 비류수 가에 졸본성이 있었으리라고 막연히 추측하여 오고 있다.

❗ 필자가 지목하는 고구려의 첫 도읍지 졸본성은 한반도의 압록강 변이 아니라 그곳에서 약 1,000㎞나 떨어져 있는 지점, 몽고와 만주 땅의 경계에 있는 부이르(貝爾池)호 근방이다.

증거①, 천문학자인 박창범 교수는 일식기록(삼국사기 고구려본기)을 분석하여, 일식관측 지점이 동경 114–124°, 북위 47–57° 범위에 있다 했는데, 필자가 보는 브이르호(북위 48°, 동경 117°30')가 이 범위와 일치하여 과학적으로 증명된다.

증거②, 부이르호의 호(湖水, 池)를 물 수(水)로 바꾸어 '부이르수'라고 읽어보라. '부이르수'를 몇 번인가 계속 읽다보면, 부이르수→뷔르수→비류수가 된다. 역사책에 기록된 비류수(沸流水)는 호수 '부이르'에서 온 말이라고 본다.

증거③, 몽고과학원의 베 슈미야바타르 교수 주장과 일맥상통한다. 그는 부여국의 흘승골(訖昇骨)이 『위서(魏書)』에 나오는 '고리에서 온 동명(東明)이 세 사람을 만나 흘승골에 이르러 살았다'는 기사의 지명과 같으며, 몽고의 할힌골(江)이다. 또한 『삼국사기(三國史記)』에 나오는 비류(沸流)는 몽고의 부이르 호수를 나타낸 말이라고 한다.

또 몽고족의 한 파(派)인 부리아트 사람들은 지금도 스스로를 '코리'라고 부른다고 증언하며, 결국 부여(夫餘)는 북위 43-45°, 동경 115-120° 지역에 걸친 현재의 몽고지역에서 건설되었고, 그 보다 먼저의 고리(藁離) 역시 몽고에서 건설된 나라라고 소개하고 있다.[98]

고구려의 첫도읍지 졸본성은 부이르호 근처라고 본다.

---

98 具滋聖의 「高句麗의 發祥과 建國에 대한 再考(4)」(우리漢字語研究會) 재인용 〈한국일보〉, 1980.1.23.

관구검의 침입사로 밝혀진 낙랑군의 위치

❗ 『삼국사기』〈고구려본기〉에 기록된 동천왕과 관구검의 전투는 이렇다.

'동천왕 20년(246) 가을 8월에 위나라에서 유주자사(幽州刺史)[99] 관구검(毌丘儉)을 보내어 군사 1만 명을 거느려 현도를 거쳐 침입하므로, 왕은 보병과 기병 2만 명을 거느리고 비류수 상류에서 맞아 싸워 이를 물리쳤고, 3천여 명을 목 베었다. 또 군사를 이끌고 다시 양맥곡(梁貊谷)에서 싸워 또 이를 물리치고 3천 명을 베어 죽였다. 왕은 여러 장수들에게 말했다.(중략) 곧 강한 기병 5천을 거느리고 나아가서 그를 치니, 관구검은 방형(方形)의 진을 치고 결사적으로 싸우므로 우리 군사는 크게 패전하여 죽은 이가 1만8천 명이나 되었다. 왕은 1천 여의 기병을 거느리고 압록(鴨淥)의 언덕으로 달아났다. 겨울 10월에 관구검은 환도성을 함락시켜 이를 무찌르고 이에 장군 왕기(王頎)를 보내어 왕을 추격했다.(중략) 동부사람 뉴우(紐由)가 나와 말했다. "형세가 매우 위급하오니 헛되이 죽을 수는 없습니다. 신에게 어리석은 계책이 있으니 음식을 가지고 가서 위나라 군사를 대접하다가 기회를 엿보아 적장을 찔러 죽일까 합니다. 만약 신의 계책이 성공되거든 왕께서는 분발하여 적을 쳐서 승부를 결정하십시오." 왕은 말했다. "그렇게 하겠다."(중략) 위나라 장수는 이 말을 듣고 바야흐로 그 항복을 받으려하자 뉴유는 칼을 식기 속에 감추어, 앞으로 나아가 칼을 빼어 위나라 장수의 가슴을 찌르고 그와 함께 죽으니 위나라

---

99 중국 삼국시대 위(魏) 나라의 유주의 치소는 현재의 중국 하북성(河北省) 대흥현 서남쪽으로 본다.

군사는 드디어 어지럽게 되었다. 왕은 군사를 나누어 세 길로 만들어 급히 그들을 치니 위나라 군사들은 소란해져 진을 이룰 수 없어 마침내 낙랑을 거쳐 도망했다.(중략) 이번 전쟁에 위나라 장수는 숙신(肅愼) 남쪽 경계에 이르러 돌에 새겨 공을 기록하고, 또 환도산(丸都山)에 이르러 불내성(不耐城)에 공을 새겨두고[100] 돌아갔다.' (二十年秋八月 魏遣幽州刺史卌丘儉 將萬人 出玄免來侵 王將步騎二萬人 逆戰於沸流水上 敗之 斬首三千餘級 又引兵再戰 於梁貊之谷 又敗之 斬獲三千餘人 王謂諸將曰 중략... 乃領鐵騎五千 進而擊之 儉爲方 陣 決死而戰 我軍大潰 死者一萬八千餘人 王以一千餘騎 奔鴨涤原 冬十月 儉攻陷丸都 城 屠之 乃遣將軍王頎追王 중략... 東部人紐由進曰 勢甚危迫 不可徒死 臣有愚計 請以 飮食 往犒魏軍 因伺隙刺殺彼將 若臣計得成 則王可奮擊決勝矣 王曰 諾 중략... 魏將聞 之 將受其降紐由隱刀食器 進前 拔刀刺魏將胸 與之俱死 魏軍逤亂 王分軍爲三道 急擊 之 魏軍擾亂不能陳 逐自樂浪而退 중략... 是役也 魏將到肅愼南界 刻石紀功 又到丸都 山 銘不耐城而歸)

이 글을 인용한 목적은 동천왕과 관구검의 승패를 가리려 한 것이 아니고, 막강한 관구검이 어떤 상황이기에 급히 낙랑으로 퇴각했는지, 그리고 낙랑의 위치를 가늠하기 위한 것이다.

『삼국지』〈위지(魏志)〉 가평(嘉平) 4년(252) 관구검은 진남(鎭南) 장군이 되어 중국 남방(양자강 이남) 오나라 정벌에 나섰다는 기록이 있다. 관구검이 급히 퇴각한 낙랑이 한반도의 대동강변 평양이라 가정하면, 이상한 행적이 된다. 낙랑을 거쳐 도망했다면 한반도 중부 한강 쪽으로 퇴각했을 것이다. 관구검이 한반도 중부에 있었다면 수군을 동원하지 않고서는 중국 남방 지역에 나타날 수는 없는 일이다. 낙랑은 한반도의 평양이

---

100 관구검기공비(冊丘儉紀功碑); 고구려 동천왕 때에, 중국 위나라의 유주자사(幽州刺使) 관구검이 고구려를 공격하여 환도성을 함락한 기념으로 세운 비. 1906년에 만주의 지안(集安)에서 발견되었다.

아니라는 반증이다.

　이러한 생각을 400년 전에도 했던 학자가 있다. 조선조의 남인 학자들에게 영향력이 컸던 성호 이익(1681-1763)이 '조선사군(朝鮮四郡)'이란 글에서 "낙랑군, 현도군은 요동(패수 부근)에 있었다"고 서술했다. 관구검이 고구려를 침공할 당시, 소위 중국의 삼국지 시대에 베이징(현) 부근에 위치한 유주자사 관구검이 '고구려를 침공했다가 퇴각한 곳이 낙랑'이라고 기록한 〈위지(魏志)〉를 근거로 낙랑이 (한반도) 평양일 수 없다고 본 것이다. 낙랑이 패수 근방인 요동지역에 있었다면 관구검의 행적이 이상할 수 없다.

전쟁사에서 찾은 고구려와 수나라의 경계

–『삼국사기』〈고구려본기〉 영양왕 23년(612) 수군(隨軍)이 고구려를 침입한 경로가 있다.

수장(隋將) '좌익위대장군 우문술(宇文述)은 부여(扶餘) 길로 나오고, 우익위대장군 우중문(于仲文)은 낙랑(樂浪) 길로 나오고, 좌효위대장군 형원항(荊元恒)은 요동(遼東)길로 나오고, 우익위대장군 설세웅(薛世雄)은 옥저(沃沮) 길로 나오고, 우둔위장군 신세웅(辛世雄)은 현도(玄菟) 길로 나오고, 우어위장군 장근(張瑾)은 양평(襄平) 길로 나오고, 우무후장군 조효재(趙孝才)는 갈석(碣石) 길로 나오고, 탁군태수 검교 좌무위장군 최홍승(崔弘昇)은 수성(遂成) 길로 나오고, 검교우어위 호분낭장 위문승(衛文昇)은 증지(增地)길로 나와서 모두 압록강(鴨綠江) 서쪽에 집결하였다.' (左翊衛大將軍宇文述 出扶餘道 右翊衛大將軍于仲文 出樂浪道 左驍衛大將軍荊元恒 出遼東道 右翊衛大將軍薛世雄 出沃沮道 右屯衛將軍辛世雄 出玄菟道 右禦衛將軍張瑾 出襄平道 右武候將軍趙孝才 出碣石道 涿郡太守檢校左武衛將軍崔弘昇 出遂成道 檢校右禦衛虎賁郎將衛文昇 出增地道 皆會於鴨綠水西)

❗ 수나라 대군이 어느 길로 나오고, 또 다른 어느 길로 나왔다는 말을 바꾸어 말하면, '어느 어느 길을 지나 고구려 땅으로 진입했다'는 말이 된다. 이 부분이 고구려와 수나라의 경계라 볼 수 있다.

앞에서 밑줄 그은 부여, 낙랑(군), 요동, 옥저, 현도(군), 갈석, 수성(현)이 우리 상고사에서 자주 눈에 띄는 지명이다. '부여'는 만주에 있었다는 것을 익히 알고 있었던 지식이지만, 낙랑(군), 옥저, 현도(군)는 한반도에 있었던 지명으로 잘못 알고 있었다. 그런데 조백하 동쪽 요동군과 인접하고 있었다니 놀라운 일이다.

낙랑과 현도의 위치는 요동군, 갈석산, 수성현 등과 더불어 위도 상으로 볼 때 북위 38-43°, 경도 상으로 동경 115-120° 사이에 있다고 할 수 있다. 이와 같이 낙랑과 현도는 한반도에 있지 않았다는 명백한 증거이기도 하다.

을지문덕의 살수대첩은 한반도 청천강이 아니다

❗ 『삼국사기』 중 고구려 3대 대무신왕(大武神王) 때, 살수에 대한 기록이 있다.

AD44년 "고구려 대무신왕 27년 9월 후한의 광무제가 병사를 파병하여 바다를 통해 낙랑 땅을 정벌하고 그 땅에 군현을 두었으므로 살수 이남이 한나라에 속하게 되었다"(二十七年 秋九月 漢光武帝 遣兵渡海 伐樂浪 取其地 爲郡縣 薩水已南屬漢)

위 기록을 재해석해 보자.

낙랑 땅 정벌로 살수 이남이 한나라에 속하게 되었다면, 살수라는 강은 낙랑 땅에 이어져 있다고 할 수 있다. 일제는 이를 두고 후한 광무제 때 한반도에 한사군을 설치하였다는 증거로 채택하였다.

바다를 통해 낙랑 땅을 정벌했다는 것은 군사작전상 허를 찌르는 수륙양면 작전이다. 당시 상황으로 보아 해군이 단독으로 작전을 수행하고 완료할 수 있는 처지가 아니었음에도 사료로서 인정하지 않을 수 없다. 과연 황해(중국에서 보면 동해)를 건너 한반도의 평양(낙랑)까지 군사작전이 가능한 일일까? 의문은 계속하여 남는다.

그런데 주목할 만한 문구가 있다. '薩水已南屬漢(살수 이남이 한나라에 속하게 되었다)'이란 기록이다. 살수(薩水)가 만약 한반도의 청천강이라 가정하면, 그 이남의 땅이 한나라에 속하게 된다. 살수 이남에 있는 대동강과 평양은 물론, 한강과 서울, 강원도, 충청도, 전라도, 경상도까지 한나라 땅이 되는 셈이다.

반면 청천강 이북은 어떻게 되는가. 평안북도와 함경남북도와 압록강변, 만주의 드넓은 땅은 고구려의 땅 그대로 남는다. 지도를 그려 색칠로 구분해 본다면 한나라는 두 동강이 난 셈이 된다. 한반도에 설치한 한나라 영역(낙랑)은 고립무원(孤立無援) 지대가 된다. 상식적으로 볼 때, 말이 안 되는 역사 기록이거나 역사 해석이다.

이를 두고 학자 중에 "살수 '이북'을 '이남'이라 잘못 기록됐다"고 주장하는 이도 있다. 이런 주장을 받아들인다면 이번에는 지도상으로 청천강이 대동강 북쪽에 있으므로, 그 남쪽에 있는 대동강변의 평양성(낙랑)이 한나라의 통치영역 밖으로 나가게 되어 낙랑=평양이라는 등식이 성립되지 않는다. 종합하면 살수를 한반도의 청천강으로 보는 해석은 근본부터 잘못된 것이다.

후한의 광무제가 병사를 파병하여 '바다'를 통해 낙랑 땅을 정벌한 기록에서 일본인들은 '황해 바다'라고 억지 해석을 해왔다. 하지만 논리적으로 볼 때, 그 '바다'는 '보하이(발해)만'을 가리키고 있다고 봐야 한다. 당시(AD44) 선박기술에 한계가 있었다. 황하(黃河) 하구에서 배를 타고 탕산(唐山, E118,N39)까지 100㎞ 남짓한 거리였을 것이다.

광무제는 왜 수군을 이용할 생각을 했을까? 요동에 있는 낙랑 땅에 가려면 요서에 있는 해하(海河)의 수계를 거쳐야 하는데 이곳 수계는 앞에서 언급했지만 여름과 가을에는 홍수로 바다를 이루는 곳이라 했다. 9월이면 홍수가 덜하다 하여도 육군이 진흙탕을 건너기에 애로가 많을 것이다. 더구나 베이징 부근을 장악하고 있는 백제를 물리쳐야 하기 때문이다.

종합하면 한의 수군이 낙양에서 황하의 뱃길을 따라 하구에 이르러서 보하이만을 건너 낙랑〔요동〕땅에 기습한 것으로 봐야 한다.

살수가 한반도의 청천강이 분명 아니므로 살수의 위치를 다른 곳에서 찾아야 한다. 일본은 이것을 가지고 한반도의 한사군설을 주장하고 있으나, '薩水已南屬漢(살수이남속한)'이라는 여섯 글자의 문구야말로 낙랑의 위치가 한반도 평양이 아님을 반증하는 사료가 된다.

그렇다면 살수가 어디인가? 살수(薩水) 기록이 『환단고기』에 보인다. 〈단군세기〉 4세 단군 오사구(烏斯丘)가 "경인(庚寅) 7년(BC2131년) 배 만드는 곳(조선소)을 살수의 상류에 설치했다"(庚寅七年設造船于薩水之上)는 기록이 있다.

"고구려의 살수는 청천강이 아니라 중국 요녕성에 있는 혼하(渾河)다"라는 연구논문[101]을 문성재 교수가 발표한 사례가 있다. 중국 지도를 보면, 혼하(渾河)는 요녕성의 두 곳에 있다. 하나는 랴오허 강의 중·하류에 선양(瀋陽)이 있는데, 선양 동쪽에서 랴오허 강과 나란히 흘러 보하이만 북안으로 흘러들어가는 강이 혼하(渾河)이다. 또 하나는 압록강의 지류로서 환런현(桓仁縣) 오녀산성 옆으로 흐르는 혼강(渾江)이 있다. 살수가 혼하(渾河)의 옛 이름인지는 더 연구할 필요가 있다.

살수의 위치가 현재로서 확실하지는 않으나 한반도 청천강이 살수가 아니라는 것은 '薩水已南屬漢(살수 이남이 한나라에 속하게 되었다)'이란 기록으로 확실해졌다.

---

101 〈뉴시스〉, 2018.3.20. 문성재 인하대 (고조선연구소) 교수가 30일 서울 고궁박물관 별관 회의실에서 열리는 학술회의에서 고구려의 살수는 청천강이 아니라 중국 요녕성 중부지역에 있는 혼하라는 내용을 담은 논문 발표(3.30)를 소개하였다.

필자가 보기엔, '薩水已南屬漢'으로 보아, 츠펑(赤峰)과 인접한 차오양(朝陽)과 진저우(錦州) 옆을 흐르는 대릉하(大凌河)가 아닌가 한다.

그 이유는 ①츠펑(赤峰)과 차오양(朝陽)을 중심으로 홍산(랴오허)문명 관련 고고학적 유물이 계속 발견되고 있는데, 이 지역에 단군 오사구(烏斯丘)가 경인(庚寅) 7년(BC2131년) 배 만드는 곳(조선소)을 살수 상류에 설치했을 가능성이 있다. ②진저우(錦州)시 서쪽의 소황띠(小荒地)라는 고대 성곽에서 임둔태수장(臨屯太守章) 봉니가 발견됐다. 대릉하까지 한사군(임둔군)이라면 살수 이남의 땅이 한나라와 연결된다고 볼 수 있다. ③을지문덕의 살수대첩 전술을 보면 수공(水攻)이 나온다. 살수 상류에 제방을 무너뜨려 수공으로 수군을 수장시켰다는 이야기가 전해진다. 실제로 대릉하(大凌河) 상류에는 지금도 저수지와 제방들이 많이 있다.

고구려 대무신왕 27년(44) 때는 을지문덕의 '살수대첩'(612)과 568년의 시간차가 있지만 같은 고구려의 역사 기록이고 '살수'라는 강 이름이 달라질 수 없는 일이다. 612년의 살수 위치를 대무신왕 27년(44) 때 기록으로 청천강이 아님을 밝혀낸 것이다.

국사교과서나 각종 소설, 만화, 위인전에 나오는 '살수대첩'의 '살수'를 한반도의 청천강으로 표현한 구절을 바로잡아 역사의 영역을 있는 그대로 넓혀주어야 할 것으로 생각한다.

김부식에게 역사관을 묻다

❗ 필자가 뜬금없이 왜 갑자기 신라, 백제, 고구려 역사를 논하다가 김부식의 역사관을 재조명하는지 의아할 것이다. 김부식이 삼국사기를 편찬[102]할 때, 맨 먼저 정리한 것이 12권의 신라본기이다. 다음으로 10권의 고구려본기, 그 다음 6권의 백제본기를 편찬했다. 그 이후 연표(3권)와 잡지(雜誌; 9권)와 열전(列傳; 10권)을 포함하여 50권을 편찬한 것이다. 김부식이 이와 같이 방대한 역사서, 50권의 삼국사기를 편찬했든 감수를 하였든 그의 전력으로 보아 영향력이 대단했었을 것으로 보이는데, 그가 어떤 생각, 어떤 잠재의식을 가지고 이 작업에 임했을까?

김부식은 백제본기 제28권, 의자왕 조에서 뜬금없이 논평한다며, 신라 사람들은 소호 금천씨(少昊 金天氏)의 후손이라고 밝혔다. 또한 백제와 고구려는 이들과 다른 부여의 계통이라 했다. 그리고 백제 말기에 그들이 도리에 어긋났으며 고구려와 연합하여 신라를 침범하기에 이르러서 나당연합군으로 멸망시켰다며 통일전쟁의 명분을 내세웠다.

필자가 김부식의 역사관을 다시 살피는 데는 『삼국사기』의 기록을 근간으로 하여 우리 상고사를 바로 보고자 하기 때문이다. 『삼국사기』는 고려 인종 때 정부의 사관(史官)을 동원해서 편찬한 책이고, 『삼국유사』는 고려

---

102 김부식(1075-1151)이 편찬자인지, 감수자인지 명확히 정의 내리기는 어렵다. 『삼국사기』 편찬에 참여했던 사관이 11명에 이른다고 하며, 『삼국사기』 완성(1145) 당시 김부식의 나이는 70세 고령이었다.

충렬왕 때 일연선사가 개인적으로 집필한 책이다. 공통점은 외세에 대항하여 국론을 결집시키는 데 도움이 되었다는 점이다.

『삼국사기』는 우리 역사학계가 인정하는 1호 역사책으로서 정사(正史)이다. 이 책이 쓰여진 이후 숱한 전란과 외세의 침탈, 우리 손에 의한 사서 수거령에도 없어지지 않고 오늘날까지 살아남아 3국시대의 정사로 평가받고 있다. 그 이유가 무엇일까?

첫째, 왕명(고려 인종: 23년)을 받아 편찬되었다는 점이다.

둘째, 중국을 중심으로 보는 사관, 다시 말해 중국에서 볼 때 크게 거슬리지 않다는 점이다.

셋째, 고려 문신 김부식은 신라의 후손이다. 편찬에 참여한 11명의 사관들도 당시 귀족의 자제로서 신라의 후손일 개연성이 있다. 신라의 지배세력이 고려로 이어졌고 다시 조선의 건국세력으로도 이어져서 '신라중심 사관(史觀)'이 크게 손상되지 않았다고 본다.

넷째, 일제가 다른 역사책을 수거하면서도 『삼국사기』와 『삼국유사』만은 남겼다는 것이다. 그들에게 활용가치가 있지 않았을까 한다.

『삼국사기』에 기술된 내용을 보면 누락된 역사가 많고, 상당히 신라 편향적이라고 할 수 있다. 우선 고조선과 부여를 비롯한 (고)조선의 역사, 상고사가 없다. 『삼국사기』 첫머리가 신라의 시조 박혁거세 원년에서 시작하며, 그 이전 우리 민족 상고사라는 상투를 잘라버렸다. 우리 민족사에 상투가 없으면 조상과 자손이 서로 알아볼 수 없다. 삼국사기가 말 그대로 삼국사(三國史)의 기록이니 삼국 이전의 상고사를 굳이 기록할 필요가 없다는 주장에 특별히 이의를 제기할 생각은 없다. 그렇지만 그 이유만으로 상고사를 뺀 것이 아닌 것 같다. 고구려 멸망 후 세워진 대진국(大震國, 발해)이 통일신라와 나란히 경쟁하여 왔는데 대진(발해)의 역사를 한 줄도 기록하지 않은 까닭이 무엇인가? 아마도 신라중심의 역사를 기록하고 싶어서일 것이다.

 역사는 승자의 기록이다. 역사를 기록하는 사관(史官)이 균형있는 사관(史觀)을 가져야 한다는 것은 이상에 불과하다. 신라는 3국을 통일한 (668) 승전국이다. 통일신라가 끝났지만 고려와의 평화적 정권이양(935)으로 신라귀족이 고려의 지배층으로 합류했다. 그 전에 대진(발해)이 멸망(926)하여 유민들 일부가 고려국에 흘러들었다 하지만 고려의 지배층이 될 수 없었다.

『삼국사기』를 편찬(1145)할 때는 대진이 사라지고[103] 200년이 조금 넘은 때이다. 고려 문신 김부식이 신라 귀족의 후예로서 균형감을 상실한 채 역사를 편찬했음을 보여주는 반증이다. 후삼국이라 할 수 있는 통일신라, 후백제(900-936), 태봉(901-918)을 기록하면서 대진국에 대한 기록이 없다는 것은 신라 중심의 한반도 역사를 기록하려 했음이 틀림없다. 이런 사관(史觀)으로 쓴 신라(BC57), 고구려(BC37), 백제(BC18)의 건국 연대, 특히 신라가 앞 선 것에도 의문이 간다. 왜냐하면 3국을 비교할 때, 교육기관뿐만 아니라 정치, 경제, 군사 모든 면에서 신라가 고구려나 백제보다 항상 뒤져 있었기 때문이다.

---

103 2015년 3월 23일 제주에서 열린 '한·중 백두산 마그마연구 워크숍'에서 백두산 현지 탄화목(화산재에 불탄 나무화석)을 분석해 분화 시점이 939년이라 한다. 이는 동북아 역사(발해: 698-926)의 중요한 단서가 된다. 일본 역사에는 발해가 930년대에도 사신을 계속 보내온 것으로 돼 있다. 939년이란 탄소 측정이 백두산 분화 1차시기인지 혹은 2-3차 이후의 시기인지 밝히지 못했지만 화산 폭발 관련 일본 역사기록과도 일치한다. 발해의 멸망을 백두산 폭발과 연관 지어 재조명할 필요가 있다.

『삼국사기』는 고구려의 역사를 적대시 했다. 한반도 북방에서 요동과 요서지역까지 아우르며 중국을 제압하던 고구려를 제대로 기술하지 않고 중국 모퉁이에 끼어 있는 나라로 깎아내렸다. 더구나 중국의 국경을 침범하여 괴롭힘으로써 중국으로 하여금 한민족을 원수의 나라로 만든 장본인, 즉 적대국으로 취급하도록 묘사하였다. 또한 당나라와 맞서 싸워 승리한 연개소문을 가리켜 '임금을 잔인하게 죽인 천고의 역적, 살인마'로 기록하고 있다. 신라는 당을 업고 삼국을 통일했다. 당의 제도와 복식을 그대로 베껴 쓰던 신라가 당과 겨루던 고구려를 곱게 보았을 리 없다.

『삼국사기』를 편찬하게 된 배경은 만주의 금나라가 천자국을 선포하고 고려에 대해 제후국의 예를 갖추라 하며 대궐문과 대궐의 호칭 등 격을 낮추게 하는 국제적 수모에 반발한 인종으로부터 명을 받은 것이다. 이러한 시대적 상황 속에 금나라의 만주가 옛 고구려의 땅인 데다 중국을 위협하는 세력이 된 것에 대해 김부식과 편찬에 참여했던 사관들이 중화주의와 사대사상을 깔고 고구려를 좋게 볼 리 없었을 것이다.

『삼국사기』는 백제 역사의 기록도 부실하다. 중국문헌『통전』에 '요서백제가 낙양에 도읍하고 있는 10만 대군의 위나라와 싸워 이겼다' 했고, 『위서』〈말갈전〉에 '요서백제는 북방제국(말갈족)과 연합해 고구려에 대항했다'는 전쟁기록이 있다. 『남제서』 권58의 〈백제전〉에는 북위의 군대와 백제와의 전쟁을 자세하게 기록하고 있고, 송나라『자치통감』에서도 '영명 6년(488년)에 북위의 군대가 백제를 쳤으나 패퇴되었다'는 전쟁발발 연도 기록이 있다. 김부식이 편찬한『삼국사기』〈백제본기〉에는 이런 기록들이 누락되었고, 488년 전쟁만 간단하게 기록하고 있다.

백제 '동성왕(24대, 479-501) 10년에 북위가 군대를 일으켜 침범해 왔으나 백제에 의해 패퇴되었다'는 단 한 줄의 기록이 있는데, 이 전쟁 연도도 『자치통감』[104] 기록과 정확히 일치하니 사실이다. 뒤집어 생각하면 『자치통감』의 다른 기록, 대륙백제의 기록도 사실이라 할 수 있다.

김부식은 백제 역사를 편찬하는 과정에서 중국의 문헌을 보았을 것이다. 『구당서(舊唐書)』에 '백제국은 서쪽으로 바다 건너 월주(지금의 중국 절강성, 상하이와 인센 앞바다 주산군도=신라군도 포함)에 이르고, 남쪽으로 왜국(일본)에 이르며(西渡海至越州 南渡海至倭國), 북쪽으로 고구려에 이른다(요서 백제: 중국 발해만 접경)'는 기록이 있다.

『송서』 백제전에도 요서를 차지한 백제의 치소(관청)는 진평군 진평현이라고 구체적 지명을 기록하고 있다. 또한 『양서』 백제전에도 '백제는 진나라 때 요서와 진평 두 군에 백제군을 설치했다'는 기록이 있다. 임승국 교수는 『한단고기』(pp.372-373)에서 중국 『남제서』에는 중국에 설치한 백제의 식민지 7곳의 명칭과 그곳 통치자의 관직이 상세히 기록되어 있다 하였다. 이렇게 중국 땅에 분명히 존재했던 백제 기록이 있는데 왜 인용하지 않았을까?

『삼국사기』를 편찬할 때 인용된 국내문헌은 『신라고기』, 『신라고사』, 『삼한고기』, 『해동고기』, 김대문의 『계림잡전』, 『화랑세기』, 『한산기』, 『악본』, 최치원의 『제왕연대력』과 문집, 『김유신행록』 등이다.

중국문헌으로 『삼국지』, 『후한서』, 『위서』, 『송서』, 『남북사』, 『신당서』,

---

104 김부식이 42세 때 송나라에 사신, 문한관(文翰官)으로 쫓아갔다가 돌아올 때 송나라 휘종으로부터 『자치통감(資治通鑑)』 한 질을 선물로 받아왔는데, 이것이 『삼국사기』를 쓰는 데 중요한 참고자료가 되었을 것이다.

『구당서』, 『자치통감』, 『진서(晉書)』 등을 보았다는 인용 기록이 있다.

김부식이 보았고 인용했다던 국내 역사책이 모두 신라인이 쓴 역사기록이다. 이들 역사기록이 백제에 대해 제대로 썼을 리 없다. 게다가 중국에 존재했던 백제까지 거론하면 백제의 크고 화려한 역사가 신라의 역사를 초라하게 만들기 때문이다. 삼국을 구성하는 백제나 고구려의 존재를 통일신라의 들러리로 세우고 싶었던 것이다.

김부식은 사대주의(事大主義)자가 아니라 모화사상(慕華思想)을 갖고 있었다고 본다. 사대주의란 강자에 기대는 약자의 편향주의다. 김부식은 당시 가장 강력했던 금나라에 기대지 않았다. 김부식이 중국 지향이라 하여 사대주의로 보이지만 정확하게 말하면 모화주의(慕華主義)자다. 그는 『삼국사기』 중 정치사를 끝맺는 과정에서 소호 금천씨(少昊 金天氏)의 후손이라고 밝혔다. 이는 진(秦)·한(漢)을 거쳐 형성된 한문화의 주체세력인 하화족(夏華族)의 생각과 방향에 공감한다는 것이기도 하다. 『삼국사기』에 들어있는 모화사상과 신라 중심 역사 인식이 궤를 같이한다고 보인다.

다른 한편으로 생각해 볼 일은 『삼국사기』가 편찬되지 않았다면 하는 가정도 상정할 수 있다. 그런 면에서 존재한다는 것이 그나마 다행이라는 생각이 든다. 국내 다른 사서들이 수거령에 의해서 역사서의 씨가 마르고, 『삼국사기』와 『삼국유사』만 남아있는 상황에서 『삼국사기』 기록에 의지하여 역사를 바로잡을 수 있음에 감사하고 있다. 그러나 그의 역사관에 동의하는 것은 아니다.

한사군 편

04

세계가 다 알고 있는 한사군의 문신(文身)과 중국의 내정간섭

> ❗ 이 글을 읽는 독자들은 다음에 소개하는 두 장면을 보고 어떤 생각과 느낌이 드는지, 한사군의 문신이 부끄럽지 않은지 다시 한 번 생각해 주기를 바란다.

장면1 : 조선시대 사극 〈추노〉[105]를 보면, 거기에 '면상의 낙인'이 나온다. 지울 수 없는 문신이다.

〈추노〉는 도망 다니는 '노비'와 이를 쫓는 '추노꾼'의 이야기를 담고 있다. 조선시대에는 신분에 서열이 있었다. 국왕 다음으로 왕족, 그리고 양반이 권세를 누렸다. 백성들이라 하는 '사농공상(士農工商)'도 일종의 서열이다. 노비는 사농공상에도 들지 못한다. 상인(商人, 장사꾼) 다음이 '노비'이다.

낙인을 찍는 일은 범죄자들이나 노비들에게 널리 행해진 벌이다. 노비 가운데서도 낙인 찍힌 노비는 가장 천한 노비로 분류됐다. 사료에 따르면 연산군 시절, 도망치다 잡힌 노비 중 남자에겐 '노(奴)'자를, 여자에겐 '비(婢)'자를 새겼다. 남자는 왼쪽 뺨에, 여자는 오른 쪽 뺨에 이를 새겼다. 이렇게 낙인에 대한 형벌을 조사하면 가려지는 부분이 아닌 모두가 볼 수 있는 얼굴에 새기는 경우가 많았다 한다.

---

105 〈추노〉는 2010년 1월 6일부터 2010년 3월 25일까지 KBS 2TV에서 방영된 24부작 특별기획 드라마이다. 이후 2010년 9월 3일과 9월 4일에 걸쳐 하이라이트 2부작으로 편집되어 특별 방영하였다.

'추노'가 가장 많이 언급된 숙종, 경종, 영조실록에는 추노의 폐해가 고스란히 적혀 있다. "흉년에 노비를 추쇄(추노)하고 빚을 독촉하는 것을 금했는데도 해미 현감 강필건이 가족을 위해 병자년 도망간 노비 족속을 끝까지 추쇄하면서 혹독하게 형장으로 신문해 한 마을이 텅 비게 됐다"(숙종17권 12년) "온성 부사 노흡은 일찍이 영남의 영장을 맡았을 때 도적을 잡는다 빙자하고 추노를 겸하여 행했는데 부민을 마구 침탈해 받은 뇌물이 셀 수가 없을 정도이다"(경종 13권 3년).

〈추노〉의 줄거리는 소설이지만, 소설의 근거는 사실에 있다. 추노를 재미로 볼 것이 아니라 당신이나 당신의 부모 혹은 자녀가 실제로 빚 독촉에 시달려 신체 포기 각서를 쓰고 노예나 노비가 되었다고 가정한다면 당신의 심중이 오죽하였겠나.

장면2 : 이 지도는 전 세계로 배포되어 세계 각국의 역사(세계사) 자료로 활용되고 있다. 전 세계가 코리아 대한민국을 중국의 속국으로 알고 있다.

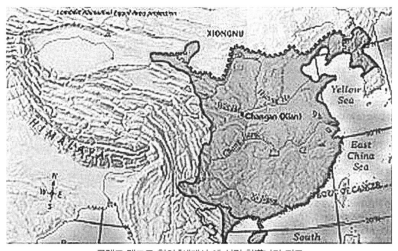

글렌코 맥그로 힐의 『세계사』에 실린 한漢나라 지도

지도상으로 보면 한반도는 충청, 전라, 경상도를 제외한 전역이 한나라의 땅이고, 그 변방은 한(漢)의 조정(朝廷)에 조공(朝貢)을 바쳐오던 지역이 된다.

조공이나 조정에 쓰는 아침 조(朝)는 (고)조선(朝鮮)을 이르는 글자인데도 말이다. 글자 그대로 중국이 우리에게 조공을 바쳐왔었다. 조공을 받던 나라가 하루아침에 조공을 바치는 나라로 둔갑하였다. 나라가 약하고 역사와 비전이 없으면 이렇게 된다. 일본의 속국이 되고 나서 이렇게 180도로 역전하여 비참한 역사의 후손이 된 것이다.

중국의 시진핑 주석이 방미(2017.4)중에 미국의 트럼프 대통령과 함께한 자리에서 "한국은 중국의 일부"라는 인식을 함께 한 것으로 세계뉴스가 되었다. 이와 같은 관점에서 중국이 한국에 설치한 고고도미사일방어체계(THAAD · 사드) 배치 문제를 놓고 한국에 대해 경제 · 문화 보복과 함께 내정을 간섭하는 것도 국제사회에서 볼 때 이해 가능한 일이 되었다. 억울하게도 한반도에 한사군이란 낙인이 찍힌 것 때문에, 우리로서는 문제가 아닐 수 없다.

"한반도에 한나라가 사군을 설치했다"는 일본에 의한 조선상고사 왜곡의 결과, 한반도에 우리 국가 이름조차 사라지는 일이 미국 교과서[106]에 실릴 정도가 되었다. 세계 역사에서 이렇게 큰 왜곡은 없다.

미국 3대 교과서 출판사 중의 하나인 글렌코 맥그로 힐에서 간행한 세계사에는 "BC109년경 한국은 중국의 지배하에 있었다"는 지도가 문제이다. BC109년 이전의 역사에 대해서는 아무런 언급이 없고, "한국

---

106 글렌코 맥그로 힐의 『세계사』. p.101.

역사는 중국의 식민지로 출발하였고, 4세기가 되어서야 처음으로 나라를 세웠다"는 '소설'이 한국인과 전 세계인이 배우는 한국고대사가 되었고 이는 피할 수 없는 실상이기도 하다.

필자는 초등학교 4학년 때 배운 한사군의 '문신(文身)'을 부끄러워했었다. 성인이 되어 정치사를 배운 후, 중국 대륙 깊숙이 자리 잡은 한나라 시안(西安)에서 당시 교통이나 통신 사정에 비추어 볼 때 한반도는 통제 가능한 거리 밖이었음을 알았다.

한반도 평양에 낙랑군을 설치했다는 것은 통제 가능한 거리를 뛰어넘은 일이다. 논리와 이성으로 도저히 설명할 수 없는 인식의 한계라고 보았다. 이 책을 쓰는 목적은 '거짓 냄새가 물씬 풍기는 한반도의 한사군설'을 파헤치기 위해서이다.

다시 앞서 언급했던 두 장면(장면1: 노비의 면상에 찍힌 문신, 장면2: 한반도에 표시된 한사군의 문신)은 굴욕적 삶의 모습이다.

장면1은 소설의 한 장면이지만 역사의 사실에 근거를 두었고, 피할 수 없는 운명이다. 그런데 장면2는 사실이 아닌데 실제 역사처럼 되어 버렸다.

필자가 장면2를 가리켜, "역사가 아니라 소설이다. 그런 일이 없었다."고 말하지만 허공에 뜨는 외침에 불과하다. 이 주장이 힘을 얻어 '한반도의 한사군설'이 소설임이 밝혀지려면 독자들의 함성이 필요하다. 필자가 거짓을 선동하는 것이 아니다. 옛 중국 사서에서 힘을 얻고 논리적이고 과학적으로 입증하고 있다. 마치 지능범죄 수사를 하는 것 같이 밝히고 있다. 만약 우리 국사의 오류와 사실이 밝혀진다면 악몽에서 깨어난 다음 날의 심경이 될 것이다. 얼마나 희망찬 새아침이 될 것인가?

평양을 낙랑군으로 본 사람은 누구인가?

　-고등학교 한국사에 '고조선 지역에 한의 군현이 설치됨에 따라 우리 고대사를 이끌어갈 새로운 정치 세력은 고조선 외곽 지역에서 출현하게 된다. 한 군현 중 대동강 유역에 설치된 낙랑군은 장기간 존속하면서 중국의 선진문물을 한반도 일대에 전해 주는 창구 역할을 수행하기도 하였다'[107]고 기술하고 있다. 대부분 교과서가 이와 비슷하다. 이는 우리 국사학계가 정리한 한사군의 역사이기도 하다.

한사군도[108]

　-우리 역사 중에 한사군 관련 역사는 낙랑군을 중심으로 설명되고 있고, 낙랑군의 위치가 곧 한사군의 위치를 좌우한다.

　-왼쪽 지도는 60-70년대 국사계를 지배했던 한사군현의 위치를 표시했던 지도이다.

---

107 김종수 외, 전게서, pp.30-32.
108 이기백, 『한국사신론』, 일조각, 1972. p.30.

❗ 8 · 15광복 후 우리 국사학계의 중심에 섰던 이병도(서울대) 교수는 『후한서』〈광무제본기〉에 주석으로 남아있는 낙랑군에 관한 기록 ('낙랑군은 옛 조선 땅이며, 그 위치가 요동이다'(樂浪郡, 故朝鮮國也, 在遼東))을 근거로 요동을 라오허강(요하) 동쪽 요동 땅으로 보았다. 그리고 위만조선 땅을 한반도로 보았다. 그래서 한사군의 현도, 낙랑, 임둔, 진번군을 한반도 안으로 나열하고 배치한 것이다. 그러나 사실은 후한서에서 말하는 요동은 요수(조백하, 조선하) 동쪽을 말한다.

　이는 일제강점기 때, 조선사 말살 주범인 이마니시 류(今西 龍)의 이론을 금과옥조로 믿고 따른 결과였다고 본다. 정말로 통탄할 일이다.

　현명한 독자님은 『후한서』의 주석, '在遼東(그 위치가 요동이다)'에서 요동(遼東)이 중국 사서가 인정하고, 본 책 앞의 백제편 〈궁금역사 3〉에서 보았듯이, 요동은 지도상으로 조선하의 동쪽, 동경 117–120° 지역임을 인지하고 공감할 것으로 믿는다.

낙랑군이 대동강 유역이라는 증거물은 무엇인가?

❗ 중국 사서들은 왕험성(王險城)이 있던 험독현(險瀆縣)과 낙랑의 위치에 대해 발해(보하이)만의 서북 연안, 요동임을 시사하고 있지만, 한반도 대동강 유역이라는 기록은 어디에도 없다.

대동강 유역에서 이마니시가 1913년에 발견했다는 점제현신사비와 1918년에 평양 토성리 일대에서 출토된 200여 점의 봉니(封泥)가 한반도 내 낙랑군 설치설 주장의 근거였다.

최근 북한의 '조선고고학연구(제4호 1995)'에 의해 점제현신사비가 날조된 가짜라는 것이 밝혀졌다.[109] 이에 대한 자세한 내용은 다음 〈궁금역사 13〉에서 밝히겠다. 또한 평양 근처와 토성리 일대에서 나왔다는 낙랑 봉니(封泥)들은 일제가 한사군 설치의 증명이라 내놓은 것인데 1945.8.15 이후 단 한 점도 발견되지 않았다. 이미 발견된 200여 점의 봉니들은 낙랑군에 소속된 25개의 현(縣) 중에서 22개의 현 이름이 적힌 봉니들로서 모두 비슷한 장소에서 출토되었는데, 이러한 점 등이 조작 심증을 굳게 해 주고 있다. 낙랑 태수장이 찍힌 봉니는 우표와 같아서 발신지가 아니라 수신지에서 따로 발견돼야 한다.

중국 문헌 기록에도 없고 유물도 없으며, 한마디로 말해 '조작된 유물(점제현신사비와 낙랑 봉니)로 역사를 조작했다'는 결론에 이른다.

---

109 〈한겨레신문〉, 2009.6.9. 이덕일, 주류 역사학계를 쏘다, 유적 유물로 보는 한사군.

평양은 위만조선의 왕검성인가?

❗ 강단사학계가 주장하는 통설처럼 위만조선의 도읍, 왕검성이 평양
일대라면 이 지역에서 위만조선 흔적(고고학적 유물)이 나와야 한다. 위만
조선이 멸망했다는 BC108년 이전에 해당하는 유물, 유적이 대동강 유역
과 평양 근처에서 전혀 발견되지 않았다. 일제강점기 때 일제가 내놓은
평양 지역 고고유물을 아무리 뒤져도 위만조선 시기를 말해주는 유물,
유적이 없다. 대부분 국사학자나 고고학자들이 이에 공감하고 있다.

강단사학계의 반도사관을 배운 젊은 학자 중에는 고조선의 개국을 기
원전 2333년으로 확정한 대한민국 정부의 '교과서 집필 지침'에 반발하
여, "국가라는 것은 청동기 시대에나 발생하는 것인데, 한반도의 청동
기 발생 시기는 기원전 400년, 조금 길게 봐주면 기원전 700-800년,
아무리 길게 봐줘야 기원전 1000년이다. 따라서 단군이 단군조선을 건
국했다는 기원전 2333년은 한반도가 신석기 시대에 불과하므로 당연
히 국가가 발생할 수 없다. 그러므로 단군 조선은 실체적인 것이 아니라
허구"라는 의견을 피력하였다.

한반도에서의 단군조선을 부정하는 이론으로 받아들이고 싶다. 한반
도 밖의 단군조선을 부정한다면 홍산(랴오허)문명 발굴을 모르고 하는 소
리가 된다.

한반도의 단군조선 부정론에 또 하나를 덧붙인다면 위만이 전(前) 왕
조의 준왕(準王)을 내몰고(BC195) 그 자리에 앉았다 했으며, 준왕이 배를

타고 그곳을 떠났다 했으니 한반도 평양에는 위만조선이 있을 수 없는 일이다. 따라서 위만이 통치하던 땅에 한사군을 설치한 낙랑이므로 대동강 유역, 평양이 될 수 없다. 강단사학을 배운 젊은 학자들이 '한반도에 낙랑군 설치'는 믿고, 낙랑군 설치 근거가 되는 위만조선은 한반도에 없었다면 인과관계가 성립되지 않는다. 한반도에 위만조선이 없었다면 낙랑군도 존재할 수 없는 일이다.

강단사학자들은 논리가 궁색해지자 위만이 통치했던 왕검성은 그대로 놔두고, '고조선 외곽 지역'에 낙랑을 비롯한 한사군을 설치했다고 변론을 하고 있다. 이는 일제가 조선총독부를 서울에 두지 않고 두만강에 설치하는 것과 같은 것이다. 이러한 변론이 바로 '한사군이라는 역사소설'이 시작되는 부분이다.

사서의 기록을 살펴보면, 중국의 사서들에서 조선의 왕검(험)성이 간혹 보이지만, '한반도 평양'에 있다는 기록을 아직까지는 발견하지 못했고 들어본 적도 없다. 국내 사서인『삼국사기』는 그야말로 삼국에 대한 기록이므로 당연히 고조선이 있을 수 없다.『환단고기』에는 왕검(험)성이 여러 곳에서 발견되는데 중국의 사서와 마찬가지로 한반도의 평양은 아니다.

실제로 그렇다. 한반도의 평양에서는 단군왕검 관련 유물이 단 한 점도 발굴된 적이 없다. 다만 평양 인근의 단군릉에 대해서는, 어느 시대(연도), 어느(몇 세) 단군릉인지, 다른 단군릉은 어디 있는지 밝혀져야 한다. 고고학자들의 동의를 얻어야 하는데 그렇지 못하고 있다.

다른 기회가 있을 때 자세히 밝히겠지만, 고조선을 영토의 강역으로 표시하는 것보다 장삿길의 통제체제로 봐야 한다. 고조선 당시 한반도의 대동강 변은 부가가치를 창출할 수 있는 주요 장삿길이 아니었다.

요즈음도 전철을 개통하거나 고속도로를 낼 때, 그 전에 먼저 선거 공약을 한다. 아무데나 가서 공약하는 것이 아니라 표가 많이 나올 곳, 사람이 많이 사는 곳, 투자해서 이득이 많이 생기는 곳에 주요 장삿길이 생긴다.

  한반도 평양은 고조선 때, 주요 장삿길이 아니었다. 그곳에 왕검성이 있을 리 없다. 왕검성 관리 유지비가 부족하기 때문이다. 한반도 평양은 왕검성이 아닌 것은 확실하다.

『삼국유사』를 쓴 일연 스님이 평양(서경)을
왜 왕검성으로 보았을까?

–『삼국유사』 〈기이편 상〉, 고조선(古朝鮮) 왕검조선(王儉朝鮮) 조에 왕검
성 관련 기록이 있다.

> 단군왕검은 '요임금이 왕위에 오른 지 50년인 경인년(요임금의 즉위
> 원년은 무진이니 50년은 정사이지 경인은 아니다. 아마 그것은 사실이 아닌
> 것 같다) 평양성에(지금의 서경西京) 도읍을 정하고 비로소 조선이라 불
> 렀다.' (以唐高卽位五十年庚寅(唐高卽位元年戊辰 則五十年丁巳 非庚寅也
> 疑其未實) 都平壤城(今西京) 始稱朝鮮[110])

❗ 삼국유사를 쓴 (김)일연(스님)은 왜 뜬금없이 한반도 평양(서경이라 못
박다)에서 단군왕검이 즉위했다 했을까? 이로 인해 평양이 왕검성으로
둔갑하고, 일제가 식민사관을 심기 위해 왕검성인 평양에 낙랑군을 설치
했다고 주장하는 데 근거를 마련해 주었다고 본다.

일연 스님은 왜 평양을 왕검성으로 보았을까? 그가 『삼국유사』(1285)
를 쓰기 전에 100여 년 전에 출간된 『삼국사기』(1145)를 분명히 읽었을
것이다. 〈고구려본기〉 동천왕 21년(247)조에 '평양성은 본래 선인(仙人)

---

110 일연 지음, 이재호 옮김, 『삼국유사』(1), 솔, 2008. p.71.

왕검의 택(宅)이다. 또는 왕의 도읍을 왕험이라 한다.'(平壤城 本仙人王儉
之宅也 或云 王之都王險)는 기록을 읽었을 것이다. 이 기록에서 단제(단군)=
선인=왕검이 동격이고, 왕검의 택=왕의 도읍=평양이 같은 의미의 지
명(땅)을 뜻한다는 것도 파악했을 것이다. 그래서 평양을 왕검성으로 본
것일까?

이에 덧붙여 '단군이 거처했고 천도하기 전 집권과 함께 통치했던 도
읍'을 가리켜 평양으로 불렸다는 말을 되새기며, 묘청(스님)의 서경 천도
운동(1135)을 떠올렸을 것이다. 같은 불제자인 일연 스님이 서경 천도
이유와 관련하여 평양[111]을 중시했던 당시 사회 정서 때문일까?

아니면 일연 스님이 평양에 대한 개념을 잘못 판단한 것은 아닐까? 동
천왕이 중시하고 있는 평양, '왕의 도읍으로 본 평양성'은 구물(44세 단
군)이 BC425년 해성을 개축하여 새롭게 이름을 붙인 평양(해성)을 말하
는 것이고, 일련 스님이 삼국유사에 기록한 평양(서경)은 이보다 850년
후, 427년 장수왕이 남하정책으로 천도한 고구려의 도읍 평양이니 단
제(檀帝)와 아무런 상관이 없는 곳이다. 이곳을 단군왕검과 관련시켜 기
록했다면 잘못이다.

그런데 일연 스님이 한민족의 고유 사서를 섭렵했을 것 같은데 '평양'
이란 명칭 하나만 가지고 왕검성이라 판단하지는 않았을 것이다. 그렇
다면 혹시 '마한세가(馬韓世家)'를 본 것이 아닐까?

『환단고기』《태백일사》삼한관경본기(三韓管境本紀, 제4)의 '마한세가(하)'
에 22세 단군 색불루(索弗婁) 병신 원년(BC1285) 기록이 있다.

---

111 고려 숙종(15대 재위; 1095-1105) 이후 평양에 기자의 사당을 세우고 그를 교화의 임금(敎化之
    王)이라 칭하며 제사하였다.

'5월 제도를 개정하여 삼한을 삼조선이라 하였다. 조선이란 관경을 말한다.(중략) 여원흥(黎元興)에게 명하여 마한(馬韓)이 되어 막조선(莫朝鮮)을 통치케 하고, (중략) 여원흥이 이미 대명을 받아 대동강(大同江)을 장악하니 역시 왕검성이라 한다. 천왕도 역시 매년 봄에는 반드시 마한에 머무르시며 백성이 근면하기를 정치로서 장려하였으니 이에 자공후렴(藉供厚斂)[112]의 폐단이 마침내 사라졌다.' (五月 改制 三韓爲三朝鮮 朝鮮謂管境也<중략> 命黎元興爲 馬韓治莫朝鮮<중략> 元興旣受大命鎭守大同江亦稱王儉城 天王亦以每年仲春必巡駐馬韓以政於是藉供厚斂之弊遂絶)

여기에 대동강과 왕검성이 나온다. 여기 소개한 '마한세가'는 태백일사에 포함되어 있고, 태백일사는 환단고기에 포함되어 있다.

『태백일사』는 조선 초기 문신 이맥(李陌; 1455-1528)이 쓴 책이고, 『환단고기』는 계연수(桂延壽; 1864-1920) 선생이 5권의 책을 합편하여 1911년에 완성[113]한 것이다. 책의 연대로 볼 때, 일연 스님이 『삼국유사』(1285)를 쓰기 전에 본 '마한세가'는 '이맥의 글'이 아니고, 낱장으로된 '고조선비사(古朝鮮秘詞)'의 하나였을 것이다.

주요 쟁점은 '마한세가'에 기록된 '대동강과 마한 왕검성'이다. 이를 두고 『한단고기』를 번역한 임승국 교수가 '평양을 왕검성이라 주장한 학설은 일본 식민사학의 전유물인 줄 알았더니 여기 또한 그 부류가 있음을 보고 깜짝 놀란다.'하며, '단재 신채호(1880-1936)마저도 이 설에 현혹됐다.'고 밝혔다. 임승국은 이어 『한서지리지』에 요동군의 18현 가운데 하나를 험독(險瀆)이라 소개한 응소(應劭)가 주를 달기를 '위만조선의 왕

---

112 어떤 일을 빙자하여 물건이나 돈을 공여 받거나 억울한 세금을 많이 거두어들이는 일
113 안경전, 『청소년 환단고기』, 상생출판, 2012.

위만의 서울이며 물이 험하기 때문에 험독이라 한다'는 왕검성(A)이 어째서 한반도의 평양(B)으로 비정되는 불행을 겪게 되었는지 참으로 괴상한 일이다"라고 주석[114]을 달았다.

임승국 교수의 주석에 필자가 다시 주를 달아 본다. '험독이라는 왕검성(A)은 번조선의 도읍이고, 한반도 평양(B)으로 보는 대동강 왕검성은 마조선의 도읍을 말한다.', '그런데 마조선의 왕검성은 한반도의 대동강(大同江)이 아니라 중국 다퉁(大同)에 있는 대동강(大同江)이다.' 두 왕검성은 각기 다른 곳에 있다.

다시 정리하면, '대동강=마한의 왕검성'이란 마한세가의 기록을 근거로 해서 일연 스님이 '대동강-평양(서경)-왕검성'으로 봤을 것이고, 단재 신채호 선생도 '3조선설'을 이와 관련하여 정리했을 것이다. 또한 현대 국사학자들도 '한반도의 마한설'을 수용하는 것도 알게 모르게 『환단고기』를 봤다는 암묵적 이해라 본다.

필자도 처음에는 이처럼 개념을 정리하고 결론을 내리고 있었다. 그런데 최근 중국 요서(遼西) 땅에서 '해하=해(海河=海)'를 찾아내면서 『삼국사기』(1145) 이후 870여 년 동안 미궁에 빠졌던 백제 위례성의 위치를 찾아낼 수 있었다. 서쪽으로 방어선이 되는 바다(西阻大海)와 남쪽으로 바라보이는 기름진 평야(南望沃澤)는 한반도의 하남 위례성(풍납토성)에서 절대 볼 수 없다.

백제 위례성 위치를 북경 근처로 확정하고 보니, 마한 땅 한 귀퉁이를 빌려 백제가 건국했다는 기록이 떠올랐다. 『삼국사기』〈백제본기〉에 따르면, 온조왕 24년(6) 백제가 웅천책(熊川柵)을 세우자 마한 왕이 사신을 보내 질책하기를 "왕이 처음 강을 건너왔을 때 발 디딜 곳조차 없어

---

114 임승국, 전게서. p.212.

내가 동북쪽 1백 리의 땅을 베어 안주하게 했는데……" 라고 했다. 이 기록으로 보아, 백제는 마한 땅을 빌어 국경을 맞대어 이웃하고 있었다고 볼 수 있다.

백제의 위례성 위치가 확실해지자, 마한의 위치를 재검토하는 과정에서 다퉁(大同)의 왕검성을 찾았고 그곳에서 동북쪽으로 흐르는 대동강이 있었다. 대동강은 융딩강(Yongding River; 永定河) 중·상류에 해당한다. 고구마(해하)를 캐다가 고구마 줄기를 잡아당긴 것이다.

대동강은 한반도(동경 127°)에 있는 강이 아니라 중국 베이징 서쪽(동경 113°) 다퉁(大同)에 있는 강이다. 대동강은 일제가 말하는 패수가 절대 아니다.

중국에 있는 대동강 기록이 일연 스님을 속였고, 신채호 선생과 임승국 교수를 혼란에 빠뜨렸다. 일제는 속은 게 아니라 패수라며 속이려 한 것이다.

일본이 한반도설을 주장하는 근거는?

❗ 일제가 한사군의 중심, 낙랑군을 한반도 대동강 유역으로 확정지으려 한 까닭은, 조선인에게 식민사관과 반도사관을 심어 놓으면 정신적 통치에 도움이 될 것으로 보았기 때문이다. 실증주의라 하면서 반도사관에 필요한 부분만 교묘하게 오려내어 『수경주』를 인용하고 있다. 이러한 실증주의는 사관(史觀)이 될 수 없다.

『수경주(水經注)』는 중국 남북조 시대에 저작된 지리서(地理書)이다. 수경(水經)이란 책에 주석이 추가된 서적이다. 책의 저작 연대는 연창(延昌)[115] 4년(515년)으로 추정된다. 『수경주』의 주요 내용은 고대 중국의 수로(水路)를 기술한 것이다. 추가적으로 지역의 지리적 특색을 기술하였다. 본문의 내용에 주석을 붙이는 형식으로 되어 있다. 『수경주』는 북위 시대에 역도원에 의해 편집되었다.

이병도는 『수경주』의 원문인 〈수경〉에 '패수(浿水)는 낙랑 루방현에서 발원한다.'는 구절을 제시했다. 패수를 한반도 대동강에 대입시키면, 낙랑은 저절로 따라온다. 패수와 낙랑, 낙랑과 평양, 평양과 고조선이란 등식을 억지로 만들어나갔다.

『수경주』의 원문인 『수경』에 '패수는 낙랑 루방현에서 나와서 동남을 지나 패현을 거쳐서 동해 바다로 들어간다.'(浿水出樂浪鏤方縣, 東南過臨浿縣, 東入于海)

---

115 북위의 연호이다.

고 기록되어 있다. 루방현의 위치를 찾기 전에 중국에서 볼 때, '동쪽 바다(발해만, 황해)로 들어간다'는 표현을 보면 서해(황해)로 흐르는 한반도의 청천강이나 대동강은 동입(東入)이 아니라 서입(西入)하게 됨으로 절대로 패수가 될 수 없다.

『수경』의 원문에 '패수는 낙랑의 루방현에서 나온다'라고 했으니, 루방현을 알면 패수의 위치는 저절로 알 수 있게 된다. 『수경』의 루방(현)은 한반도의 평안북도 산골이 아니라 현재의 베이징 인근 동북쪽으로 나타난다. 또한 '패수는 루방현에서 나온다'는 말은 '루방현이 패수의 상류'라는 거다. 그 루방현이 낙랑 땅에 속한다고 하였다. 그 루방현이 베이징과 '청더(承德)' 사이에 있다. 청더는 온천수가 있는 낙랑 땅이다. 낙랑(樂浪)의 글자, 물 이름 랑(浪)은 바로 온천수를 말한다.[116]

박지원의 『열하일기(熱河日記)』에 나오는 청나라 황제의 '열하행궁'이 청더에 있음은 이미 알고 있는 바이다.

그런데 대동강 중·상류는 온천지대가 아니다. 패수는 대동강이 아니다. 20세기에 와서 패수가 중국 땅에 있는 난하라고 명백하게 밝혀졌다.

루방현을 현대 지도에서 찾을 수 있는 또 하나의 근거가 있다. 김운회 교수는 『우리가 배운 고조선은 가짜다』에서 『요사(遼史)』[117]의 기록을 소개하고 있다.

'(요[118] 나라 때) 자몽현(紫蒙縣)은 본래 한(漢)나라 루방현(鏤芳縣)의 땅

---

116 다음의 한사군편 〈궁금역사 18〉에서 낙랑이 온천수임을 밝히고 있다.

117 요사(遼史)는 대요사(大遼史)라고도 하는데, 중국의 정사인 『이십사사』(청 제국 건륭제가 정한 24종의 기전체 역사서) 중의 하나로 거란족이 세운 요나라의 역사를 다룬 116권의 사서이다. 원나라 때 재상 토크토(脫脫) 등이 사료를 모아 1344년 완성하였다.

118 대요(大遼, 916년-1125년) 혹은 키타이 구르는 거란족이 중국 북부와 몽골 지역에 세운 왕조다. 야율아보기가 건국했으며, 몽골, 둥베이, 화베이 일부를 차지하고, 10-11세기경에 동아시아 최강국의 위세를 자랑했다.

이다. 후에 불열국(拂涅國)¹¹⁹으로 동평부(東平府)를 두고 몽주(蒙州)의 자몽현(紫蒙縣)을 거느리게 했다. 후에 요성(遼城)으로 옮겨 황령현(黃嶺縣)에 포함되었다. 발해(渤海)가 다시 자몽현(紫蒙縣)으로 삼았다. 호(戶)가 일천(一千)이다.' (紫蒙縣 本漢鏤芳縣地 後拂涅國置東平府 領蒙州紫蒙縣 後徒遼城 併入黃嶺縣 渤海復爲紫蒙縣 戶一千)

　여기서 중요한 단서를 찾을 수 있다. 요(遼)나라 자몽현(紫蒙縣)은 한(漢)나라 루방현(鏤芳縣)이라 했으니 위치가 같은 땅이다. 그 땅에 있었던 불열국(拂涅國)이 몽주(蒙州)의 자몽현(紫蒙縣)을 거느렸다고 했다.

　현 베이징과 청더(承德) 사이를 흐르는 난하(灤河; 패수)의 상류에 하북성과 네이멍구 자치구의 경계가 있다. 패수의 상류 지역을 말한다.

　『수경주』의 '패수는 낙랑 루방현에서 나와서 동남을 지나 패현을 거쳐서 동해 바다(보하이)로 들어간다.'(浿水出樂浪鏤方縣, 東南過臨浿縣, 東入于海)는 기록을 일제가 왜곡하여, 대동강을 패수라고 엉뚱하게 이름 붙였다. 그 이유는 낙랑군을 대동강으로 가져다가 '식민주의 근성'을 주입시키려는 목적에서 비롯되었다고 본다.

---

119 불열국(拂涅國) ; 우리가 아는 해모수의 부여는 북부여인데, 졸본부여의 성립으로 해부루가 동부여로 떠나갈 때에 이를 따라가지 않은 북부여의 후손이다. 고구려 대무신왕 5년(22)에 의해 낙씨부여라고도 인정되었다. 『요사지리지』에서는 불열국(拂涅國)이라고 하였다. 그런데 불열국은 『위지동이전』에서 부여국이라고 기록하고 또 예(穢)(hu)라고도 하였으니, 예왕지인(穢王之印)이라는 국새(國璽)를 가졌다. 요녕성 부신(阜新市) 지방의 불열국은 고구려 태조대왕(53-146) 때에 고구려의 중국 공격을 저지하여 괴롭혔으며, 또한 불열국은 요동왕 공손탁의 질녀를 왕비로 맞이했고 의려왕(282)에 이르러 선비족 모용외에게 쫓겨 일본으로 갔다.

낙랑왕 최숭이 바다를 건넜다는 마한의 도읍, 평양 왕검성이 맞나?

–『환단고기』〈북부여기〉 3세 단군 고해사 때 기록이다.

'임신 원년(BC169) 정월 낙랑왕 최숭이 곡식 300섬을 해성에 바쳤다. 이보다 앞서 최숭은 낙랑으로부터 진귀한 보물을 산처럼 가득 싣고 바다를 건너 마한의 도읍 왕검성에 이르니, 이때가 단군 (1세) 해모수 병오(丙午; BC195)년 겨울이었다.' (壬申元年正月 樂浪王崔崇納穀三百石于海城 先是 崔崇自樂浪山載積珍寶而渡海 至馬韓都王儉城 是檀君解慕漱丙午冬也)

이 기록은 국내외 문헌 어디에서도 찾을 수 없고 『환단고기』에만 있다.

🛇 최숭의 낙랑(BC195)은 BC109년 조한전쟁보다 80여 년 전 일이고 한무제가 설치한 낙랑군이 분명 아니므로 낙랑국으로 봐야 한다. 국사학자 중에 '평양에 낙랑국이 있었다는 주장'[120]은 이를 근거로 하는 것이다. 또한 해모수 병오년(BC195, 『환단고기』〈북부여기〉)은 번조선 왕 기준(箕準)이 위만을 받아주었다가 결과적으로 왕위를 빼앗긴 정미년(BC194)의 전 해이기도 하다. 기준이 '정미년에 떠돌이 도적 위만의 꾀임에 빠져 패하고 마침내 바다로 들어간 후 돌아오지 않았다'(丁未爲流賊衛滿所誘敗逐入海而不還)와 같이 배를 타고 바다로 탈출한 점도 비슷하다.

---

120 국사학계는 최숭이 ①평양으로 간 것인지, ②평양에서 배를 타고 마한 땅으로 간 것인지 모호하다.

『삼국사기』나 『삼국유사』에는 이에 대한 기록이 없어 아쉽다. 최숭이 바다를 건너 간 것도 위만이 세력을 확장하는 과정에서 쫓겨나거나 피한 것으로 보인다. 여기서 명백하게 짚고 넘어갈 일이 있다.

①바다를 건너기 전 최숭이 있던 곳은 어디인가? 낙랑이라 했으니 패수(난하) 유역에 있었다고 본다.

'바다를 건너 마한의 도읍 왕검성에 이르렀다'에서 ②건너갔다는 바다가 발해(보하이 만)인가? 아니면 발해와 황해인가?

③그에 따라 마한의 위치가 달라진다. 바다 건너 마한의 도읍 왕검성을 평양으로 보거나 낙랑국을 평양으로 보는 통설이 있기 때문이다.

바꾸어 말하면 마한의 위치에 따라 ②의 바다를 가늠할 수 있다.

다행히 마한의 위치를 찾을 수 있는 단서가 『삼국사기』 〈백제본기〉 온조왕 조에 있다. 백제 온조왕 10년(BC9) 마한에 신록(神鹿)을 보낸 기록이 있다. 초기에는 두 나라의 우의가 깊었던 것 같다. 온조왕 24년(AD6) 백제가 웅천책(熊川柵)을 세우자 마한 왕이 사신을 보내 질책하기를 "왕이 처음 강을 건너왔을 때 발 디딜 곳조차 없어 내가 동북쪽 1백 리의 땅을 베어 안주하게 했는데 … 성과 못을 설치해서 우리 강역을 침범하다니, 이 어찌 의리라 하겠는가?"

백제왕이 부끄럽게 여기고 목책을 헐었다는 기록으로 보아, 백제는 마한 땅을 빌어 국경을 맞대어 이웃하고 있었다고 볼 수 있다. 두 나라 사이가 벌어진 2년 후, 온조왕 26년(AD8) 10월에 마한을 습격해 국읍을 병탄하더니, 이듬해 27년(AD9)에 백제가 마한을 멸망시켰다는 기록이 있다.

이 기록에서 얻을 수 있는 시사점, 하나는 최숭 때(BC195)의 마한이 AD 9년(온조왕 27년)까지 존속했었다는 점이고, 또 하나는 마한 멸망 당시 백제의 위치를 알면 국경을 서로 접하고 있던 마한의 위치를 찾아낼 수 있다는 점이다.

천문학자 박창범 교수가 백제의 일식기록을 근거로 해서, 백제가 동경 110-122°, 북위 38-48° 사이에 있었음을 알아냈다. 중국의 사서가 말하는 백제의 소치, 진평군 진평현이 그 지역에 있었다. 지금의 산시성(山西省)의 다퉁(大同)과 하베이성(河北省)의 일부와 스쟈좡(石家莊), 베이징(北京), 청더(承德)시 등이 이 좌표 안에 있어 신뢰가 더욱 간다. 앞의 백제편 〈궁금역사 2〉와 〈궁금역사 3〉에서 백제 위례성이 베이징 근처라고 밝혔다.

마한은 백제와 인접해 있었다고 했으니 마한 역시 한반도가 아니라 지금의 중국 땅에 있었음이 사서가 말하는 바와 같이 산시성(山西省) 다퉁(大同) 지역으로 비정된다.

마한 땅의 위치가 밝혀졌다. 최숭(BC195)은 보하이만을 건너 마한 땅으로 간 것이다. 황해 바다를 건너간 것이 아니다. 보하이만을 안전하게 건너려면 황하 하구의 수량이 적고 물살이 잔잔한 겨울철 건기가 적합하다. 최숭은 BC195년 겨울에 건너갔다는 기록이 있다. 서북풍이 부는 계절은 바람 동력이 뒷받침 해 준다. BC195년경이라면 조선기술에 한계가 있었을 것이다. 그런 배로 황해를 건너기도 어렵겠지만 당시 대동강변의 평양은 인구가 적어, 최숭이 보기엔 정치와 경제를 펼치기에 흡족하지 않은 땅이었다. 한반도 평양에 낙랑국이 존재했다는 가설은 성립할 수 없다.

여기서 독자는 다음과 같은 질문을 할 수도 있다. 가까운 마한 땅으로 갈 거라면 육로로 가도 될 것을 왜 해로를 택했을까? 바닷길이 가능했을까?

이즈음 낙랑국 최숭(崔崇)만 보하이만을 건넌 것이 아니라 위만에게 나라를 빼앗긴 준왕(準王)도 바다를 건넌 것으로 기록되어 있다.

여기서 주의해서 볼 것은 보하이만과 황해의 수심(水深)이다. 수심이 깊어지면 좌초의 위험성이 높아지므로 뱃사람들에게 대단히 중요한 항해의 잣대가 된다.

20세기의 해저지도(No.3010)를 보면, 요동(낙랑국)의 탕산(唐山)에서 산둥반도 룽커우(龍口)사이는 평균 수심이 15m 정도이다. 2,200년 전 보하이만은 이보다 더 얕았을 것이다. 만약 황해를 건너 한반도로 이동한다면, 예를 들어 산둥반도 끝에 있는 젱산곳(Chengshan Jiao)에서 한반도의 장산곳(Jangsangot) 사이는 수심이 65-75m이다. 소형 선박으로 황해바다를 건너기는 어렵다 하더라도 수심이 얕은 보하이만을 건너기는 무난했으리라고 본다.

앞에서 말했지만 마한 땅이 중국에 있었고 최소한 보하이만을 건넜다는 것이 역사의 기록인데, 왜 육로를 버리고 바닷길을 이용했을까?

첫째는 왕의 안위에 있었다. 육로에는 요소요소 적의 초소도 있지만 중도에 산적을 만날 수도 있다. 둘째는 '진귀한 보물을 산처럼 가득 싣고 바다를 건넜다'(山載積珍寶而渡海) 하였는데, 육로보다 해로가 물자 수송에 안전하고 용이하였다. 개별적으로 따르는 사람들은 기회를 보아 육로 이동이 가능하고 나중에 합류할 수 있는 일이다.

최숭이 도착했다는 마한의 왕검성은 한반도가 아니라 중국 땅에 있었다.

호동왕자를 만난 낙랑왕 최리는 낙랑국인가 낙랑군인가?

–'왕자 호동이 옥저를 유람하고 있는데, 낙랑왕 최리가 나타났다.'(夏
四月 王子好童 遊於沃沮 樂浪王 崔理 出行)

❗ 호동이 옥저를 유람하다가 낙랑왕 최리를 만났다는 것에 근거하여
국사학자 중에는 최리의 낙랑국이 지금의 함흥, 원산 지역이라며 가까운
낭림산맥 서쪽 기슭으로 주장하는 이도 있다. 이 주장의 배경에는 한사
군인 낙랑군이 대동강 유역 평양이고, 그 동쪽에 동예와 옥저가 있었다
는 통설과 후한 때 낙랑군 동부도위를 철폐하였다는 기록과 토착민들의
반기 등을 거론하고 있는데, 낙랑국은 낙랑군에 밀려 숨을 죽이며 은밀
하게 명맥만 유지하고 있었다거나 최리가 낙랑왕이 아니고 태수인데 왕
이라 칭한 것이라는 등 여러 설이 난무하고 있다.

이와 같은 주장들이 국사학계에서 인정될 수 있었던 이유는 첫째,
BC195년 낙랑국 최숭(『환단고기』〈북부여기〉)이 바다 건너 이르렀다는 마한
의 도읍 왕검성을 한반도 평양으로 본 데 따른 것이거나 둘째, 낙랑군 설
치와 초기 백제, 신라의 위치를 한반도로 보았기 때문이다. 그래서 최리
의 낙랑국도 동해안의 옥저와 인접하고, 한반도의 낙랑군 인근 지역으로
본 것이다.

그런데 필자가 앞에서 밝혔듯이 백제와 신라의 위치가 중국의 요서,
그리고 산동 지역에 있었고, BC195년 낙랑국 최숭이 바다 건너 이르

렸다는 마한의 도읍 왕검성이 요서의 서쪽, 다퉁(大同)에 있었다. 이에 따라 그간 우리 국사학계를 지배했던 '최숭의 낙랑국설'은 한반도를 떠나야 한다. 또한 이 글의 뒷부분에서 낙랑군의 위치를 밝히겠지만, 낙랑국과 낙랑군의 위치가 거의 비슷하게 패수(난하) 유역에서 병존하였다는 사실이다.

낙랑군과 함께 병존했던 낙랑국의 왕 최리가 BC195년의 낙랑국 최숭(『환단고기』〈북부여기〉)의 자손인지, BC108년 조선5군(조선사군+1후)의 온양후[121] 최(溫陽侯 最)의 자손인지 필자로서는 확인할 수 없다.

다만 확실한 것은 BC108년 조선5군(조선사군+1후)의 온양후 최(溫陽侯 最)가 위만조선을 멸하는데, 그 부친과 함께 일조하여 한나라로부터 공로를 인정받았다는 역사 기록이 있고, BC195년 낙랑국 최숭이 위만에게 쫓겨 바다 건너 마한 땅으로 갔다는 사실이 〈북부여기〉 기록에 남아있다. 다시 말해 두 최씨 집안은 위만의 집안과 악연의 관계라는 점이다.

최리가 낙랑왕을 유지하고 있었다는 것은 낙랑군 통치 체제는 한(漢)이 직접 다스리지 않고, 기존 왕권을 인정하여 후(侯)로 봉하고 자치형식으로 이뤄졌음을 짐작할 수 있다. 이는 오래전부터 오늘날까지 이어온 중국 통치의 전통방식이기도 하다. 또한 고구려와 옥저가 낙랑군의 동쪽에 인접해 있던 것으로 『삼국사기』와 『동사강목』이 증명하고 있다. 앞에서 소개했듯이 고구려와 수나라의 전쟁사에서 '수장(隋將) 우문술(宇文述)은 부여(扶餘) 길로 나오고, 우중문(于仲文)은 낙랑(樂浪) 길로 나오고,

---

121 온양후(溫陽侯): 『사기』〈건원이래후자봉표〉와 『한서』〈지리지〉 남양군(南陽郡)의 속현에는 날양(涅陽)으로 되어 있다(국사편찬위원회 주석). 『고금지명대사전』에는 온양현은 현 수도의 양유(壤柔)현에 속한다고 하였고, 이유립 선생은 열수의 북쪽이니 오늘의 하남성 진평현(옛 제 땅)이라 하였다. 또 송준희 교수는 로인이 하북성 어양 사람이므로 하북성 회유 유역(북경 부근)으로 보았다.

형원항(荊元恒)은 요동(遼東)길로 나오고, 설세웅(薛世雄)은 옥저(沃沮) 길로 나오고, 신세웅(辛世雄)은 현도(玄菟) 길로 나오고….'에서 보았듯이, 호동왕자가 유람했다는 옥저는 낙랑과 이웃하여 요동에 있었다.

우리가 과거에 배운 옥저는 함경도 함흥, 원산 근방이고, 그 땅에 임둔군이 있었다는 역사는 모두 일제가 날조한 가공의 역사(소설)인 것이다. 뒤에 〈궁금역사 11〉에서 임둔군의 봉니 발견을 밝히겠는데, 임둔군은 한반도에 있지 않았다.

필자가 제시한 가설, '낙랑군 통치 체제가 한이 직접 다스리지 않고, 기존의 지배 세력을 인정하여 후(侯)로 봉한 후(後)에 자치 형식으로 이뤄졌다'는 가설의 배경은 이 기사(AD32년, 최리의 낙랑국)의 연장선상에서 4년 후 AD37년 고구려 대무신왕이 낙랑을 멸하였고, 그 과정에서 낙랑의 치소도 손상되었을 것이라는 점이다. 다시 그로부터 7년 후 AD44 후한의 광무제가 수군을 출병하여 낙랑(군)을 탈환했다는 기록이 이를 말해주고 있기 때문이다.

『삼국사기』〈백제본기〉에 보면, 온조왕 8년(BC11) 낙랑태수가 사자를 보내와 성을 허물고 목책을 뜯어낼 것을 주문한 이래, 11년, 13년, 17년에 각각 백제를 공격한 사례가 있어 백제와 낙랑이 대립 관계에 있었다는 것도 알 수 있다.

필자는 낙랑국과 낙랑군은 대무신왕 20년(AD37)까지 병존했다고 보고 있다. 하지만 이 부분에 대한 더 많은 자료 확보가 필요하다고 생각한다.

사마천의 『사기』에 한사군이 없는 까닭은?

－정확히 말하면 『사기』에는 한사군 기록이 없고, 조선5군(조선4군+1후)
기록이 있다.

❗ 사마천이 『사기』를 완성한 해를 BC90년경으로 보고 있다. 한의 무
제가 죽은 해는 BC87년이다. 원봉 3년(BC108)에 설치한 조선5군(조선4군
+1후) 중 발해지역에 봉해진 추저후가 정화 2년(BC91년)에 죽은 후, 후사
가 없어서 없애버렸다고 한다. 이를 기화로 조선5군 후속 조치로 한사군
을 두었다 하더라도 사마천이 붓을 놓을 때라 『사기』에 기록되지 못한 것
으로 본다. 이를 근거로 '조선5군을 없애고 그 대신에 한사군을 두어 위
만조선의 유민을 다스렸다'는 가설을 상정할 수 있다. 한사군도 위만의
도읍을 포함하여 조선5군 자리를 크게 벗어나지 않았을 것으로 추론할
수 있다.

한사군의 명칭은 『사기』 본문에는 등장하지 않고 후한(後漢)의 반고에
의해 편찬된 『한서(漢書)』〈무제본기(武帝本紀)〉에 등장한다.

'조선이 그들의 왕 우거(右渠)의 목이 베이고 항복하니, 그 땅을 낙
랑·임둔·현도·진번군으로 삼았다.' (朝鮮, 斬其王右渠降. 以其地爲
樂浪·臨屯·玄菟·眞番郡).

조한전쟁(BC108년)이나 우거왕 항복 때와 관련해서 『사기(史記)』에 기록하지 않고 그로부터 약 200년이 지난 후 『한서(漢書)』에 기록했다 해서 허구라거나 신뢰도가 떨어진다고 할 수는 없다. 무제의 재위기간(BC141-BC87년)을 감안하면 위만(번)조선이 멸망된 그 자리에 한이 조선5군(조선4군+1후) 후속 조치로 한사군을 설치했을 때가 사마천이 『사기(史記)』를 완성한 BC90년 이후의 일이거나, 무제 다음 황제, 혹은 후한의 광무제가 주둔군에 명칭을 부여했을 수도 있다.

한사군 이전의 조선4군+1후는 무엇인가?

❗ 『부도지』에 따르면, '원봉[122] 3년(BC108) 여름, 니계상 삼(參)이 사람을 시켜 조선왕 우거를 죽이고 항복하여 왔으나, 왕검성은 함락되지 않았다. 죽은 우거의 대신(大臣) 성이(成已)가 또 한(漢)에 반하여 다시 군리(軍吏)들을 공격하였다. 좌장군은 우거의 아들 장항과 상 로인의 아들 최(最)로 하여금 그 백성을 달래고 성이를 죽이도록 하였다. 이로써 드디어 조선을 평정하고 4군을 설치하였다. 삼(參)을 봉하여 홰청후(澅淸侯)로, 음(陰)은 적저후(荻苴侯), 겹(唊)은 평주후(平州侯), 장(長)은 기후(幾侯)로 삼았으며, 최(最)는 아버지가 죽은 데다 자못 공이 있었으므로 온양후(溫陽侯)로 삼았다'는 기록이 있다. (元封三年夏, 尼谿相參乃使人殺朝鮮王右渠來降. 王險城未下, 故右渠之大臣成已又反, 復攻吏. 左將軍使右渠子長降 · 相路人之子最 告諭其民, 誅成已, 以故遂定朝鮮, 爲四郡. 參爲澅淸侯, 陰爲荻苴侯, 唊爲平州侯, 長降爲幾侯. 最以父死頗有功, 爲溫陽侯)

 이 기록은 『사기』의 〈조선열전〉을 인용한 것으로 보인다. 한무제는 4군을 설치한다 하면서 실제는 5군이 되었다. 그래서 '조선5군'이라고도 부른다. 이들은 한나라에 의해 위만의 땅에 제후로 봉해졌지만 오래가지 못했다.

 ①홰청후 삼(澅淸侯 參)은 제(齊:산동지역)에 봉해졌고 천한(天漢) 2년

---

122 원봉(元封)은 전한(前漢) 무제(武帝)의 여섯 번째 연호이다.

(BC99년)에 조선의 망노(亡虜)를 감춰 준 죄로 옥에 갇혀 병사했다. ②평주후 겹(平州侯 唊)은 양부(梁父)에 봉해졌고 원봉 4년(BC107년)에 죽은 후, 후사가 없어서 평주후를 없애버렸다. ③온양후 최(溫陽侯 最)는 남양에 봉해졌고 태초 3년(BC102년)에 죽은 후, 후사가 없어서 온양후를 없애버렸다. ④추저후[123] 음(秋苴侯 陰)은 발해(渤海)[124]에 봉해졌고 정화 2년(BC91년)에 죽은 후, 후사가 없어서 없애버렸다. ⑤기후 장(幾侯 長)은 하동(河東)에 봉해졌고 원봉 6년(BC105년)에 조선(朝鮮)과 모반하므로 죽였다.

이들 5명은 연과 제나라의 땅(지금의 산동성 부근)에 봉해졌는데 3명은 수명이 다해 죽었고, 2명은 조선과 내통했다가 죽임을 당했다. 이들 5명은 한나라에서 볼 때 패망한 적국의 사람이다. 적국의 사람을 왜 우대한 것일까? 조한전쟁에서 어떤 약속이 이루어진 것이 분명하다. 우대한다고 하면서 이들에게 감시가 계속된 것 같다. 결국은 멸함을 받았다. 한나라가 어떤 방법으로 조선을 멸망시켰는지 짐작할 수 있다.

또 하나 짚고 넘어갈 일이 있다. 이들 5명에게 주어진 조선5군(조선4군+1후)의 위치가 위만이 다스리던 땅이었을까? 아니면 별도로 한나라 땅의 일부를 떼어내어 그들에게 주었을까? 전자가 당연한 일이다. 위만이 다스리던 땅에 항복(?)한 조선의 장상들을 배치하여 위만조선의 유민을 달래고 통치하려 조선5군을 둔 것으로 봐야 한다.

---

123 『사기』〈건원이래후자연표〉에는 '적저(荻苴)'로 기록되어 있고, 『한서』〈서남이양월조선전〉에는 '추저후(秋苴侯)'로 기록되어 있다. 『사기집해』와 『사기색은』에는 발해에 속한다고 기록되어 있다. 『고금지명대사전』에는 하간현, 창현으로 나오며, 이유립 선생은 천진부 경운현 동쪽지방이라 하였다.(국사편찬위원회 주석 참조)

124 발해(渤海)는 ①보하이(渤海) 만, ②698년 대조영이 세웠다는 대진국 발해(渤海), ③지명이름 발해(渤海)가 있다. 여기서는 ③에 해당한다.

임둔봉니 출토의 역사적 의미는?

-중국 지린대(吉林大)에서 「중국 요서지역 청동기시대 연구」로 박사학위를 받은 복기대(단국대박물관 연구원)는 학술지 『백산학보』 61집에 기고한 논문, 〈임둔태수장(臨屯太守章) 봉니를 통해 본 한사군의 위치〉에서 문제의 봉니 출토 사실을 소개했다. 이 논문은 '임둔태수장(臨屯太守章)'이라는 다섯 글씨가 전서체로 음각된 봉니를 주제로 한다. 이 봉니는 중국 랴오닝성(遼寧省)의 해안 도시인 진시시(錦西市, 진저우錦州의 서쪽) 연산구 소황띠(小荒地)라는 고대 성곽에서 지난 1993-1994년 지린대 박물관과 랴오닝성 고고문물연구소 조사팀에 의해 발굴됐다. 해안에서 30㎞ 남짓 내륙으로 들어간 곳에 자리 잡은 이 유적에서는 기원전 20세기까지 올라가는 하가점(夏家店) 하층문화(홍산문명)를 비롯해 후대의 요나라 시대에 이르기까지 크게 4개로 구분되는 문화층이 확인됐다고 한다.

❗ (한나라) 중앙에서 임둔군 태수(군 우두머리)에게 보낸 것이 확실하다고 논문은 말했다. 따라서 이 봉니가 발견된 곳이 한사군 중에서도 임둔군에 속했을 가능성이 매우 커졌다고 복기대씨는 평가했다. 진시시(錦西市)는 대릉하(大凌河) 서쪽지역에 해당한다. 우리 국사학계가 정리한 임둔군은 한반도 평양 동부인 함경북도 원산지역이다. 임둔 봉니가 출토된 진시시(錦西市)와는 500㎞ 떨어져 있다. 그 보다 더 중요한 것은 대릉하와 랴오허와 압록이라는 3개의 강을 건너야 하고 문화나 행정적으로 이해할 수 없는 지역 편차를 보여주고 있는 먼 거리라는 점이다. 이는 '임둔군은 한반도 동부 옥저 땅에 자리 잡았다'는 학계의 통설과 대동강 변에 자리 잡았다는 낙랑의 위치까지 전면 재검토하게 하였다.

평양 토성리 발굴, 봉니의 결정적 문제는?

－1918년 평양의 토성리 일대에서 발견된 이후 해방 이전까지만 해도 평양 근처에서만 200여 점 이상의 봉니(封泥)가 출토되었다. 출토된 시기가 모두 일제 강점기라는 점에 유의할 필요가 있다.

❗ 봉니는 옛날 중국에서 간책으로 된 문서 따위를 끈으로 묶고 나서 봉할 때 쓰던 아교질의 진흙 덩어리를 해체하지 못하게 찍은 인장 표시이다.

한대 봉니(죽간이나 목간과 봉니)의 표본

즉 고대 중국에서 공문서나 서신, 기물 등을 봉할 때 사용되는 인장 찍힌 점토덩이를 말한다. 종이가 보편적으로 사용되기 전까지 문서는 보통 죽간(竹簡)이나 목간(木簡)을 사용하였는데, 이를 철하거나 궤에 넣어서 끈으로 묶고 그 연결부에 진흙덩이로 봉함한 후 인장을 찍어 놓으면 함부로 손을 댈 수 없게 된다. 여기서 우리가 유의해야 할 일은 "고고학적으로 발굴된 봉니 지역은 '발신지'가 아니라 '수신지(수신처)'라는 점이다."

일제가 한사군 설치의 증명이라 내놓은 낙랑 봉니에는 낙랑군에 소속된 25개의 현(縣) 중에서 22개의 현 이름이 찍힌 봉니가 같은 지역에서 모두 나왔다는 데서 의문을 제기한다.

쉽게 말해 봉니들은 수신지(받을 사람이 있는) 22개현에서 각각 떨어져서 발굴되어야 한다는 것이다. 그래서 봉니의 위조문제가 논란이 되고 있다. 왜냐하면 봉니라는 것이 문서의 보안을 위해 보낸 자(발신자)의 직함과 같은 것을 인장으로 봉인하여 보내는 것이다.

낙랑태수장(樂浪太守章), 낙랑수승(樂浪守丞) 등 발신자의 낙랑 관직명이 나왔는데, 발신자와 수신자의 구분에서 볼 때 잘못되었다는 문제가 제기된다. 다시 말해, 이들 낙랑관직명이 찍힌 봉니는 낙랑에서 보내야 하는 물건이므로 발신지에서 나올 수는 없다는 것이다.

이에 대해 갑작스런 천재지변이나 체제의 멸망으로 미처 발송하지 못한 봉인들이 함께 나올 수 있지 않느냐는 변론을 제기할 수도 있다. 봉인은 보안을 요하는 문서(목간이나 죽간, 피륙 등)나 물품을 묶거나 포장한 후에 찍는 것이므로 위급상황에서 발송되지 못한 봉인이라면, 봉인으로 이미 봉인된 문서(죽간 등)나 물품도 함께 발굴됐어야 한다. 그리고 같은 장소에서 무더기로 출토됐어야 한다. 그런데 평양 토성리 지역 여기저기에서 봉인만 나왔다는 것은 무엇을 말하는가? 출토되었다는 봉인이 가짜라는 실증이다.

일제가 '역사는 실증주의다'라며 발굴한 고고학 유물인 봉니가 완전범죄(일제의 역사위조)를 성립시키지 못했다. '낙랑 봉니'를 폐기처분할 것이 아니라 역사의 실증을 조작하기 위한 위조물로 채택하고 보존해서 세계 고고학계의 인증을 받아야 한다.

점제현신사비 조작 사건의 실상은?

－이마니시 류(今西 龍)가 1913년에 점제현신사비(秥蟬縣神祠碑)를 용강에서 발견해냈다고 제시했다. 점제현은 낙랑군의 25개 현 중 하나라며, 이 비를 가지고 낙랑군이 대동강 유역에 있었다는 역사적 증거물로 삼았다. 중국의『한서』〈지리지〉에 '낙랑군에 점제현이 속해 있다'는 기록을 교묘하게 이용한 것이다. 이를 근거로 '점제현의 우두머리가 백성을 위해 산신제를 지냈다'는 내용이 새겨져 있다는 비석을 그가 제시한 것이다.

❗ 한사군 설치는 BC108년 이후의 일이니 기원전 일이다. 비석을 발견한 때, 1913년은 비석을 세운지 2,000년이 지난 후였다. 비석이 발견된 지점은 사방이 탁 트인 평야지대로 우뚝 솟은 구조물이라 어디서나 잘 보이는 곳이다. 2,000년 동안 똑바로 세워져 있고 훼손되지도 않았는데 그 동안 농사지으러 오가는 수많은 농부들 중에 아무도 본 적이 없다가 갑자기 발견되었다는데 어찌된 영문일까? 신채호 선생은 이를 두고 "귀신도 못하는 땅 뜨는 재주를 부린 것"이라 비난했다.

점제현신사비(黏蟬縣神祠碑)는 평안남도 용강군 해운면 용정리(E125°15′, N38°55′)에 있는 낙랑시대 고비(古碑)로, 1913년 조선총독부 고적조사단의 이마니시 류(今西 龍)에 의해 조사된 것으로 북한의 국보급문화재 제16호로 알려지고 있다. 한사군의 한반도설을 입증하는 유물이다.

북한의 『조선고고학연구』(제4호 1995)에서 "비의 기초에 시멘트를 썼다", "비석 돌 성분이 요동 지역의 화강석과 똑같다"고 발표했다.[125]

『조선고고학연구』에 의하면 북한의 재발굴 과정에서 드러난 바와 같이 비석의 기초에는 시멘트를 써서 고정시켰다고 의문을 제기하면서, 비석의

125 〈한겨레신문〉, 2009. 6. 9. 이덕일, 주류역사학계를 쏘다, 유적 유물로 보는 한사군.

화학 성분도 근처의 마영·온천 오석산 화강석이나 룡(용)강 화강석과는 다르다고 분석했다.

역사 조작의 결정적 증거는 비석 돌의 화학적 분석이다. 은(Ag)은 주위 3개 지역의 화강석보다 2-4배, 납(Pb)은 3배, 아연(Zn), 텅스텐(W), 니켈(Ni), 인(P)은 각각 2배가 많은 반면 바륨(Ba)은 주위 화강석의 6분의 1 이하로서 다른 지역(요동지역 성분과 일치함)에서 가져온 비석(돌)이란 분석이다.

북한의 주장처럼 이 비는 일제 때 요동에서 옮겨와 시멘트 기초 위에 세워진 것이며, 이마니시 류의 날조 작품이라고 보고 있다. 2,000년 전 사람들은 가까이에 있는 암석도 운반하기 힘들었을 텐데, 아주 먼 요동에서 이곳으로 옮겨오다니 트럭이 있었으면 몰라도 어떻게 운반했는지, 또한 그 당시는 시멘트도 없었을 텐데 납득할 수 없는 일이다.

이마니시 류가 날조했다는 주장에 필자가 하나 더 추가한다. '비석의 재질과 관련하여 비문을 새기는 기술 문제를 제기한다'. 비석 재질이 화강암이라 했는데, 한반도의 BC108년경은 청동기에서 철기로 막 넘어오던 시기이다. 당시 연장으로 화강암에 글자를 새길 수 있었느냐 하는 의문이다. 동북아에서 철보다 더 단단한 강철을 사용한 것은 비석이 세워졌다는 BC108년보다 1세기 후였다. 강철 기술이 있다 하더라도 전쟁 무기에 우선적으로 도입되던 시기였으므로 변방의 석공에게 강철로 된 연장이 있을 수 없었다. 암석을 다루고 비문을 새기는 석공은 연장의 성능을 감안하여 그가 작업하기 쉬운 석회암이나 사암, 대리석 등 연암 재질을 택하기 마련이다. 참고로 암석의 일축압축강도(kgf/㎠)[126]를

---

126 경도(kgf/㎠)의 단위에서 f는 변성암에서 보이는 엽리(foliation)의 약자이며, 바위가 얇은 조각으로 갈라지는 힘의 표시가 된다. 극경암(1,200 이상)의 암석으로 흑요석, 석영, 규암, 석영안산암,

기준으로 분류하면 응회암, 셰일, 대리석, 점판암, 사암 등 퇴적암 계열은 연암(125-400kgf/㎠)에 속하며, 화강암, 유문암, 현무암, 섬록암 등 화성암은 경암(800-1,200)이다. 연암이라면 몰라도 경암인 화강암을 비석의 재질로 선택했다는 것은 이마니시의 보이지 않은 결정적 실수라 할 수 있다.

현대에 와서 화강암, 섬록암 등 경암이 비석재료로 쓰이지만 기원전 1세기 때 경암은 다루기 힘든 단단한 암석이었다.

한사군 설치보다 5세기(500년) 이후에 세워졌다는 광개토왕의 비석(414)은 연암재질인 응회암이다. 이보다 5세기 이전 점제현신사비가 세워졌을 무렵에는 화강암을 비석 돌로 쪼개고 다듬기도 어려운 일이고 당시 석공 연장으로 비문을 음각(陰刻)도 아닌 양각(陽刻)으로 조각하기는 정말 불가능한 일이다. 이마니시가 살았다는 20세기의 석재기술에는 가능한 일이다. 점제현신사비는 이마니시 류가 날조했다는 사실에 100% 확신이 간다.

이마니시 류가 1913년에는 교묘한 수단으로 역사를 조작하는 범죄에 성공한 듯 보이지만, 20세기 후반에 와서 과학수사(암석성분 분석, 화강암 석재 조각 기술 분석)의 시각에서 보면 백일하에 범죄가 드러난 역사의 실증이 된다.

쳐트, 조면암 등이 있다. 석기시대 석기를 다듬는 연장, 퇴적암에 벽화를 그릴 때 사용했다는 흑요석(黑曜石, Obsidian)은 자연적으로 화산 분출에 의해 만들어진 화산 유리(volcanic glass)이다. 규산염(SiO_2)의 무게비가 70-75%에 이르기 때문에 보통 성분상의 분류로는 유문암이나 조면암에 속한다.

漢四郡

궁금역사
14

『삼국유사』 변조 사건이란?

❗ 일본이 우리의 『삼국유사』를 변조한 사실은 드러나지 않게 숨겨져 있다. 일연 스님이 쓴 '古記云, 昔有桓國 謂帝釋也[127]'(고기운, 석유환국 위제석야: 오래된 기록에 의하면, 옛날 환국이란 나라가 있었다. 환국은 제석을 말한다.)의 '석유 환국(桓國)'을 '석유 환인(桓因)'으로 변조하였다. 그 근거는 이러하다. 이마니시 류가 입학한 다음해인 1904년, 동경제국대학교는 학부(4년)와 대학원에서 사용할 교재로 『삼국유사』를 발행하였다. 그 때는 영인본이 아니라 활자본인 이 책에는 '환국'이라는 활자체가 선명하게 보인다. 이마니시 류는 이곳에서 대학원 생활을 마쳤으므로 이 책으로 공부하였을 것이다.

조선 역사학을 전공한 이마니시 류가 1926년 경성제국대학(서울대 전신)과 경도제국대학(교토대학) 겸임교수가 된 후, '환국(桓國)'을 '환인(桓因)'으로 변조한 『삼국유사』 경도제국대학교 영인본을 만들어 일본과 한국에 배포하였다. 이 영향으로 오늘날 한국에는 '석유환인'이라 표기된 『삼국유사』가 더 많이 소장되어 있다. 우리 역사를 가르치는 교수(교사) 중에 '환인'을 인정하는 사람이 더 많다.[128] 이러니 일연이 『삼국유사』를 쓸 때, '환인'을 '환국'으로 잘못 쓴 것이 아닌가하는 착각이 들 정도가 되었다.

---

127 '석유환국'이란 구절 다음에 달아놓은 주석 '위제석야謂帝釋也'는 불교의 수호신인 '제석신'을 '환인'으로 불린다는 불교스님의 의식세계의 표현이다.

128 안경전, (청소년을 위한) 『환단고기』, 상생출판, 2012. p.35.

'석유환인'이냐, '석유환국'이냐를 가려내는 일이 왜 중요한가? 환국이 환인으로 기록되면 환국이라는 나라가 없어지고 환인이라는 사람, 즉 불교적 신화만 존재하게 된다. 그렇게 되면 (고)조선역사는 환국→ 배달 (환웅조선)국→ 단군조선으로 이어지는 한민족의 상고사가 없어지고, 사람 중심의 막연한 신화, 웅녀의 자손이라는 신화만 남게 된다. 이에 따라 조선은 위만조선에서 시작되어 2,200년의 짧은 역사를 가진 나라가 된다.

일본은 일찍이 『일본서기』를 지어 1,300년의 일본 역사를 2,600년으로 늘려놨으니 일본 역사가 훨씬 앞선다고 주장할 것이고, 일본은 조상 때부터 조선보다 앞선 문화민족이라는 주장이 가능해진다. 이마니시 류가 이런 의도에서 『삼국유사』를 '변조'한 것으로 본다.

이마니시 류가 일본에서는 지적(知的)으로 뛰어난 위인이요, 애국자로 알려지고 있는지 모르지만 20세기에 와서 한국에서 보면, 점제현신사비(秥蟬縣神祠碑)로 역사를 조작하기 전에 이미 『삼국유사』를 변조한 경력의 범죄자이다. 이런 이마니시 류의 역사 범죄 이론이 우리 한국사의 뼈대를 이루고 있는데, 이를 전수하고 옹호하는 학자들이 아직도 있다는 것이 우리를 슬프게 한다.

漢四郡

궁금역사
15

일본은 우리 역사책을 얼마나 수거해 갔나?

⚠️ 일제강점기 당시 일본은 1915년 조선총독부 산하에 '조선사편수회'
를 계획하고 이듬해 발족시켰다. 우리 역사를 말살하고 조선인의 기(氣)
를 꺾어 통치를 쉽게 하기 위함이었다. 그들의 첫 작업은 조선의 주요 역
사서(歷史書)와 자료 등을 은밀히 거둬들이는 것이었다. 일본 지배에 불리
한 사서(史書) 22만 여 권을 인멸(湮滅)했다. 총독부 발표만 22만 권이 넘
는다. 사대부(士大夫) 가문에서 소장한 책들은 집계조차 불가하다.[129]

이렇게 수거해간 역사서들이 일본 국내성 '일왕실 도서관' 등 주요 서
고에 보관되어 있는 것으로 알려지고 있다. 일제 강점기에 이곳에서 근
무하며 찾아보기 힘든 역사서를 발견하고 필사해 온 남당 박창화 선생
(이하 남당)에 대해 잠시 소개하고자 한다. 필자도 이 책에서 남당의 필사
본을 인용하였다. 역사의 흐름 중에 끊어진 부분을 잇기에 필요한 자료
라 보았기 때문이다.

2017년 10월 20일 고려대학교 국제원격회의실에서 한국사연구소
가 주최한 '남당 박창화의 한국사 인식과(연구와) 저술'이라는 학술대회가
있었다. 제4발표자 조형열(고려대)은 '일제하 박창화의 학문 역정과 조선
사 연구'라는 주제발표를 통해 남당이 "이른바 모화주의로부터 벗어나야

---

129 〈스카이데일리〉, 2017.7.15.의 기사를 인용한 글이다.

한다는 점을 강조하며 고구려 옛 땅을 회복해야 한다는 팽창적 민족주의를 벗어나지 못했다"고 평가했다. 남당이 사료에 근거해 바른 역사를 회복하고자한 노력 또한 잘못되었다는 것이다. 이어 남당이 소중화(小中華) 조선이 남긴 "각종 서책과 유물이 위조되었다"고 했으며 이를 역사발전을 이해하지 못한 것으로 몰아세웠다.[130]

조교수의 이론이 '일제의 반도사관'에 메어 있는지 알 수 없으나 그의 주장에는 오히려 이해하기 어려운 부분도 있다.

조교수의 발표로 인해, 남당이 해방 전 '국내성 도서료'에서 근무할 때 본 우리 고대 사서를 잊지 못한 사실도 밝혀졌다. 남당이 해방 후에 정부 관계자에게 일본 왕실도서관에 중요한 책이 있는 곳을 알고 있으니 자신이 직접 찾아오겠다는 말을 자주 했다고 한다.

한국방송 〈역사스페셜〉은 일본국립국회도서관에서 남당이 국내성 도서료에 근무한 자료를 확인했다. 또 이날 학술대회에서 조교수도 같은 일본국회도서관 〈궁내성직원록(宮內省職員錄)〉자료에서 확인했다고 밝혔다. 한국방송에서 확인한 남당은 처음에는 박창화(朴昌和)로 이름을 쓰다가 서기 1941년에는 소원창화(小原昌和)로 개명했다고 한다. 이는 일제 막바지에 일선동조론과 황국신민화 정책에 광분하면서 추진한 창씨개명 정책에 따른 것으로 보인다[131]고 했다. 또 사무촉탁 월급으로 85엔을 받은 것도 확인하였다.

남당 박창화는 누구인가. 남당(1889-1962)은 충북 청원군 강외면 연제리, 유학을 숭상하는 집안에서 태어났다. 어려서부터 한문과 중국

---

130 오종홍 기자, 〈The Korea History Times〉, 2018.1.18.
131 필자가 보기엔 그곳에서 필사를 계속하면서 근무하려면 창씨개명을 하지 않을 수 없었을 것이다.

사서에 능통한 천재로 알려졌다. 당대 유학자들의 수하에서 배우면서 유학과 한학에 조예가 깊었다. 이를 바탕으로 일제강점기에 여러 학교의 교사로 활동했고, 일본에 건너가서는 20여 년간 활동했다. 일본 국내성 일왕실 도서관인 '도서료'에서는 조선전고 사무촉탁으로 근무했다. 이때 신라 김대문이 쓴 것으로 추정되는 『화랑세기』를 발견하고 필사해서 해방 직전에 국내로 가져와 소개를 하면서 세상에 알려졌다. 이후 계속 교사생활을 하면서 집필 활동을 하다 1962년에 생을 마쳤다. 민족 사학자로 분류된다.

필자는 박창화의 필사본뿐만 아니라 다른 사료를 인용할 때도, 늘 위조 되었나 과장 되었나를 역사적 정황에 비추어 살펴본다. 그러나 대체로 그렇지 않다는 느낌이 든다. 특히 필사본이라면 더욱 그렇다. 왜냐하면 그가 필사의 어려운 작업을 할 때, 자기 사관을 가미하면서 왜곡할 겨를이 없을 것이다. 애국 애족적 의분에서 진실을 알리고 싶어서일 것이다. 다만 그 역사적 기록 중에 유난히 먼저 눈에 띄었다는 것은 자신의 사관과 상통하기 때문이라는 점은 부인할 수 없다.

학자들은 입장 바꿔 그 상황을 그려보시라. 필사도 몰래하면 그 당시, 그 체제에서는 범죄 행위이다. 본 것을 그대로 옮기는 행위와 목적이 뚜렷해지고 단순해진다. 남당은 한 글자도 놓치지 않으려는 진실의 집념으로 필사했을 것이다.

그 시대, 남당의 가슴에 불을 붙인 사람은 일제의 이마니시 류였다. 류는 고비(古碑)라며 '점제현신사비'라 명명하기 전부터 범죄행위를 기획하고 있었다. 그러나 그는 느긋한 잔머리 굴림이 있었을 것이다. 이럴까

저럴까 하면서 날조 작품 모양이 달라질 수 있다.

한 사람은 도둑맞은 우리 물건을 알아보고 사진이라도 찍어두고 싶은 심정으로 필사한 것이고, 또 한 사람은 도둑질할 것이 없나 살펴보는 심정으로 공작을 한 것이다.

현대 학자들 중 이 두 사람 사이에서 학파의 주장을 합리화하려니 참으로 난감하였을 것이다. 자기 소신을 버리고 특정 사관에 따라 특정한 자료만 인용한다면, 어느 학파에 치우치게 되고 결국에는 편향된 역사학자라는 오명을 쓰지 않을까 걱정된다.

한국사의 뼈대는 조선사편수회가 만들어준 것인가?

❗ 조선사편수회의 조선사 편찬은 무려 16년이란 기간 동안 당시 돈으로 100만 원이라는 거금을 투입하는 사업이었다. 이곳에서 1938년『조선사』를 완성했다. 무려 35권, 24,000페이지에 달하는 방대한 규모였다. 이 책은 200부 소량만 제작됐기에 일반인은 잘 알 수 없었다. 후일 사학자 장도빈(張道斌) 선생이 생전에 이 책을 어렵게 구해 그 내용을 처음 폭로했다. 일본의 '조선사' 편찬 목적은 일본에 없는 유구한 조선상고사, 환인(桓因)과 환웅(桓雄), 고대 고조선과 단군(檀君), 발해(渤海) 등을 노골적으로 우리 역사에서 모두 없애버리려 함이었다.

일본이 우리 역사를 왜곡하는 과정에서 최남선(崔南善)과 이능화(李能和)는 편찬위원회 위원이고 이병도(李丙燾)와 신석호(申奭鎬)는 이마니시 류(今西 龍)와 함께 신라(新羅)부터 고려(高麗)때까지의 편술자(編述者)였다.

조선사편수회에서 조선사를 말살한 주범 이마니시 류(今西 龍)의 식민사관을 금과옥조로 여기던 이병도가 1934년 5월 진단학회(震檀學會) 설립을 주도하고 〈진단학보(震檀學報)〉를 발행하였으며, 8·15광복 후에도 경성대학(서울대학교) 문리과대학 교수로 취임하고 곧이어 서울대학교 대학원장에 취임하였다. 1954년에 이병도가 진단학회의 이사장으로 취임하고, 같은 해 이병도는 식민사학을 유포하던 경성제대의 후신인 서울대학교 대학원장과 학술원 부원장을 맡아 역사학계의 최고 원로로 부상했다. 이병도는 1960년 문교부장관에 등용되고 같은 해 학술원 원장에 선임되었다. 이처럼 이병도의 건재와 함께 일본이 만들어준 '조선사'는 '한국사'로 개명되었고, 조선사의 골격이 그대로 한국사의 바탕이 된 것이라 할 수 있다.

漢四郡

궁금역사
17

한사군 위치를 밝히는 신라의 Key

! 답을 찾을 수 있는 Key가 뜻밖에도 쉬운 곳에 있었다. 중국의 사서
『수서(隋書)』와 『구당서(舊唐書)』가 오래 전부터 말해주고 있었는데, 우리들
은 그동안 알아듣지 못하고 있었다. '금성이 있는 신라 땅'에 대해 『수서
(隋書)』 〈동이전(東夷傳)〉의 기록을 보면, '신라는 고구려 동남에 살았는데,
그곳은 한(漢)나라 때의 낙랑 땅이다.' (新羅國在高麗東南居 漢時樂浪之地)

『구당서(舊唐書)』 〈동이편(東夷篇)〉에는 '신라국은…한(漢)나라 때 낙랑의
땅이었다. 동남쪽으로는 큰 바다가 있고, 서쪽으로는 백제와 접해 있으
며, 북쪽에는 고구려가 있다. 동서로 1천 리, 남북으로 2천 리이다. 성
과 읍, 촌락이 있었다. 왕이 있던 곳은 금성(金城)이다.' (新羅國…其國在漢
時樂浪也. 東及南方俱限大海. 西接百濟. 北隣高麗. 東西千里. 南北二千里. 有城邑村
落. 王之所居曰金城)라고 나와 있다.

두 사서는 한 마디로 '신라의 위치'는 '낙랑의 땅'이라는 것이다. 한나
라 때 낙랑이라면 낙랑군을 말함이다. 정말 놀라운 일이다. 이와 같이
'초기 신라'와 한나라의 '낙랑군이 있던 땅'이 같은 땅이라고 하는 사서
기록이 있음에도 이를 읽는 사학자들은 눈여겨보지 않았다. 설령 눈여
겨보았다 하더라도 '귀신 씻나락 까먹는 소리'쯤으로 취급하였을 것이
다. 이 글을 읽는 독자들 중 상당수도 이런 심중이지 않을까 한다.

왜냐하면 한반도의 동남부에 있었다는 신라의 위치 개념, 고정관념 때
문에 『수서』나 『구당서』에 기록된 '신라=낙랑의 땅'이라는 문구가 이해의

한계를 뛰어넘었기 때문이다.

『수서』와 『구당서』에서는 초기 신라의 위치에 대해 명확히 못 박고 있다. 하나의 정사(正史)도 아니고 두 사서에서 '신라의 위치는 한나라가 설치한 낙랑의 땅'이라 했다.

지금까지 많은 사학자들이 '위만의 왕검성' 위치를 찾으면, 그림자의 존재 같은 '낙랑의 위치'를 찾을 수 있다고 믿어왔고, 또 그렇게 수고하여 왔다. 필자 또한 그랬다. 그런데 기적처럼 '신라의 도읍은 한반도의 동남부'라는 고정관념의 틀을 깨고 『수서』와 『구당서』의 기록을 다시 보니, 이들 사서가 말하는 것을 알아들을 수 있었다.

앞에서 언급했지만 신라의 일식기록을 가지고 초기 신라의 위치를 다시 한 번 확인하면, 중국대륙, 동경 108-118°, 북위 26-36°[132]에 있었다. 이 사실을 뒤집어 생각해 보면 신라의 위치가 확실해지니까 낙랑의 위치도 가늠할 수 있게 되었다. 다시 말해 낙랑(군)의 일부가 동경108-118°, 북위 28-36°의 지역에 일부 겹쳐 있었다는 사실이다. 신라가 낙랑 땅의 일부라면, 온전한 낙랑 땅은 패수(난하) 유역의 청더(承德)까지 포함해서 동경 108-118°, 북위 28-42° 안에 있다고 할 수 있다.

힘들게 한사군의 그림자를 붙잡기 위해 자취가 사라진 위만의 왕험(검)성을 찾느라 그동안 온 힘을 쏟았던 것이다. 이제 한사군은 한반도에 설치된 것이 아니라, 발해만 서북 연안에 인접한 중국의 요동 지역임이 밝혀졌다.

이제 와서 고고학적 유물은 기대하기 어렵지만 그래도 관심을 가지고 살펴볼 지역이라 생각한다. 이 책을 통해 한반도가 한사군의 족쇄로부터 풀리고 이로 인해 중국의 내정간섭 명분에서 벗어나는 역사적 사건이 될 수 있다고 본다.

---

132 박창범, 전게서. p.56.

한반도에 한사군이 없었다는 확실한 증거가 있나?

❗ 앞에서 열거한 〈한사군편〉의 궁금역사들은 한반도에 한사군이 없었다는 주장들이다. 이를 다시 요약하여 '일본의 반도사관'을 비판하고, '낙랑군과 한사군은 원래 중국의 낙랑 땅을 중심으로 설치하였다'는 주장을 열거하고자 한다.

첫째, 일본의 반도사관 근거는 모두 거짓말이다. 이의 증거자료로,

①"고구려 대무신왕 27년(AD44) 9월 후한의 광무제가 병사를 파병하여 바다를 통해 낙랑 땅을 정벌하고 그 땅에 군현을 두었으므로 살수 이남이 한나라에 속하게 되었다"를 근거를 들어, 살수는 청천강이고 그 이남 대동강 유역에 낙랑군을 두었다고 일제가 주장했다. 그렇다면 한나라는 두 동강이 난 셈이 된다. 살수는 한반도의 청천강이 분명 아니다.

②일제 조선사편수회와 이병도는 『수경주』에 있는 "패수는 낙랑 루방현에서 나온다"는 구절을 제시하여, 패수와 낙랑, 낙랑과 평양, 평양과 고조선이란 등식을 억지로 만들어나갔다.

중국의 사서, 『수경주』의 원문인 〈수경〉에 "패수는 낙랑 루방현에서 나와서 동남을 지나 패현을 거쳐서 동해 바다로 들어간다.(浿水出樂浪鏤方縣, 東南過臨浿縣, 東入于海)"고 기록되어 있다. 중국에서 볼 때, 동해 바다는 보하이만(渤海灣, 황해)을 말한다. 서쪽으로 흐르는 한반도의 청천강이나 대동강은 패수가 될 수 없다. 또한 〈수경〉 원문에 '패수는 낙랑의 루방현에서 나온다'라 했으니, 루방현이 낙랑 땅에 속한다. 그 루방현은 지금의 베이징과 '청더' 사이에 있는 난하의 상류에 해당한다. 따라서 낙랑 땅도 베이징과 청더 사이에 있다. 한반도와 거리가 너무 먼 곳이다. 번지수가 다른 낙랑을 한반도로 끌어온 것이다.

③일제가 우리 역사책을 모조리 수거해 가면서 남겨 놓은 역사책 두 가지가 있다. 하나는 고려, 조선조에서 정사로 취급 하던 『삼국사기』이고, 또 하나는 그들이 일부 변조해 놓은 『삼국유사』이다.

『삼국사기』는 조선상고사가 없었기 때문에 그들 입맛에 맞았고, 『삼국유사』는 '평양이 왕검성'이란 기록이 있어서 이곳에 낙랑군 설치를 합당화 하기에 안성맞춤이었다. 일제는 이를 '한사군'관련 문헌으로 주장하였다. 앞의 〈궁금역사 5〉에서 밝혔듯이 일연 스님이 '마한세가'에 기록된 '대동강 왕검성'이 중국의 대동강임을 모르고 한반도의 대동강으로 본 데서 비롯된 오류(誤謬)였음을 분명히 밝히고자 한다.

④이마니시 류(今西 龍)가 낙랑군을 입증하기 위해, 1913년에 점제현 신사비(秥蟬縣神祠碑)를 발견해냈다고 내놓았다. 중국의 『한서』〈지리지〉에 '낙랑군에 점제현이 속해 있다'는 기록에 힌트를 얻어, 점제현은 낙랑군의 25개 현 중 하나로 낙랑군이 대동강 유역에 있었다는 역사적 증거물로 삼기 위함이었다. 이 신사비는 8·15 이후 북한에서 비석 돌의 화학적 성분을 분석한 결과 날조 작품으로 밝혀졌다. 필자가 덧붙인다면 그 당시 비석에 글자를 새기는 기술이 연암도 어려웠을 텐데 화강암이라는 경암에 비문을 새겼다는 것부터 불가능한 일이었다. 100% 날조 작품이라고 본다.

⑤1918년 평양의 토성리 일대, 평양 근처에서만 200여 점 이상의 봉니가 출토되었다. 봉니는 옛날 중국에서 간책으로 된 문서 따위를 끈으로 묶고 봉할 때 쓰던 아교질의 진흙 덩어리를 해체하지 못하게 찍은 인장 표시이다. "고고학적으로 발굴된 봉니 지역은 '발신지'가 아니라 우표처럼 '수신지'라는 점이다."

일제가 한사군 설치의 증명이라 내놓은 낙랑 봉니에는 낙랑군에 소속된 25개의 현(縣) 중에서 22개의 현 이름이 같은 지역에서 모두 나왔다. 쉽게 말해 봉니들은 수신지(받을 사람이 있는) 22개현에서, 각각 떨어져서 발굴되어야 완전범죄(일제의 역사위조)가 성립될 수 있다는 것이다. 그래서 봉니의 위조문제가 논란이 되고 있다. 박물관에 전시된 봉니의 진위를 가려서 폐기할 것이 아니라 일본의 역사조작 범죄 증거물로 채택해야 한다.

일본이 내세우는 반도사관의 근거 ①, ②, ③은 문헌이라 하지만 해석의 오류를 범하고 있어 유효한 문헌자료라 할 수 없다. 또한 ④의 점제현신사비는 날조 작품으로 판명이 났고, ⑤의 봉니는 발신지와 수신지가 뒤바뀌는 엄청난 위조로 실수를 범하고 말았다. 일본이 반도사관으로 내세우는 근거는 하나도 없다. 이런 상황에 아무 것도 없는데 무엇을 믿고 한반도의 낙랑군을 믿고 주장하는 것인지 알 수 없는 일이다.

둘째, 낙랑군과 한사군이 한반도가 아니라면 낙랑 땅은 어디인가?

①앞의 〈궁금역사 17〉에서 밝혔듯이, 중국의 『수서(隋書)』와 『구당서(舊唐書)』에서 신라의 위치는 한(漢)나라 때의 낙랑 땅이라 했다. 신라의 위치를 알면 낙랑의 위치를 가늠할 수 있다. 그런데 21세기에 와서 신라의 일식기록을 통해 관측지(동경 108-118°, 북위 28-36°)를 찾아냄으로

써 낙랑 땅의 위치가 더욱 명확해졌다. 이 관측 범위에 패수(난하)를 포함하면 동경 108-118°, 북위 28-42° 안에 낙랑이 있으며, 중국대륙의 발해만 서북 연안이다.

②바로 앞에서 일본이 반도사관으로 내세운 것을 필자가 비판한『수경주』의 구절인데, "패수는 낙랑 루방현에서 나온다"는 자료가 낙랑의 위치를 밝혀준다. 우선 '루방현에서 나온다'는 것은 패수의 상류에 루방현이 있다는 말이다. 실제로 루방현은 베이징과 청더(承德) 사이에 있으며 산악 쪽이다. 내몽고 자치구역의 접경 지역을 포함하고 있다. 그 다음 생각할 것은 '낙랑 루방현'인데, 루방현은 낙랑 땅에 속해 있다는 말이므로 루방현의 위치가 베이징과 청더 사이라 했으니, 낙랑 땅의 일부도 그곳에 있다고 할 수 있다. 그런데 청더(承德)시는 중국 허베이성(河北省) 북부 러허강(熱河江, 난하=패하) 서쪽 기슭에 있는 도시로서 옛 러허성(熱河省)의 성도(省都)였다. 박지원이 쓴 청나라 견문록『열하일기』에 나오는 청나라 때 황제의 여름 별장이 바로 이곳이다. 예부터 내려오는 유명한 온천지이기도 하다.

③낙랑 땅을 지명 이름에서 직접 찾아보자. 문헌기록에 처음 등장한 것이『환단고기』〈단군세기〉 "23세 단군 아홀 재위 76년 갑신 원년 (BC1237년) 단제의 숙부인 고불가(固弗加)에게 명하여 낙랑홀을 통치하도록 하였다."(二十三世 檀君 阿忽 在位 七十六年 甲申 元年 命皇叔固弗加 治樂浪忽)[133]에 보인다. 낙랑은 BC1237년 전부터 이미 사용하던 지명이다. 그 낙랑 땅의 중심부가 어디일까?

133 임승국, 전게서. p.101.

낙랑(樂浪)! 낙랑이란 지명을 작명할 때도 무엇인가 의미가 있었을 것이다. 글자를 분석하면, '즐거운 낙(樂)'에, '물 이름 랑(浪)'이다. 그 물이 '절절 흐를 랑(浪)'이거나, 그 물이 특이하여 '고을(지명) 이름 랑(浪)'이 될 정도면 그 물은 독특한 물이다. 물 이름이 랑(浪)이라니, 과연 어떤 물일까?

랑(浪)의 쓰임새를 보면, 낭만(浪漫), 낭비(浪費), 낭유(浪遊), 낭인(浪人), 낭자(浪子) 등 보통 상식과 떨어져 있는 특이한 삶, 늘어지고 자유분방한 삶의 모습이다. 통상적 삶이 아니고 비생산적인 생활 습성과 연관되어 있다.

이런 의미가 상통하는 랑(浪)이라는 물 이름이, 즐거운 낙(樂)을 만나면 더 어울리는 이름이 된다. 말 그대로 낙랑은 그런 독특한 물이 있는 지명이다. 낙랑은 즐거운 물, '낙랑수(樂浪水)'이며 바로 '온천'을 가리키는 말이다.

온천지 물에 몸을 담그면, 낭만이 있고 낭비가 있다. 쓸데없이 시간을 보내는 낭유나 낭인의 시간을 보내도 어울리는 곳이 낙랑의 땅이다. 온천지에 가면 세상을 잊고, 우리말로 희희낙락의 생활태도로 변한다. 온천의 물, 랑(浪)과 희희낙락의 낙(樂)이 만나면 기가 막히게 어울리는 단어가 된다. 낙랑(樂浪)은 온천지 바로 그 땅을 가리킴이다. 낙랑은 온천지의 다른 이름이다. 그렇다고 온천지가 모두 낙랑이 될 수 없다. 낙랑은 고유명사이기 때문이다.

낙랑 땅은 루방현과 함께 베이징과 청더 사이에 있다 하였다. 청더[134]가 온천과 관련이 있다. 낙랑은 청더를 중심으로 하는 지역이라 할 수 있다.

④낙랑의 위치를 가늠할 또 다른 증거가 있다. 『삼국사기』〈고구려본기〉 대무신왕 때(AD32) "왕자 호동이 옥저를 유람하고 있는데, 낙랑왕 최리가

---

134 청더를 열하(熱河)라 했는데, 주변에 온천이 많아 겨울에도 강물이 얼지 않는다고 해서 유래된 명칭이라 한다. 청나라 황제들은 여름 별장인 피서산장(避暑山莊)에서 호수의 경관과 온천을 즐겼다고 한다.

나타났다."('夏四月 王子好童 遊於沃沮 樂浪王 崔理 出行')는 기록처럼 옥저의위 치는 낙랑과 이웃해 있었다고 본다.

또 다른 자료는 고구려와 수나라의 전쟁사(『삼국사기』23년)에서 '수장(隋 將) 우문술(宇文述)은 부여(扶餘) 길로 나오고, 우중문(于仲文)은 낙랑(樂浪) 길 로 나오고, 형원항(荊元恒)은 요동(遼東)길로 나오고, 설세웅(薛世雄)은 옥저 (沃沮) 길로 나오고, 신세웅(辛世雄)은 현도(玄菟) 길로 나오고...'에서 보았 듯이, 호동 왕자가 유람했다는 옥저는 낙랑과 이웃하여 요동에 있었다.

⑤한사군 중 임둔군의 위치를 가늠할 수 있는 유물인 봉니가 랴오닝성 (遼寧省)의 해안도시인 진시시(錦西市, 진저우 錦州의 서쪽)에서 발견[135]되었다. 한(漢)의 사군(四郡) 중 낙랑군의 어원이 된 낙랑의 위치가 지금의 청더(承 德)로 명확해졌고, 임둔군 봉니가 발견되어 임둔군의 위치도 밝혀졌다.

이승휴(李承休)가 지은 『제왕운기(帝王韻紀)』에 기록된 한사군의 위치에 대입시키면 그 위치가 더욱 명확해진다. '진번임둔재남북(眞番臨屯在南北) 낙랑현도동서편(樂浪玄菟東西偏)'의 기록대로 지도를 그려보면, "진번군과 임둔군은 남북으로 맞닿아 있고, 낙랑군과 현토군은 동서로 치우쳐 경 계를 이루고 있다."

다시 말해 진번군은 임둔군의 남쪽에 위치했고, 현토(도)군은 낙랑군 의 서쪽에 있었다고 한다. 그리고 임둔군과 진번군 서쪽에 낙랑군이 잇 따라 있었다고 할 수 있다. 낙랑 땅은 낙랑수(온천수)가 나오는 청더까지 확대해서 동경 108-118°, 북위 28-42° 안에 있다고 할 수 있다. 한 사군은 한반도가 분명 아니다.

---

135 중국 지린대(吉林大)에서 '중국 요서지역 청동기시대 연구'로 박사학위를 받은 복기대 단국대박물 관 연구원이 학술지「백산학보」61집에 기고한 논문, 〈임둔태수장(臨屯太守章) 봉니를 통해 본 한 사군의 위치〉에서 문제의 봉니 출토 사실을 소개했다. 앞의 〈궁금역사 11〉 참조.

05

고조선 편

환웅의 동방진출은 군사목적에서 파견된 것이다

❗ 『환단고기』〈삼성기전〉 상편[136]에 의하면, '후일, 환웅씨가 계속하여 일어나 천신(환국의 환님, 단인천제)의 뜻을 받들어 백산과 흑수 사이에 내려왔다. 사람이 모이는 곳(子井女井)에 천평을 마련하고, 그 곳을 청구로 정했다. 천부의 징표, 천부인을 지니고 다섯 가지 일(五事)을 주관하며, 세상에 살면서 교화를 베푸시니 인간을 크게 유익하게 하였더라. 또 신시에 도읍을 세우고 나라를 배달이라고 불렀다.'(後桓雄氏繼興奉天神之詔 降于白山黑水之間 鑿子井女井於 天坪劃井地於靑邱 持天符印主五事在世理化弘益人間 立都神市國稱倍達)

환웅이 도읍을 세우고 나라를 건국했다는 신시가 '착자정여정어(鑿子井女井於)'란 구절로 보아 이미 사람들이 살고 있던 곳임을 알 수 있다. 또한 환웅은 선진 금속문명을 앞세워 기존 집단의 세력을 '뚫고 진입(착鑿)'한 것으로 보인다. 그가 주관했다는 오사(五事)는 『환단고기』〈삼성기하〉편에서 찾을 수 있다. 『환단고기』〈삼성기 전〉 하편[137]에는 다음과 같은 내용이 있다.

'이에 환웅이 3,000의 무리를 이끌고 태백산 꼭대기의 신단수 밑에

---

136 스님 안함로(安含老, 579-640)가 썼다고 전해진다. 신라 진평왕 22년 왕명으로 중국에서 학문을 닦았다는 설이 있다.

137 저자 원동중(元董仲)을 고려 말의 학자로 보는 이도 있다.

내려오니, 이곳을 신시라 하고 이분을 환웅천왕이라 한다. 풍백, 우사, 운사를 데리고 곡식을 주관하고, 생명을 주관하고, 형벌을 주관하고, 병을 주관하고, 선악을 주관하며(五事), 무릇 인간의 360여 가지 일을 모두 주관하여 세상을 교화하였으니, 널리 인간 세상에 유익함이 있었다.' (於是桓雄率衆三千降于太白山頂神檀樹下謂之神市是謂桓雄天王也 將風伯雨師雲師而主穀主命主刑主病主善惡凡主人間三百六十餘事在世理化弘益人間)

다행히『환단고기』기록에는 신시역대기와 단군세기에 즉위 연도와 재위기간이 명시되어 있어 역년을 계산하여 추정할 수 있다.

환웅이 천신(환국의 환님, 환인천제)의 뜻을 받들어 BC3897년(6,000년 전)에 환국(중앙아시아 천산)에서 동방으로 이동했다 한다. 배달국(조선)은 이때부터 시작된다고 보는 것이다.

환웅의 출현을 어떻게 볼 것인가?

첫째, 3,000명을 이끌고 왔다(桓雄率衆三千)는 것은 이곳(홍산문명 지역)에서 3,000명을 모은 것이 아니라 어디에선가 이끌고 왔다는 뜻이다. (서방에서) 동방이 아니면 남방에서든 북방에서든 그쪽에서 이동해 왔다는 것이다.

둘째, 천신(天神)의 뜻, 내려왔다(降)는 말은 '하늘'이 아니라 '선진(先進)'이라는 의미이다. '착자정여정어(鑿子井女井於)'란 구절은 두 가지 의미로 해석할 수 있다. 하나는 환웅이 BC3900년경 선진 금속문명 지역에서 이곳으로 왔다는 뜻이다. 또 하나는 환웅이 진입하기 전에 이미 사람들이 살고 있었다는 뜻이다. 중국의 동북공정의 일환으로 추진되는 홍산(랴오허)문명 발굴 결과를 보면, 자오바우거우(趙寶溝, BC5000-BC4400) 문화와 싱룽와(興隆洼, BC6200-BC5200) 문화, 사오허시(小河西, BC7000-BC6500) 등이 계속 발굴되는 것으로 보아 환웅 이전의 '자정여정(子井女井)'은 맞는 기록으로 본다. 그런데 선진 금속문명 지역이 어디인가? 필자는 다음의 기타 편, 〈궁금역사 15〉 '코리언 루트는 어디로 연결되었나?'에서 '서역'인 중앙아시아문명을 지목하고 있다.

환웅은 무엇 때문에 동방으로 진출한 것일까?

환웅이 태백산[138] 신단수 아래 신시를 열었고, 곡식을 주관하여 농사를 가르쳤다고 했다. 태백산은 농사짓기에 알맞은 땅이 아니다. 그는 단순하게 농사를 지으러 험난한 동방으로 진출한 것이 분명 아니다. 생각해 보라. '桓雄率衆三千'에서 한웅(桓雄)이 '남녀 삼천'이 아니라 '무리 삼천'을 이끌고(率)고 서역에서 동방으로 와서 '착자정여정(鑿子井女井)'한 것이다. 산꼭대기(太白山頂)에 터 잡아 신시(神市)라는 치소(治所)를 설치한 것이다.

혹자는 '환웅솔중삼천(桓雄率衆三千)'에서 환웅이 인솔한 무리(衆三千) 3,000을 남녀로 해석하기도 하지만 그렇지 않다고 본다. 서역(중앙아시아)에서 동방(츠펑)지역까지 이동하려면 타클라마칸 사막과 고비사막과 네이멍구 사막을 거쳐야 한다. 특히 타클라마칸 사막은 한 번 들어가면 '다 죽는다[타클라]'는 마한[馬韓, 마칸]이다. 말이나 약대(낙타)를 의지하지 않고는 죽음의 타클라마칸 사막을 넘기엔 무리가 있다. 여자와 가족을 데리고 넘을 수 없는 곳이다. 3,000명의 무리를 정병(精兵)으로 본다.

만약 남녀 혼성이라면, '衆三千(중삼천)' 대신 '子井女井於'(자정여정어)처럼

---

138 태백(산)은 고유명사가 아니다. 손성태 교수가 채록한 멕시코 원주민 언어에 의하면, 태백은 산을 뜻하는 일반명사이다.

다른 말로 표현했어야 한다. 무리 3,000명을 이끌고 불모지에 와서 농사지어 연명을 하다니, 말도 안 되는 해석이고 추론이다.

또 하나, '환인천제의 명을 받들어, 홍익인간의 이념을 펼치기 위해서'라면, 그가 태어나고 자라난 그곳이나 그 이웃 땅에서 할 일이지, 왜 머나먼 이곳(동방의 홍산)으로 진출할 생각을 했을까?

그리고 신시를 개설하겠다는 그 땅, 그곳이 과연 천혜의 땅일까?

뒤집어 생각해보면 어느 곳, 아무 데나 정착하여 신시를 열고, 홍익인간의 이념을 펼치면 될 일을 놔두고, 죽음의 타클라마칸 사막을 건너 머나먼 그곳까지 목숨을 걸고 이동한 이유가 뭘까?

'농사를 가르치고', '홍익인간의 이념을 펼친 것'은 동방진출 목적이 아니고 이곳에 터 잡은 후, 부차적 통치 행위라 본다. 한마디로 말한다면 교역(장사)의 거점을 관리하기 위함이었다.

환웅조선이 자리 잡았던 곳으로 추정되는 홍산(츠펑)지역은 크게 보아 Y자형의 장사 길목이었다. 서쪽 길은 몽골을 거쳐 떠나온(본향) 서역 땅(스땅, 스탄)으로 가는 길이고, 남쪽 길은 요동과 요서를 거쳐 엄청난 시장인 중국으로 이어진다. 동쪽 길은 만주를 거쳐 연해주로 이어지는 물품(작잠, 흑요석 등) 생산지의 길이다. 그 큰길(幹線)은 다시 한반도로 가는 샛길(支線)이 이어지기도 했을 것이다.

환웅은 단순한 장사꾼일까?

'환인천제의 명을 받아 증표인 천부인(天符印)을 지니고, 무리 3,000명을 이끌고 동방으로 진출했다.' 그 정도라면 이는 독립된 탈출이 아니라 사명을 띤 파견으로 봐야 한다. 개인적 사익을 추구하여 동방으로 진출한 것은 더욱 아니라고 본다.

'파견됐음'을 터 잡은 기존 세력에게 '내가 그 사람이란 증명'을 하기 위해 천부인이 필요했던 거다. 혹자는 천부인(天·符·印)이 석 자이니 무엇인가 3개의 보물일 것이라 해석하지만 필자가 보기에 천부인은 천부(天符)와 천인(天印)의 복합어로 본다. 여기서 천(天)은 하늘(ㄴ)님이라기보다 중앙아시아(부하라, 타슈켄트, 천산 지역)를 지배하는 환국의 환인 혹은 천제를 말한다.

천인(天印)의 인(印)은 인장을 말한다. 천제가 현지에 가서 시행하라는 권한의 위임이다.

환웅이 동방으로 진출했다는 BC3897년 보다 더 앞선 시기인 나만기 유적(BC4500-BC3000)에서 옥인장(옥으로 만든 도장)이 발견된 것으로 보아 그 당시 이미 인장문화가 있었음을 짐작할 수 있다.

천부(天符)의 부(符)는 부적의 의미도 있지만 병부부, 증거부로도 쓰이는 문서이다. 부적(符籍)은 현대에 와서 종교적으로 해석하기도 하지만 당시에는 통관이나 여행권의 증거, 요새말로 여권으로 쓰였을 개연성이 있다. 천부의 부적은 환웅이 현지 거점(츠평으로 추정)까지 가는 통관 절차에 소용되고, 현지에 도착했을 때 의사, 약사 면허증처럼 '천제가 인정하는 나 이런 사람이다'라는 증명이 된다.

그렇다면 환웅을 파견한 목적이 무엇인가?

3천 명의 집단을 보낼 정도라면, 배후에 이보다 몇 십, 몇 백 배 더 큰 집단이 존재했고, 모(母) 집단의 필요에 따라 이뤄진 것이라 할 수 있다. 당시는 집단 안보가 제1번이다. 안보는 곧 방위개념이고 생존의 전부였다. 안보는 전쟁 무기와 관련된 것으로 볼 수 있다. 환웅이 자리 잡은 홍산에서 중앙아시아(환국)까지의 '안보물자 운송로' 확보와 홍산에서 동쪽

연해주까지의 '안보물자 생산로' 확보에 3,000명의 무리를 적절히 배치했을 것으로 보인다. 그렇다면 그게 뭔데, 무엇이 그렇게 중요한 것인데 무리 삼천을 동방에 파견했을까?

환웅이 6,000년 전 사람이라면 구석기시대는 지났고, 신석기에서 청동기의 진입 경계에 있다. 돌칼과 화살이 주요 무기였을 때, 신무기 화살촉으로 쓰이는 흑요석을 안정적으로 확보하기 위해 환웅이 파견된 것으로 보인다. 흑요석으로 화살촉을 만들면 가벼워서 멀리 날고 정확하여 당시로는 첨단무기라 할 수 있다. 때문에 한 때는 흑요석을 독점관리했을 수도 있다.

흑요석(黑曜石)?

흑요석(obsidian)이란 화산암의 일종으로, 검고 단단하며 얇게 쪼개지는 성질을 가진 돌이다. 극히 미세한 두께로도 쪼개질 수 있어서 현대에 와서도 고도로 정밀함을 요구하는 수술 같은 과정에서는 흑요석 메스가 사용된다. 흑요석의 칼은 가공하기 편한 편이며, 웬만한 금속이나 석재보다 훨씬 단단하고 표면에 미세한 요철도 없이 매끈하기 때문에 날카로운 날을 가진 도구나 무기의 재료로 최적이다.

대구 달서구 월성동 유적에서 출토된 1만8천 년 전 구석기시대 흑요석이 있다. 이 흑요석의 성분을 분석한 결과 백두산 흑요석으로 확인[139]됐다. 그 전에도 경기도와 충북, 전남 지역 구석기시대 유적에서 흑요석이 발견되었는데 영남지역에서 발견되기는 처음이라 한다.

이 흑요석은 아무 데서나 나지는 않는다. 형성되는 조건이 까다롭기 때문이다. 유리 성분을 많이 가진 용암이 화산폭발과 함께 대규모로 공

---

139 1만8천 년 전 백두산 흑요석, 700㎞ 떨어진 대구 온 까닭은, 〈연합뉴스〉, 2017.1.7

기 중에 분출되는 순간 급속히 냉각되어야 한다. 따라서 세계에서도 흑요석 산지는 제한되어 있을 뿐 아니라 한 번에 나는 양도 그리 많지 않은 편이다. 중국이나 우랄산맥, 시베리아, 중앙아시아에 있는 일부 화산지대에서 소량 나오더라도 결정체의 크기가 작고 이물질이 많이 끼어 있어 질이 좋지 않다. 백두산 흑요석은 그만큼 귀한 돌이다.

지금으로부터 약 9만 년 전, '백두산 6기'라는 지질시대명이 붙은 시기에 백두산이 폭발하여, 유리성분이 많이 함유된 용암이 대규모로 분출되고 지면으로 흘러내리면서 알칼리성 유문암을 형성했다. 그 과정에서 특별한 기후조건이 있어야 양질의 흑요석이 산출된다. 백두산의 동남쪽 경사면, 지금의 회령에서 나진, 청진에 이르는 일대에만 흑요석 맥이 형성된 것이다.

조선상고사의 장삿길에서 주요 품목으로 인정받고 가장 고가에 거래되었던 흑요석은 지금의 반도체보다 더 했다고 본다. 흑요석은 전쟁무기를 만드는 도구이면서 화살촉 등 무기의 재료가 된다. 그 당시 우수한 전쟁무기는 이웃의 부족국가를 공격하여 단숨에 승리할 수 있는 수단이기도 하다. 부와 명예를 한꺼번에 거머쥘 수 있는 최선의 수단이었다. 흑요석만 독점적이고 안정적으로 확보할 수 있다면 국가의 안보는 보장되는 것이다.

또한 흑요석으로 세석기와 장식물을 다듬을 수 있어 부가가치를 창출할 수 있었다. 고고학 유물로 발견된 나만기문화(BC4500-BC3000)의 옥인장(도장)은 흑요석으로 새겼을 것이고, 싱룽와(흥룽와)문화(BC6200-BC5200)의 옥결과 한반도 동해안 고성 문암리의 옥결(BC6000)을 다듬은 것도 역시 흑요석이었다.

이밖에도 신석기시대 이후 의식주 중 의(衣)에 해당하는 초피(담비) 생산에서 최고급을 유지하려면 흑요석이 필요했고, 식(食)에 해당하는 육포(肉脯) 식량을 대량으로 생산하여 공급하려면 흑요석이 필요하였다.

환웅은 이곳(신시)에 정착하고 복무하면서 흑요석 확보 및 공급과 수송을 전담했을 것이다. 환웅은 책임과 사명을 다 하면서, 한편으로 흑요석 이외의 물품을 관장하면서 독립된 영역을 구축했을 것이다. 그리고 흑요석 판권이 그의 탄탄한 지지기반을 구축하는데 도움이 되었을 것으로 본다.

환웅배달국이라 하는데 그 시대 국가건설이 가능했나?

❗ 『환단고기』〈삼성기전〉 하편 '신시역대기(神市歷代記)'에 보면, "배달환웅(倍達桓雄)은 천하를 평정하여 차지한 분의 이름이다. 그가 도읍한 곳을 신시(神市)라고 한다. 뒤에 청구국으로 옮겨 18세(世) 1,565년을 누렸다."(倍達桓雄定有天下之號也 其所都日神市後徒靑邱國傳十八世歷一千五百六十五年)

이에 단군세기(BC2333)까지 합산(1565+2333-중복1년)하면 BC3897년이 된다. 지금부터 약 5,900여 년 전 일이다.

18세(世)? 1,565년? 1565÷18=86.9세(평균수명)? 성경 속의 인물보다는 덜 하지만 당시 인류의 평균수명에 비추어 보면 이해할 수 없는 수명이다. 그렇지만 전혀 가능성이 없는 기록은 아니라고 본다.

몇 년 전 일을 다시 거론한다. 본 주제와 직결되기 때문이다. 국사계의 젊은 학자 중에는 고조선의 개국을 기원전 2333년으로 확정한 대한민국 정부의 '교과서 집필 지침'에 반발하였다. "국가라는 것은 청동기 시대에나 발생하는 것인데, 한반도의 청동기 발생 시기는 기원전 400년, 조금 길게 봐주면 기원전 700-800년, 아무리 길게 봐줘야 기원전 1000년 이후의 일이다. 따라서 단군이 단군조선을 건국했다는 기원전 2333년은 한반도가 신석기 시대에 불과하므로 당연히 국가가 발생할 수 없다. 그러므로 단군 조선은 실체적인 것이 아니라 허구"라는 의견을 피력하면서 고조선을 인정하지 않고 있다.

한반도의 평양을 단군 왕검성으로 설정하는 데서 비롯된 사단이다. 경청해야 하고 인정해야 할 주장이고 실증이라 생각한다. 뒤집어놓고 보면 청동기시대라고 확신할 수 있다면 국가를 인정할 수 있다는 논리이기도 하다.

환웅(천왕)이 나라를 세웠다는 신시나 청구국이 한반도에는 분명히 존재하지 아니 하였지만 기원전 2333년에 1565년을 더하여 BC3897년경에 만주와 몽골지역에 국가를 세울 수 있었을까 하는 점이다.

BC3900년경이라면 세계 4대문명 발상지보다 앞선 시기라서 많은 사람들이 환웅의 도래와 국가차원의 문명을 쉽게 수용하지 못했다. 필자도 『환단고기』 기록이 과대 포장되어 역년이 부풀려진 전설쯤으로 반신반의하고 있었다. 그러던 중에 홍산(랴오허)문명 발굴이 이를 증명해 주고 있다.

환웅이 도래한 시기(BC3897)에 해당하는 뉴허랑(牛河樑우하량) 유적지 요령성 건평현(建坪縣)이 발굴(1983년)되면서 세계를 깜짝 놀라게 했다. 이곳을 홍산(랴오허)문명 중 홍산문화(BC4700-BC2900)유적지라 부른다. 신전과 제단, 돌무덤 등이 함께 발굴됐기 때문이다. 국가의 존재를 나타내는 대규모의 총묘단(적석총, 여신묘, 제천단) 시설이 나왔다. 적석총과 대형 피라미드, 여신묘에서 여신상(인간 실물의 3배 크기)과 옥웅룡 등이 출토되었고, 그밖에 다양한 옥기, 청동주조 유물[140], 석기, 채색토기,

---

140 청동기를 만들 때, 청동주물을 떠서 옮기는 도가니(감; 坩)와 청동찌꺼기(슬래그; 銅渣)가 발견됐다. 이를 두고 중국의 저명한 학자 한루빈(韓汝玢 한여분)은 기존 중국의 청동기시대 시작연대 (BC2000년 설)보다 1,000년 이상 앞선 BC3500-BC3000년 사이, 즉 홍산문화 시대에 청동기시대가 이미 시작되었다고 주장했다. (이형구·이기환 『코리안 루트를 찾아서』, p.138)

무문토기, 제사용 토기 등을 발굴하였다. 홍산문화는 발굴된 유물로 보아 신석기와 청동기의 병용이라 할 수 있다. 환웅이 동방으로 진출한 BC3900년경은 고고학적으로 홍산문화(BC4700-BC2900) 시기에 해당한다. 그 때가 청동기시대였으므로 국가 건설이 가능했다고 본다.

뉴허랑(우하량) 유적에서 또 하나 놀라운 사실은, 제2지점 1호 적석총 제21호 무덤을 발굴할 때, 부장자 머리맡에 있는 '옥고'는 이 유적을 발굴하던 중국학자들을 당황케 했다. 옥고는 상투머리를 고정시키는 도구이다. 무덤 양식이 적석총이라 동이문화가 분명한데, 거기에 부장자의 머리 쪽에는 상투용 옥고가 놓여 있었다.

상투를 머리에 이고 있는 동이문화, 그 동이족의 조상이라 일컫는 환웅이 떠오른다. 뉴허랑의 적석총 21호 무덤의 주인공이 환웅이라 단정할 수 없지만 연관은 있다. 왜냐하면, 곰을 숭상하는 곰족 표상이 함께 출토되었기 때문이다.

이를 설명해 줄 수 있는 유일한 역사 기록이 『환단고기』〈삼성기전〉 상[141]에 있다.

'뒤에 환웅(桓雄)씨가 계속하여 일어나 천신의 뜻을 받들어 백산과 흑수 사이에 내려왔다. 사람 모이는 곳을 천평에 마련하고 그곳을 청구로 정했다. (증략) 웅씨(熊氏)의 여인을 거두어 아내로 삼으시고 혼인의 예법을 정하매, 집승 가죽으로 폐물을 삼았다.(후략)'〔後桓雄氏繼興 奉天神之詔降于白山黑水之間鑿子井女井於天坪劃井地於靑邱 증략... 納熊氏 女爲后定婚嫁之禮以獸皮爲幣 후략〕

---

141 임승국, 전게서. p.17.

환웅은 동방에 와서 정착한 곳이 천평(天坪)이다. 산 위에 자리 잡은 것은 중앙아시아의 생활양식과 닮았다. 천평이라는 그곳은 이미 많은 사람이 살고 있는 기존 도시라 할 수 있다. 청구라는 이름 속에도 높은 지대(邱)라는 의미가 함축되어 있다. 터를 잡고 안정을 유지한 후에 곰(토템)족 여인과 혼인하여 그 문화를 수용했던 것 같다.

홍산문화 발굴에 따른 부장자의 배 위에 곰의 형상이 새겨진 옥패가 있다. 곰과 관련된 유물이 많이 발굴되어 중국학계에서 홍산문명은 웅족이 주축이 되어 만든 문화라고 인식하고 있다. 당시 곰족의 장례문화로 본다. 동이 역사의 시작점에 있는 환웅을 연상하게 한다.

또한 뉴허랑(우하량) 유적과 비슷한 연대를 가진 나만기문화(BC4500-BC3000년)는 내몽골 나만기에서 발굴 되었다. 이곳에서 옥으로 된 인장(도장)이 발굴된 것도 『삼국유사』나 『환단고기』에 기록한 그대로 환웅(배달)조선 시작을 떠올리게 한다. 환국제석(桓國帝釋)은 환국의 천제를 말한다. 서자환웅(庶子桓雄)이 천부인3개(天符印三箇)를 받았다[142]는 기록을 입증하고 있다. 그 당시 도장을 사용했을까 하였는데, 지금부터 6,000년 전에 이미 증표가 되는 인장을 사용하고 있었다는 것은 놀라운 일이다.

천부인에 대한 이와 같은 해석에 대해 환웅이 동방 '신시'를 처음 개척했다는 이유를 들어 이의를 제기할 수도 있지만, 그렇지 않다. 현재 발굴되고 있는 홍산(랴오허)문명의 조보구문화(BC5000-BC4400)나 흥륭와문화(BC6200-BC5200)가 속속 발굴되고 있다.

---

142 일연 지음, 이재호 옮김, 전게서, p.71.

이는 무엇을 말하는가. 환웅 시기(BC3897) 이전에도 비슷한 집단주거지와 유물이 발굴된 것으로 보아 '환웅으로부터 신시가 시작되었다'는 통설은 수정되어야 한다. 환웅은 기존의 집단 체제에 위임 받아 동방의 권력자로 등장했다고 봐야 한다. 앞에서 언급했듯이 '착자정여정(鑿子井女井)'의 기록은 정확성을 더해 준다.

이와 같이 홍산(랴오허)문명의 발굴로 인해 환웅이 실존 인물일 가능성이 높아지면서 필자에겐 『환단고기(桓壇古記)』가 전설과 설화를 적어 놓은 '이야기책' 취급에서 우리 상고사를 밝히는 유일한 '역사책'으로 자리를 잡게 하였다.

위서(僞書)라는 『환단고기』를 인용하는 이유는?

－강단사학계에서는 『환단고기』[143]를 위서라 하고 '환빠'로 몰아붙이며, 교묘하게 『환단고기』 읽기를 가로막고 있다. 강단사학계가 왜 환단고기에 대해서만 유독 신경이 날카로운지 모르겠다.

첫째, 환단고기에 대한 필자의 선입관이 있었다

언제부터인가 순수 우리 것, 옛것에 대한 불신감이 생겨났다. 읽기 어려운 한자, 해석하기 어려운 한문이 고리타분하게 여겨졌다.

환웅(천왕)이 나라를 세웠다는 신시(神市)나 배달국(倍達國)이 한반도에는 분명 존재하지 않았지만 만주나 중국에 기원전 2333년(단군왕검)에 1565년을 더하여 BC3897년경 환웅이 국가를 세웠다니, 국가 성립 조건이 갖추어져야 하는데 허구로 여겼다. 또한 신시역대기를 비롯하여 단군세기의 정확한 연대 기록을 보며, 과연 가능한 일인가 의문이 앞섰다.

환웅이 나라를 세웠다는 BC3900년경이라면 세계 4대문명 발상지보다 앞선 시기라서 다른 사람들도 환웅의 도래와 국가차원의 문명을 쉽게 수용하지 못했을 것이다. 필자도 『환단고기』 기록이 과대 포장되어 역년이 부풀려진 전설쯤으로 반신반의하고 있었다. 그러던 중에 중국의 홍산(랴오허)문명 발굴이 세계 고고학계에 발표되면서 필자의 눈을 번쩍 뜨게 했다.

---

143 이유립의 『환단고기(桓檀古記)』와 임승국의 『한단고기(桓檀古記)』는 내용이 같은 책이다. 책명이 다른 이유는 '桓'을 '환'으로 읽음과 '한'으로 읽는 주장이 다름에서 비롯된 것이다. 필자는 번역·주해가 있는 임승국의 『한단고기(桓檀古記)』를 인용하였으나 '환단고기' 명칭을 정통으로 본다.

둘째, 홍산(랴오허)문명 발굴을 보고나서 시각을 바꿨다

홍산(랴오허)문명의 발굴로 인해 『환단고기(桓檀古記)』가 전설과 설화를 적어 놓은 '이야기책'이 아니라 우리 상고사를 밝히는 유일한 '역사책'이라는 직감이 들어왔다.

환웅이 동방으로 진출했다는 BC3897년경은 홍산(랴오허)문명 중의 '홍산문화(BC4700-BC2900년)'에 해당한다. 이곳에서 국가존재를 나타내는 대규모의 총묘단(塚廟壇, 적석총, 여신묘, 제천단) 시설을 발굴했다. 여신상, 옥웅룡 등 다양한 옥기와 석기, 채색토기, 무문토기, 제사용 토기 등이 나왔다. 인근 대형 피라미드에서 청동주조 유물이 나온 것으로 보아 이미 청동기시대에 진입했다고 볼 수 있다. 중국 고고학계에서는 이때를 신석기-청동기 병용시대라 부르고 있다.

또한 비슷한 시기인 나만기문화(BC4500-BC3000) 유적에서 옥인장(옥으로 만든 도장)이 발견된 것으로 보아 그때 이미 인장문화가 있었음을 짐작할 수 있다. 환웅이 동방 진출 때 지니고 왔다는 천부(天符)와 천인(天印)은 전설이 아님을 일깨워주고 있다.

본서는 여러 곳에서 『환단고기』를 인용하였는데, 가끔 홍산(랴오허)문명의 유물과 관련이 있을 때 연도와 연대를 비교하여 표시할 만큼 『환단고기』를 신뢰하게 되었다.

중국의 동북공정과 함께 발굴되고 있는 홍산(랴오허)문명에 대해, 우리나라 동북아역사재단[144]에서 '환웅의 배달국과 그 후 단군조선의 유물'이라고 선뜻 나서지 못하고 있다. 그런데 필자는 『환단고기』 기록과 연관

---

144 동북아역사재단(東北亞歷史財團, Northeast Asian History Foundation, 약칭: NAHF)은 대한민국 정부가 일본, 중국 등 주변국들의 역사 왜곡, 영유권 주장 등에 대응하겠다는 목적으로 설립한 교육부 산하 기타공공기관이다. 2006년 9월 28일, 한국과 중국, 일본 등 다른 동북아시아 지역 나라들 사이의 역사분쟁에 대처하기 위한 상설기구 설립에 대한 법률에 의거 기존의 '고구려연구재단'과 통합되어 만들어졌다.

시켜 바라보고 있다. 학자 중에는 필자의 견해에 대해 성급하고 무모한 시각이라 공격할지 모르지만 사람마다 바라보는 통찰력은 다를 수 있다.

셋째, 상고사의 보물 창고이다

상고사 연구의 취약점은 고고학적 유물과 사료의 빈곤이다. 사료가 빈곤하여 『환단고기』의 기록을 무조건 인용한다는 말이 아니다.

상고사가 아니라도 역사를 제대로 이해하려면 전후좌우가 맞아야 한다. 또한 맞물리는 연결 부위가 제대로 이어져야 한다. 『환단고기』의 기록을 인용할 때 이 점을 중시하고 있다. 끊어지거나 공백으로 남은 역사를 이어가는 퍼즐이 색상이나 재질이 달라도 모양이 정확하여 끼워 맞출 수 있다면 끼워 넣지 못할 일이 없다. 서양, 중동사를 완성하는 데 성경의 기록도 필요하면 채택되는 것이다. 『환단고기』에 대해 색안경을 쓰고 배제할 필요가 없다고 본다. 아직도 인용할 자료가 많다고 본다.

넷째, 『환단고기』 기록의 신뢰에 대하여

문자가 완전하지 못한 기록 이전의 구전이나 표시에 따른 오차를 인정하는 선에서 『환단고기』의 기록을 신뢰하고 있다.

예를 들어 오성취루(五星聚婁) 현상을 기록한 부분이 있다. 『한단고기(桓檀古記)』[145] 〈단군 세기〉 기록에 단군(고조선) 임금 중 13세 단군 흘달(屹達) 임금(BC1782-BC1722)은 재위기간이 61년이다. 지금부터 3,750년 전일이다. 무진(戊辰) 50년(BC1733년)에 '五星聚婁 黃鶴來棲苑松(다섯개의 별이 루 자리에 모였고 황학이 날아 와서 동산의 소나무에 살았다)'는 기록이다. 오성(五星)이라면 화성(火星), 수성(水星), 목성(木星), 금성(金星), 토성(土星)을

---

145 임승국, 전게서. pp.88-89.

말하는데, 이 다섯 개의 별이 모여 일직선을 이루는 기이한 천문현상이 있었을까, 매우 궁금한 일이다. 이를 입증한 박창범 교수(서울대 천문학과)의 글[146]이 있다.

"BC1733년을 전후로 하여 약 550 년간의 시간 범위에 걸쳐 맨눈으로 볼 수 있는 수성, 금성, 화성, 목성, 토성 등 다섯 행성의 위치를 계산해 보았다. 그 결과 다섯 행성이 하늘에서 매우 가깝게 모이는 때는 BC1955년 2월25일 새벽(시각 2.3도 이내)과 BC1734년 7월13일 초저녁(시각 10도 이내)인 것으로 나타났다. 이 중 단군 기록에 나오는 BC1733년의 오성취루 현상이 발생한 시점과 가장 근접한 때가 BC1734년이다."

먼저 오성취루 현상이 확률이 낮지만 과학적으로 가능한 일인가에 대한 의문이 풀렸다. 다음으로 살필 일은, 가능한 일이라 하더라도 오성취루 현상이 생긴 그 시점에 (황)학이 나는 것을 보았다는 것과 겹쳐지면 확률적으로 더욱 낮아지는 것이다. 때와 장소를 살펴야 한다. 학이나 두루미 등 날아다니는 철새는 동부아시아인 경우, 여름에는 서늘한 시베리아, 몽고, 중국 북동부에서 살고, 겨울에는 따뜻한 남쪽, 중국 양쯔강 부근이나 한반도의 중부 이남에서 지낸다. 천문학자가 찾은 BC1955년은 2월 겨울이고, BC1734년은 7월 여름이다.

『환단고기』에 기록된 오성취루 현상을 목격한 BC1733년경 단군(흘달 임금)의 거처는 어디인가? BC1733년경이라면, 홍산(랴오허)문명 중

---

146 1993년에 천체물리학자 라대일과 박창범은 위 기록에 나오는 오행성 결집 현상이 기록 연대인 기원전 1733년과 1년 밖에 차이가 나지 않는 기원전 1734년에 실현되었다는 내용을 다룬 논문을 발표했다. 〈On Astronomical Records of Dangun Chosun Period〉라는 제목으로 국내 최고 권위의 천문학 학술지인 『한국천문학회지』(JKAS)에 실었다.

샤자뎬(夏家店, BC2,000-BC1,500)문화에 해당한다. 이 지역에서 고조선 초기유적, 치(雉)가 있는 석성, 비파형 동검 등이 발견되었다. 홍산이 있는 츠펑(赤峰) 지역은 중국의 동북부에 해당한다. 이곳이 그 당시 고조선 도읍지일 가능성이 있다.

고조선에서 (황)학을 보았다면, 철새를 감안할 때 봄, 여름, 가을일 가능성이 높다. 이곳의 겨울은 매우 추워서 남쪽에서 철새가 월동하기 때문이다. 산란과 번식은 주로 4-6월경이고 소나무 등에 둥지를 틀고 새끼를 기른다.

박창범 교수가 BC1733년을 전후로 하여 약 550년간의 시간 범위에 걸쳐 오성취루 현상을 맨눈으로 볼 수 있는 때가 BC1955년 2월 25일 새벽과 BC1734년 7월 13일 초저녁이라 했다. 해가 긴 계절 초저녁이라면 학을 볼 수 있다. BC1734년은 BC1733년과 1년의 오차는 있지만 여름이니 (황)학을 관찰 할 수 있었을 것이다.

그런데 어떤 이유에서인지 1년의 차이가 있다. 『환단고기』를 위서라 하며 외면하고픈 학자들은 이를 두고 위서의 증거라고 한다. 그들의 주장처럼 200년 이상 돼야 생길까 말까하는 그해를 어떻게 1년을 딱 틀리게 맞출 수 있을까? 지금부터 3750여 년 전 이야긴데 말이다. 필자는 1년이 틀린 이유를 다음과 같은 이유에서 이해할 수 있기에 『환단고기』의 기록을 신뢰한다.

모스크바대학에서 문학이론을 전공한 양민종 교수의 글이 있다. 그는 중앙아시아 키르기즈스탄 비슈케크국립대학에서 알타이 구비문학을 연구하기도 한 학자로서 그의 저서 『샤먼의 바다, 이야기의 천국』에서 바이칼 호수를 가리켜 인근지역의 촌락수보다 더 많게 풍요한 전설과 민담을 품고 있는 샤머니즘의 바다라고 소개하였다.

바이칼의 '바이'는 시베리아 샤머니즘에서 상고시대의 신과 인간을 매개하는 샤먼을 가리키는 말이고, '칼'은 '꿜, 골, 겔' 등으로 불리는 계곡과 호수를 의미하는 말이라 한다. 결국 '바이칼'이란 지명이 바이칼 인근 지역과 극동을 잇는 동시베리아에서 주로 사용되었던 '바이'와 '칼'의 복합어였음을 국내에 최초로 소개하였다. 그리고 알타이 서쪽 지역의 알타이어계 투르크인의 민속 문학적인 유산과 알타이 동쪽 지역의 야쿠트, 부랴트, 에벵키, 몽골 등의 민속 문학의 특징들이 구체적인 이야기와 신화 그리고 서사시의 형태로 구전되는 것이 발견되어 채록되면서 이와 같은 주장들의 신빙성을 확보해왔다.

바이칼의 샤먼을 중심으로 한 구비문학은 그 내용이 현시점에서 수 만년을 뛰어넘는 빙하기에 대한 희미한 기억마저 담고 있고, 바이칼 인근의 알타이어계 다수 종족들의 역사가 고스란히 녹아있는 역사와 문화의 보고이기도 해 중요성을 더하고 있다고 했다. 샤먼들은 희미한 기억을 돕기 위해 역년을 특별한 기호로 표시하고 있다고 한다.

필자는 역년을 표시한 기호를 잘못 세거나 희미해진 기호표시를 빠뜨릴 수 있을 가능성에서 '오성취루'의 1년 차이를 이해할 수 있었다. 이처럼 흘달 단군 때(BC1733년)의 천문학적 기이 현상을 전하는 과정에서 『환단고기』를 쓰기 전부터 구전되어 오고, 골각(骨刻) 된 60갑자의 희미해진 획수를 세는 데서 오는 오차가 아닌가 한다. 그런데 그 당시(3,800년 전)에 천문학이 있었고, 그것을 기록했다는 점이 더욱 놀랍다.

오성취루 현상이 3,800년 전의 일이라면 문자가 기호와 함께 사용되던 시기였다. 하남성 은허 지역에서 발견된 갑골문자가 3,400년 이미 4,500자가 넘은 것으로 보아 흘달 임금 때에도 나름대로의 문자로 기록했을 것이다. 필자는 문자기록과 구전이 병행되던 시기에 연도 표시에 따른 오차를 인정하는 선에서 『환단고기』의 기록을 신뢰하고 있다.

다섯째, 삼신오제(三神五帝)나 소도경전(蘇塗經典)을 역사의 한 부분으로 본다

종교적 색채가 짙다고 할 수 있다. 그렇다고 21세기 현대인이 절대적으로 믿을 것이라 걱정한다면 소가 웃을 일이다. 필자는 이 부분에 대해, 우리 조상이 이러한 종교적 사고방식과 생활 경험을 거쳤다는 정도의 역사로 볼 뿐이다.

여섯째, 『환단고기』가 소실되지 않고 어렵게 빛을 보았다

『환단고기』가 어렵게 빛(1983년 발간)을 보게 된 데는 이유립(李裕岦; 1907-1986) 선생의 초간본과 오형기(吳炯基)의 필사본이 있었기에 가능했다. 이보다 앞서 운초(雲樵) 계연수(桂延壽; 1864-1920) 선생이 『삼성기 상[147] · 하[148]』와 『단군세기』[149], 『북부여기』[150], 『태백일사』[151]를 합편하여 『환단고기』30부를 발간(1911)[152]한 것이 시작이었다.

『환단고기』가 우리들에게 다가온 것은 1983년 발간 이후의 일이다. 『환단고기』를 위서라고 몰고 있는 세력은 80년대 이전까지 역사 정보를 이 책에 쓸어 담은 것이라 한다. 예를 들어 반격하자면, 단군세기의 저자 이암(李嵒; 1297-1364)의 생애를 볼 때 600년 전 일이다. 태백일사를 쓴 이맥(李陌; 1455-1528)은 44세 때 과거에 급제하여 관직에 나간 후에 연산군의 후궁 장녹수의 사치를 탄핵하다가 귀양살이(1504-1505)했었고, 복직하여 찬수관(撰修官)이 되어 궁궐 깊숙이 숨겨둔 상고 역사

---

147 저자 안함로(安含老; 579-640)는 유불선과 신교에 정통한 신라의 고승이다.

148 저자 원동중(元董仲)은 연도 미상이나 조선시대 이전 인물로 보고 있다.

149 저자 행촌(杏村) 이암(李嵒; 1297-1364)은 고려 공민왕 때 문하시중(국무총리)을 역임했다.

150 저자 복애거사(伏崖居士) 범장(范樟; ?-?)은 정몽주의 제자로서 행촌 이암과 같이 작업하였다.

151 저자 이맥(李陌; 1455-1528)은 조선 초기 문신이며, 행촌 이암의 현손(玄孫)이다.

152 안경전 역, 전게서. pp.54-56.

책을 필사한 것이다.

또 있다. 20세기 초까지 남아있던 전국의 서당에서 『천자문(千字文)』 다음에 가르치는 책이 『동몽선습(童蒙先習)』이다. 글자 그대로 학동(學童)에게 가르치는 윤리 도덕과 역사책이다. 오륜에 대한 예절과 그 다음 총론에서 단군과 주(周)의 무왕과 은(殷)의 탕왕과 동이 이야기, 기자조선과 기준의 이야기, 위만의 멸망과 한사군 이야기, 태봉과 왕건이야기 등 역사가 담겨있다. 20세기에 와서 조작되고 쓸어 담은 이야기가 아니라 조선시대에도 동몽선습을 통해 이와 비슷한 역사 이야기를 배우고 있었다.

『환단고기』를 위서라고 이름 붙여 이득을 볼 세력이 누구일까? 『환단고기』의 기록은 이병도 학파의 강단사학(식민사학) 이론을 기초부터 흔들고 있다. 이 때문에 『환단고기』를 위서로 몰아붙여 아예 책에 접근하지 못하게 하여 그들의 아성을 지키려 하는 것 같다.

일곱째, 위서(僞書) 논란에 대하여

『환단고기』가 왜 위서인지, 위서라 목소리를 내는 그들은 기록된 내용 중 어느 부분이 어떻게 위서인지 조목조목 밝혀야 한다.

여덟째, 위서(僞書) 논란에 가세하는 사람들에 대하여

논란에 가세하는 사람들은 먼저 자신이 배우고 믿어왔던 역사서, 현 고등학교 국사 교과서와 대학 교양서적 등이 위서가 아닌지 살펴봐야 한다. 그 생각을 돕기 위해서 다음의 몇 가지 물음을 제시한다. 이에 대해 답할 수 없다면 현 고등학교 국사 교과서와 대학 교양서적이 더 먼저 위서 판정을 받게 될 것이다. 왜냐하면 이들 서적이 다음 물음에 걸려 있기 때문이다.

①우리 선조의 역사로 보는 단군조선이 중국 만주에 존재하지 않았다는 것을 밝힐 수 있나? 『환단고기』에는 기록되어 있다.

②위만조선이 기자조선의 뒤를 잇지 않았다는 것을 밝힐 수 있나? 중국 사서들이 위만 조선 전에 기씨 왕조의 마지막 왕 '기준'을 기록하고 있다.

③앞의 한사군편 〈궁금역사 18〉에 밝혔듯이 '점제현신사비'와 '낙랑 봉니'가 가짜라고 본다. 낙랑이 한반도 대동강변에 있다는 문헌도 전무하다. 대동강변에 낙랑군이 있었다는 다른 증거, 문헌이나 유물을 밝힐 수 있나?

④고구려 첫 도읍지, 졸본성의 위치를 제대로 밝힐 수 있나?

⑤백제의 위례성이 정말 한강유역에 있었는지, 무슨 증거가 있나?

⑥신라의 시조 박혁거세능이 왜 중국 강소성에 있는지 설명할 수 있나?

⑦박물관에 전시된 (평양) 토성리 (낙랑) 봉니의 진위를 가릴 의향이 있나?

⑧중국의 홍산(랴오허)문명 발굴은 인정하면서 단군조선은 왜 인정하지 못하는지 설명하라.

이 질문에 대답하지 못한다면 이 책을 읽는 독자와 우리국민과 중국인과 일본인이 우리 '국사교과서'를 오히려 위서(僞書)라 치부하게 될 것이다. '똥 묻은 개가 겨 묻은 개 나무란다.'는 우리 속담이 떠오른다. '위서 논쟁'은 '한국사'를 바로 잡기 위해서라도 계속돼야 한다. 이번 기회에 '고대 한국사'가 위사(僞史)가 아닌지 철저히 살펴봐야 한다.

상나라[153] 기자(箕子)에게 봉조선(封朝鮮)은 무슨 의미인가?

❗ 『상서대전(尚書大傳)』[154]과 사마천의 『사기(史記)』〈송미자세가(宋微子世家)〉의 기록을 보면, "주나라 무왕(武王)이 기자(箕子)를 조선에 봉했다"고 했다. 기자가 조선을 건국한 것이 아니라 '조선후(朝鮮侯)에 봉해졌다'는 것이다. '그 땅에 제후로 봉했다'는 것은 상나라 땅의 유민을 다스리사면 위임 통치가 필요했던 거다. 상(은)이란 명칭 대신에 '조선'이란 명칭을 쓴 것은 상나라와 기자의 뿌리를 드러내는 것이다. 무왕이 기자를 그 땅에 앉혀서 조선 후로 봉(武王乃封箕子於朝鮮)하려 했지만, 기자는 신하 되기를 거부(而不臣也)했다.

기자는 중국인(화하계華夏系, 한족)이 아니고 상(은)나라의 동이족[155]이다. 다시 말해 상나라 왕족[156]이다. 나라가 멸망하면 왕족은 노예가 되는 시대이다. 기자가 무왕의 품을 떠나 상나라 유민(5,000명)을 이끌고 동북쪽으로 이동했다는 것은 (상나라 땅에 봉하는) 조선 후를 거부했다는

---

153 상(商, 기원전 1600년경-기원전 1046년경)나라는 역사적으로 실제 했다고 여기는 최초 중국 왕조다. 제20대 반경(盤庚)이 마지막으로 옮긴 수도가 은(殷)이기 때문에 은나라로 부르기도 한다

154 서한 초기 복생(伏生)이 『상서(尚書)』(혹은 『서경(書經)』)28편을 전한 것을 제자인 구양생(歐陽生)과 장생(張生)의 편찬한 책이다. 『상서』에 하, 상, 주 3대 성군들의 정치에 관한 기록이 수록되어 있다.

155 『사기史記』에 '은(殷)나라는 동이족이고, 주(周)나라는 중화족이다. 또 말하길, 동이는 대륙의 동쪽에, 하화족(華夏族)은 대륙의 서쪽에 있다.'(殷日夷 周日華 又云 東日夷 西日夏)라는 기록이 있다.

156 제을(帝乙), 비간, 기자(箕子) 3인은 제29대 은왕 문정(文丁)의 아들들이다. 제을(帝乙)이 보위를 이었고 다시 제을의 막내아들 제신(帝辛)으로 왕위가 이어진다. 제신을 주(紂)라 불렀다. 주왕은 기자의 조카가 된다. (『사기』의 〈송미자세가〉와 율곡 이이가 쓴 『기자실기』에 있다)

뜻이다. 기자가 상(殷)의 옛 도읍지 인쉬(殷墟)를 지나며 불렀다는 〈맥수지가(麥穗之歌)〉가 지금도 남아있다.

　　명나라 사람 함허자(涵虛字)는 『주사(周史)』에서 기자는 중국인(상나라 유민) 5,000명을 이끌고 (고)조선으로 들어갔다"(周史云, 箕子 率中國五千人 入朝鮮)고 했다.

　　기자는 자신을 은허 땅에 '봉조선(封朝鮮)', 즉 제후로 봉하려는 무왕의 제안을 거절하고, 그를 따르는 상(殷)나라 유민(5,000명)을 이끌고 그들의 뿌리 조선 땅을 찾아갔으니 '봉조선(封朝鮮)'은 성립하지 않는다. 더구나 기자가 살아생전에 고조선에서 정권을 잡았다는 역사기록도 없다. 『삼국유사』에서 단군이 아사달에 숨어 산신이 됐다는 고조선의 정변[157]을 기자와 관련 있는 것처럼 기록하고 있는데 이는 매우 잘못된 것이다. 『환단고기』에 의하면 고조선의 정변, 즉 단군이 장단경으로 천도한 때는 BC425년이고 주나라 무왕이 기자를 조선후에 봉한 때는 BC1046년으로 무려 600년의 시간차가 있다. 또한 아사달에 숨어서 산신이 되었다는 단군은 43세 물리(勿理)단군이며, 재위기간이 36년으로 50-60세를 넘기지 못한 듯하다. 나이가 1,908세라는 것도 허무맹랑한 기록이다. 이 정변(BC425)에 설령 기자의 후예가 관여했다 하더라도 기자 생전에 봉조선이 실현된 것이 아니라고 본다. 『삼국유사』의 잘못된 기록을 『환단고기』의 기록으로 바로 잡는다.

---

157 『삼국유사』〈기이편 상〉 주나라 무왕(武王)이 왕위에 오른 기묘년에 무왕이 기자(箕子)를 조선에 봉(封)하니, 단군은 이에 장당경(藏唐京)으로 옮아갔다가 후에 돌아와 아사달에 숨어서 산신이 되었는데, 나이가 일천구백여덟 살이었다고 한다.

기자조선 왕조가 실제로 존재했었나?

❗ 기자가 조선에 들어갔을 때는 게르만족의 이동처럼 미미한 난민에 불과했을 것이다. 처음에는 대수롭지 않게 여겨졌던 기자의 세력은 나중에 점점 강성해져 갔을 것이다. 중국을 석권할 정도로 고도로 발전했던 상(殷)나라 문물을 향유했던 기자의 세력이 문화는 말할 것도 없고 군대(軍隊)와 병기에서도 고조선보다 앞섰을 것이다.

기자조선에 대한 언급은 36세 단군 매륵 때[158] 나온다. 기자가 상나라를 떠난(BC1046) 지 400년 후의 일이다. 『환단고기』〈단군세기〉에 보면, '무진 52년(BC653) 매륵 단제께서 병력을 보내 수유(須臾)의 군대와 함께 연나라를 정벌케 하였다.'(戊辰五十二年 帝遣兵與須臾兵伐燕)

여기서 수유의 군대는 기자조선의 군대를 뜻한다. 옛 사람들은 기자조선을 빠르게 성장한다는 뜻에서 수유(須臾)라고 표현했다.[159] 이때 (BC653) 이미 수유의 군대는 역사의 한 획을 그을 만큼 기자 후손들이 세력을 크게 떨치고 있었다. 이를 어떻게 볼 것인가? 단군 매륵과 연합하여 연나라 정벌에 나섰다는 것은 군장국가 이상의 국가 형태를 갖추고 있었다고 봐야 한다. 다시 말해 단군이 장단경으로 천도한 BC425년 보다 200여 년 전의 기록이다.

---

158 임승국, 전게서. pp.110-111.
159 상게서. p.111.

『환단고기』〈북부여기(北夫餘記)〉상, 시조 단군 해모수(解慕漱) 때 다음 과 같은 기록이 있다.

'경진 19년(BC221년) 기비(箕丕)가 죽으니 그 아들 기준(箕準)을 아비 의 뒤를 이어 번조선(番朝鮮)의 왕으로 봉했다. 관리를 보내 병사를 감 독하고 연나라를 대비하는 일에 더욱 힘쓰게 하였다.'(庚辰十九年 丕 薨子準襲父封爲番朝鮮王 遣官監兵尤致力於備燕 燕遣將秦介侵我西鄙至滿番 汗爲界)

문헌에 분명히 기비(箕丕)와 그 아들 기준(箕準)이 왕위를 이어가는 기 록이 있다. 북부여의 단군 해모수(재위 BC239-BC194)가 기씨(箕氏)의 왕 조를 인정하고 있었다고 봐야 한다.

이보다 앞서 『환단고기』〈태백일사〉삼한관경본기(三韓管境[160]本紀)의 번 한세가 하(下)에, 기비(箕丕)의 선조 기후(箕詡)가 등장한다.

무술년(BC323)에 수한(水韓)이 훙서(薨逝)하였는데 후사 없음에 이에 기후(箕詡)가 명을 받아 군령을 대행하였다. 연나라는 사신을 보내 이 를 축하하였다. 그 해 연나라도 왕이라 칭하고 장차 쳐들어오려고 하 였으니 기후도 역시 명을 받아 번조선(番朝鮮) 왕이라 칭하고 처음에 는 번한성(番汗城)에 머무르며 만일의 사태에 대비했다.

기후가 죽자 아들 기욱(箕煜)이 즉위했다. 기욱이 죽고 신미년(BC290)에

---

160 삼한관경의 어원은, 『환단고기』〈태백일사〉마한세기 상에, '단군왕검은 천하를 평정하시더니 삼 한으로 나누어 관경을 만드시고 곧 웅백다(熊伯多)를 봉하여 마한이라 하였다(檀君王儉旣定天下 分三韓而管境乃封熊伯多爲馬韓).'『환단고기』〈단군세기〉에 보면, '경자 93년(BC2241).....이에 천하의 땅을 새로 갈라서 삼한으로 나누어 다스렸으니, 삼한은 모두 오가 64족을 포함하였다(庚子 九十三年....於是區劃天下之地分統三韓 三韓皆有五家六十四族)'는 기록은 삼한의 시작을 말한다.

아들 기석(箕釋)이 즉위했다. 그 해 각 주군에 명하여 어질고 지혜 있는 자를 추천하게 하니 일시에 선택된 자가 270인이었다. 기묘년 (BC282) 번한(番汗)이 교외에서 몸소 밭을 가꾸었다. 을유년(BC276) 연 나라가 사신을 파견하여 조공을 바쳤다. 기석이 죽고 경술년(BC251) 에 아들 기윤(箕潤)이 즉위하였고, 그가 죽자 기사년(BC232)에 아들 기비(箕丕)가 즉위하였다.

처음 기비는 종실의 해모수(解慕漱)와 몰래 약속하여 제위를 찬탈(역 새, 易璽)하려 했으니, 열심히 명령을 받들어서 보좌했다. 해모수가 능히 대권을 쥐게 된 것은 생각건대 기비 그 사람 때문일 것이다. 기 비가 죽으니 아들 기준(箕準)이 즉위(경진, BC221년)하였는데, 정미년 (BC194)에 떠돌이 도적 위만의 꾀임에 빠져 패하고 마침내 바다로 들 어간 후 돌아오지 않았다.' (戊戌水韓薨無嗣於是箕詡以命代行軍令燕遣使 賀之 是歲燕稱將來侵未果箕詡亦承命正號爲番朝鮮王始居番汗城以備不虞 箕 詡薨丙午子箕煜立薨辛未自箕釋立是歲命州郡擧賢良一時被選者二百七十人 己卯番韓親耕于郊 乙酉燕遣使納貢箕釋薨庚戌子箕潤立薨己巳子箕丕立 初箕 丕與宗室解慕漱密有易璽之約勤贊佐命使解慕漱能握大權者惟箕丕其人也 箕 丕薨庚辰子箕準立丁未爲流賊衛滿所誘敗遂入海而不還)

기씨가 번한(땅)에서 기자조선(번조선)의 왕조를 수립하고 6대를 이어 갔다는 기록이다. 위만조선 전에 기자조선이 분명히 존재하고 있었다.

기자조선을 역사에서 뺀 이유는?

⚠ 기자조선의 언급은 한국사학계에서 매우 민감한 부분으로 작용하고 있다. 위만조선(3대 87년)의 왕조를 인정하면서, 이보다 더 긴 기씨(箕氏) 왕조[161]를 한국사에서 뺀 것은 일본의 식민사관과 맥을 같이 하고 있다.

일본의 시라도리 구라기치(白鳥庫吉)는 1894년 『단군고(檀君考)』를 펴내면서 "단군의 사적은 불교설화에 근거하여 가공스러운 선담(仙談)을 만든 것"이라 하였고, 이어 1910년(한일합방의 해)에 "기자는 조선의 시조가 아니다"라는 글에서 '기자조선은 조작된 것'이라 하였다.

이마니시 류(今西龍)는 1922년 『기자조선전설고』에서 '조선에 전해지는 기자전설은 연구의 가치가 조금도 없는 전설'이라 주장했고, 1929년에 발표한 『단군고』에서는 '중국과 조선민족은 아무 관련이 없다'고 했다.[162] 이들이 기자조선을 인정하면 조선 역사의 시작이 거슬러 올라가기 때문이다.

8·15이후 이병도를 비롯한 강단사학이 일본 학자들이 써 준 '조선사(1938)'란 식민사학에 뿌리를 두고 있음을 부인할 수 없다. 기자조선을 우리 역사에서 빼버린 이유를 이들 일본 학자들과 우리 강단사학자에게서 찾아야 할 것이다.

---

161 마한세가 기록에 의하면 위만조선 이전의 기씨 왕조는 기후, 기욱, 기석, 기윤, 기비, 기준까지 6대 69년이다. 마한세가 기록 이전에 변방에서 수유의 군대를 동원할 수 있는 군장국가의 왕조까지 포함하면 450년이 넘는다.

162 이형구·이기환, 『코리안 루트를 찾아서』, 성안당, 2010. p.303.

번조선(番朝鮮)은 어느 조선인가?

> ❗ 왜 이 질문이 중요한가 하면, 위만조선 멸망(BC108)이 고조선 멸망
> 이 아님을 인식시키고자 하여 새롭게 제기하는 것이다. 다시 말해 위만
> 조선은 삼조선의 하나인 번조선이며 위만이 멸망했다 하더라도 다른 조
> 선은 남아있었다는 것을 말하고자 한다.

『삼국사기』나 『삼국유사』에서는 번조선에 대해 유래를 찾을 수 없으나 『환
단고기』〈북부여기(北夫餘記)〉상, 단군 해모수(解慕漱) 때의 기록에는 있다.

'경진 19년(BC221) 기비(箕丕)가 죽으니 그 아들 기준(箕準)을 아비의
뒤를 이어 번조선(番朝鮮)의 왕으로 봉했다. 관리를 보내 병사를 감독
하고 연나라를 대비하는 일에 더욱 힘쓰게 하였다. 연나라는 장수 진
개(秦介, 秦開)를 파견하여 우리의 서쪽 땅을 침략하더니 만번한(滿番
汗)에 이르러 국경으로 삼게 되었다.'(庚辰十九年 丕薨子準襲父封爲番
朝鮮王 遣官監兵尤致力於備燕 燕遣將秦介侵我西鄙至滿番汗爲界)

여기서 잠깐, 기비(箕丕)가 죽어 그의 아들 기준(箕準)을 번조선(番朝鮮)
의 왕으로 봉했다 했는데, 기준을 왕으로 봉할 수 있는 위치에 있는 이
가 누구인가?

북부여(진조선)와 번조선(기자조선)의 위상을 구분할 수 있는 기록이다.
형식상의 국제관례가 아니라 '관리(官吏)를 보내 병사의 동태를 감독'할

정도로 깊숙한 영향력을 보여주는 국제역학관계를 보여주고 있다. '3한(三韓) 관경제(管境制)'의 일면을 보여주고 있다.

삼한(三韓)은 무엇이며 관경(管境)과 관경제(管境制)의 의미는 무엇인지 현대적 시각에서 구체적으로 파악할 필요가 있다. 3한은 3조선(三朝鮮)으로 불리는 마·진·번(변)을 말함이요, 관경(管境)은 영토의 개념이 아니라 통제와 관리가 가능한 장삿길의 경계이다. 여기서 번한 혹은 변한을 같은 의미로 ( )속에 변(弁)표시를 했는데, 필자의 의견은 다음의 〈궁금역사 8〉에서 피력하겠다.

진조선(眞朝鮮, 辰朝鮮)의 역할과 통제의 권한에 대한 개념이다. 3한 중에 마한과 번한을 왕, 즉 제후의 위치이고, 진한(辰韓)은 제왕(帝王) 혹은 천자의 위치를 인정하는 위상임을 『환단고기』는 밝히고 있다.

이보다 앞서 43세 (물리)단군이 위급 상황(BC426)에서 버리고 떠난 도읍지, 왕검성에서 후일 기자계(箕子係)가 통치하는 기후(箕詡) 왕조(BC323)로 바뀌었을 개연성을 남긴 기록이 있다. 삼국유사에서 말하는 장단경 천도 사례는 『환단고기』〈단군세기〉에서 자세하게 묘사하고 있다.

'43세 단군 물리(재위36년, BC461년 등극) 을묘 36년(BC426년) 융안(隆安)의 사냥꾼 우화충(于和沖)이 장군을 자칭하며, 무리 수 만 명을 모아 서북 36군을 함락시켰다. 단제는 병력을 파견했으나 이기지 못했으며, 겨울이 되자 도적들은 도성(王儉城)을 에워싸고 급하게 공격했다. 단제(물리)는 좌우의 궁인과 함께 종묘사직의 신주들을 받들어 모시고는 배를 타고 피난하여 해두(海頭)로 가시더니 얼마 지나지 않아서 돌아가셨다. 이 해에 백민성(白民城)의 욕살 구물(丘勿)이 어명을 가지고 군대를 일으켜 먼저 장당경(藏唐京)을 점령하니 구지(九地)의 군사들이 이에 따라서 동서의 압록(鴨綠) 18성이 모두 병력을 보내

원조하여 왔다.' (四十三世檀君勿理 在位三十六年 庚辰元年 隆安獵戶 于和沖自稱將軍聚衆數萬陷西北三十六郡 帝遣兵不克冬賊圍都城急攻 帝與左右弓人奉廟社主爭舟而下之海頭辱崩 是歲白民城褥薩丘勿以命起兵先據藏唐京 九地師從之東西鴨綠十八城皆遣兵來援)[163]

바로 이어서 그 다음해, 『환단고기』 〈단군세기〉 내용이다.

'44세 단군 구물 제위 원년 병진(BC425) 3월 큰물이 도성을 휩쓸어버리니 적병들은 큰 혼란에 빠졌다. 구물 단제는 만 명의 군대를 이끌고 가서 이들을 정벌하니, 적군은 싸워보지도 못하고 저절로 괴멸하였고 마침내 우화충을 죽여 버렸다. 이에 구물은 여러 장수들의 추앙을 받는바 되어 마침내 3월6일에 단을 쌓아 하늘에 제사 지내고 장단경에서 즉위하였다. 이에 나라의 이름을 대부여(大夫餘, 북부여)라 고치고 삼한(三韓)을 삼조선(三朝鮮)이라고 바꿔 불렀다. 이때부터 3조선은 단군을 받들어 모시고 통치받기는 했지만 전쟁의 권한에 있어서는 애오라지 한 분에게만 맡겨 두지는 않게 되었다.' (四十四世檀君丘勿 在位二十九年 丙辰元年 三月 大水侵都城賊大亂 丘勿率兵一萬往討之 賊不戰自潰遂斬于和沖 於是丘勿爲諸將所推 乃於 三月十六日 築壇祭天遂卽位于藏唐京改國號爲大夫餘改三韓爲三朝鮮自 是三朝鮮雖奉檀君爲一尊臨理之制而惟和戰之權不在一尊也)[164]

마・진・번(번) 중에 진조선이 장단경으로 천도하면서 나라의 이름을 대부여(大夫餘, 북부여)라 고치고 삼한(三韓)을 삼조선(三朝鮮)이라고 바꿔

---

163 임승국, 전게서. pp.113-114.
164 상게서. pp.114-115.

불렀다는 시점이 44세 단군 구물 원년인 병진(BC425)년이다. 『삼국유사』에 '주나라 무왕이 기자를 조선에 봉하자(BC1046), 단군은 장단경으로 옮겨가 아사달에 숨어 산신이 됐다'는 기록이 있는데, 이 시기를 이름이라 본다. 두 연대가 전혀 다르다.

번조선이 처음 나온 기록은 『환단고기』〈태백일사〉에 있는 〈번한세가(番韓世家)〉 상(上)에 있다. BC2267년경의 일이다.

'이에 단군왕검(1세)은 치우의 후손 가운데 지모가 뛰어나게 세상에 소문난 자를 골라 번한(番韓)이라 하고 부(府)를 험독(險瀆)에 세우게 하였다. 지금도 왕검성이라고 한다.'(是 檀君王儉擇蚩尤後孫中有智謀勇力者 爲番韓立府險瀆 今亦稱王儉城也)

이를 뒷받침하는 기록이 『환단고기』〈단군세기〉에 있다.

'갑술 67년(BC2267), 단군께서 태자 부루(扶婁)를 파견하여 도산(塗山)에서 (순임금의) 우사공(虞司空)과 만나게 하였다. 태자는 오행치수(五行治水)의 방법을 전하여주었고 나라의 경계도 따져서 정했으니, 유주(幽州)와 영주(營州)의 두 곳 땅이 우리에게 속하였다. 또 회대(淮岱) 지방의 제후들을 평정하여 분조(分朝)를 두고 이를 다스렸는데, 우순(虞舜)에게 그 일을 감독하게 하였다.'(甲戌六十七年 帝遣太子扶婁與虞司空會于塗山 太子傳五行治水之法勘定國界幽營二州屬我 定淮岱諸侯置分朝以理之使虞舜監其事)

번조선의 시작은 단군왕검[165]의 통치 아래 분할통치의 일환으로 이뤄진 3한의 하나였다고 볼 수 있다.

경자 93년(BC2241)경 단군께서 '이에 천하의 땅을 새로 갈라서 삼한(三韓)으로 나누어 다스렸으니, 삼한은 모두 오가(五家) 64족을 포함하였다.' (於是區劃天下之地分統三韓 三韓皆有五家六十四族)

또한 번조선의 도읍 왕검성의 위치도 험독이라는 것을 알 수 있다.

번조선과 진조선의 갈림은 구물단군이 원년(병진, BC425) 3월 6일에 단을 쌓아 하늘에 제사 지내고 장단경에서 즉위하며, 나라의 이름을 대부여(大夫餘, 북부여)라 고치고 삼한(三韓)을 삼조선(三朝鮮)이라고 바꿔 불렀을 때라고 본다.

---

165 단군왕검은 환웅 조선(배달조선)의 뒤를 이어 무진(BC2333)년 10월에 개국한 단군 조선의 첫 임금이다.

번조선(番朝鮮)과 변조선(弁朝鮮)이 혼용되는 까닭은?

❗ 인터넷에 떠도는 '번조선'을 클릭하면 '변조선', '불조선'까지 명칭이 다양하여 어리둥절하다. 번조선(番朝鮮)의 번(番)은 '다음이나 순차'를 뜻하고, 변조선(弁朝鮮)의 변(弁)은 '고깔'을 뜻한다. 그런데 '불조선'의 '불'은 어떤 한자를 쓰는지 알 길이 없다. '불조선'은 단재(丹齋)가 번한(番韓)을 '불한'으로 읽어야 한다[166]고 했다는 데서 현대에 와서 붙여진 이름이라여겨 이번 논의에서 제외한다.

'번조선'은 앞에서 탐색했듯이 단군왕검(1세)이 BC2267년경, 치우의 후손 가운데 지모가 뛰어난 자를 골라 번한(番韓)이라 하고 부(府)를 험독에 세우게 한 데서 비롯되었다고 본다.

번한의 근거는 앞 〈궁금역사 7〉에서 살핀 바와 같고, 이와 달리 '변조선'의 근거는 『환단고기』 〈단군세기〉 색불루 단군 원년에 나온다. 병신(BC1285)년의 기록이다.

'11월 몸소 구환(九桓)의 군사를 이끌고 여러 차례 싸워 은나라 서울을 격파하고 곧 화친하였으나 또 다시 크게 싸워 이를 쳐부쉈다. 이듬해 2월 이들을 추격하여 황하 주변에서 승전의 축하를 받고, 변한(弁韓)의 백성들을 회대(淮岱)의 땅으로 옮겨 그들로 하여금 가축을 기르고

---

166 임승국, 전게서. 2016. p.76.

농사를 짓게 하니 나라의 위세가 떨쳐졌다.' (十一月 親率九桓之師屢戰
破殷都尋和又腹大戰破之 明年二月 追至河上而受捷賀遷弁民于淮岱之地 使
之畜農國威大振)

여기서 변한이란 말이 나온다. 색불루 단군이 상(은)나라 서울을 격파
하고 변한의 백성을 회대의 땅으로 이주시킬 때(BC1285)는, 상(은)나라
가 주나라에 멸망(BC1046년경)하기 200여 년 전 일이다. 변한의 근거를
상(은)나라에서 찾을 수 있다.

변한의 백성을 이주시킨 회대(淮岱)의 땅이 어디인가? 중국 허난성(河南
省) 안양(安陽)의 옛 지명 인쉬(殷墟)에서 황하를 넘어 동쪽으로 가면 산동
반도에 이른다. 산동반도의 남쪽, 회의(淮夷)의 땅이다. 상(은)나라 도읍
은허[167]와 연관이 있는 곳이다. 현대지도를 펼쳐 놓고 보면 중국 하남성
의 카이펑(開封)에서 지닝(濟寧)을 지나 웨이팡(淮坊)에 이르는 지역이다.

색불루 단군은 변한의 백성을 회대 땅으로 이주시킨 후 가축을 기르고
농사를 짓게 한 것은 그들의 생계수단(산업)을 바꾼 것이다. 그 전에는
무엇을 했을까?

상(은)[168]나라 주민이었으므로 생계 수단이 장사, 곧 행상인이었을 것
이다. 당시 장사를 하는 상인을 두 종류로 나누어 표기했다. 좌판이나
상점을 둔 매상(賈商)과 괴나리봇짐의 장사꾼 행상(行商)이다. 상(은)이 망
한 후, 상(商)나라라고 명칭을 붙인 배경에는 떠돌이 행상을 강조하는
의미가 들어있다.

---

167 갑골문자(甲骨文字) 혹은 은허문자(殷墟文字)가 발견된 곳이다.
168 '상(商)'나라는 여러 차례 수도를 옮겼는데, '반경왕'이 마지막으로 옮긴 수도가 '은(殷)'이었으므
로, '은(殷)'이라는 명칭이 붙었다. '상(商)'이라는 부족이 세운 나라다.

상나라는 현대에 와서 유물 발굴에서 말하듯이 그들의 순장 제도는 동이문화족임을 말해준다. 중국 사학계에서 이미 동이족임을 인정하고 있다. 겉으로 나타나는 표상은 동이어순의 언어를 쓴다는 것과 상투를 했다는 것이다. 동이족은 상투의 손질과 관리를 예절의 주요 절차로 삼았다. 그리고 상투 관리에 시간 할애를 많이 했다.

생업을 위해 외출과 야외에서 주로 활동해야 하는 상나라 상인들은 빗물과 먼지로부터 상투 관리가 우선이었다. 상투를 보호하는 특별한 장치가 필요했을 것이다. 그것이 갓이고 끈으로 묶어 고정하는 일이다. 이를 가리켜 의관을 갖춘다고 한다.

그런데 상(殷)나라 사람들은 상투를 보호하고 관리하기 위해 갓 대신 편리한 고깔형 감투를 머리에 얹었던 것으로 보인다. 기자(箕子)의 초상을 보면, 머리에 의관을 썼는데 기자의 초상마다 조금씩 다르지만 고깔을 머리에 얹은 모양이 상투를 보호하고 관리하기 위한 것처럼 보인다. 상나라 사람들도 이와 비슷한 의관을 갖추었을 것이다. 이런 상나라 사람들을 보고 고깔 변(弁)을 붙여 변한(弁韓) 사람이라 불렀을 것으로 보인다.

필자가 '변한(弁韓)'을 해자하면, 변(弁)은 독특한 모습을 나타내는 상형문자이고, 한(韓)은 '직책 왕이며, 상투머리 한 조선 또는 동이'를 뜻한다. 변(弁)을 다시 해자하면, 厶(사; 고깔)를 머리에 얹고, 바람에 날리지 않게 끈으로 양 볼을 지나 턱 밑에서 끈을 묶어 고정하는(廾공) 모습이다.

종합하여 해석하면 변한은 동이족 중 장사(행상)를 주로 하는 상나라 사람, 고깔을 쓰는 문화의 상나라 사람을 일컫는 말이다. 변한의 어원을 여기서 찾을 수 있다.

그런데 의문은 다시 꼬리를 잇는다. 산둥반도 남방, 회대에 있던 변한이 어떻게 톈진(天津)을 넘어 험독(險瀆)에 도읍을 둔 번조선까지 이어졌느냐 하는 점이다.

첫째, 험독과 회대는 같은 언어를 쓰는 동일 문화권이다. 회대 땅은 나중에 위만조선의 강역이 되었고, 또한 낙랑군에 포함됐던 곳이다.

둘째, 회대(淮岱)는 변한(弁韓)의 백성을 이주시킨 땅이다.

셋째, 이곳 회대는 후일(BC57) 초기 신라의 영토이기도 하다. 이곳 회대 땅(=신라의 땅)이 『수서』와 『구당서』에서 한나라의 낙랑 땅이라 기록하고 있다.

넷째, 본서 한사군 편에서 낙랑의 위치를 밝혔는데 '험독에서 회대에 이르는 땅'이다.

다섯째, 기자(箕子)가 말년에 변한(弁韓) 땅에 살았고 그의 묘도 그곳에 있다는 기록을 찾을 수 있다. 〈단군세기〉 25세 단군(솔라) '정해 37년(BC1114) 기자가 서화(西華)에 옮겨가 있으면서 인사를 받는 일도 사절하였다.'(丁亥三十七年 箕子徙居西華謝絕人事)로 보아 기자가 주나라 무왕이 주는 조선 후로 봉(武王乃封箕子於朝鮮)함을 거절하고 조선으로 들어갔다는 땅이 서화(西華)이며 그곳에서 은둔생활을 한 것으로 보인다.

서화, 그곳이 어디인가? 『수경주』의 기록에 의하면, '두예(杜預)가 말하기를 양국(梁國) 몽현(蒙縣)의 북쪽에 박벌성(薄伐城)이 있는데, 성안에 은나라 탕[성탕, 成湯[169]]임금의 무덤이 있고, 그 서쪽엔 기자의 무덤이 있다'고 하였다.(杜預曰 梁國蒙縣北 有薄伐城 城內有成湯塚 其西有箕子塚)[170] 하남성 서화지방은 양나라 북쪽 국경이었다.

---

169 탕왕(湯王)'의 다른 이름.

170 『수경주』권23 汲水 濊水(확수). 임승국, 『한단고기』(p.104) 재인용.

『대청일통지(大淸一統志)』[171]에 서화의 위치가 있다. '서화(西華)는 옛 기(箕)의 땅이다. 개봉부(開封府) 서쪽 90리에 있다. 처음 기자가 송나라 기의 땅에서 살았기 때문에 기자라고 한 것이다. 지금 읍 가운데 기자대가 있다.' 개봉부(開封府)는 현재 허난성 카이펑(開封)시를 말한다. (西華故箕地在開封府西九十里 初聖師 食宋箕故 稱箕子 今邑中有箕子臺)[172]

여섯째, 기자의 자손이 번조선에서 기자조선의 왕조를 이어갔다는 점이다. 『환단고기』〈태백일사〉삼한관경본기의 번한세가 하(下)에 다음과 같은 기록이 있다.

'무슬년(BC323)에 수한(水韓)이 죽었는데 후사 없음에 이에 기후(箕詡)가 명을 받아 군령을 대행하였다. 연나라는 사신을 보내 이를 축하하였다. 그 해 연나라도 왕이라 칭하고 장차 쳐들어오려고 하였으니 기후도 역시 명을 받아 번조선 왕이라 칭하고 처음에는 번한성에 머무르며 만일의 사태에 대비했다.' (戊戌水韓薨無嗣於是箕詡以命代行軍令燕遣使賀之 是歲燕稱將來侵未果箕詡亦承命正號爲番朝鮮王始居番汗城以備不虞)

기씨가 번한(땅)에서 기자조선(번조선−변조선)의 왕조를 수립하였다는 기록이다. 이와 같이 번조선과 변조선이 뿌리가 다른데서 출발했는데도 기후(箕詡)가 번조선의 왕을 이어감(BC323)에 따라 번과 변이 혼용되었다고 본다. 국사학계에서도 3한을 마한, 진한, 번(변)한이라 보는 것도 이에 연유한다.

---

171 중국 청나라의 영토를 상세히 기록한 책이다. 1743년에 356권이 간행되었고 1842년에 『가경중수일통(嘉慶重修一統)』이라고 불리는 500권이 완성되었다.

172 『大淸一統志』 권172 許州. 임승국, 『한단고기』(p.103) 재인용.

기타

06

광대뼈 조상은 왜 추운 곳에 살았을까?

! '북방계 몽골로이드'는 광대뼈뿐만 아니라 찢어져 보이는 두꺼운 눈꺼풀, 몽골주름, 상아질이 두꺼워진 쇼벨구조 등 신체적 변화도 추운 곳에서 살았던 고난의 흔적이다. 이밖에도 해소, 기침, 비염, 축농증 등 호흡기 질환도 뒤따른다. 그들은 왜 추운 곳을 벗어나지 않았을까?

한마디로 답을 한다면 먹고 살기 위해, 특히 양질의 '식량' 때문이라 할 수 있다. 재배로 식량 해결의 길이 열린 신석기 이전의 일이다. 수렵과 채집에 의존하던 구석기 시대의 스토리다. 따뜻하거나 더운 지방의 동물들은 몸집이 작거나 어쩌다 큰 놈은 맹수이고, 잡기 쉬운 양서류, 파충류, 곤충들은 독이 있어 먹을 부분이 적었다. 과일과 채소가 여기저기 많아서 그것으로 허기를 채우지만 충족되지 않았고, 너무 자주 먹어서 신물이 난다. 단백질의 맛을 보고나서 고기 맛을 잊을 수 없다. 이것은 인간 식성의 본능이다.

이에 비해 추운 지방, 특히 산악 지역에 사는 산양이나 사슴, 순록은 무리지어 살기 때문에 사냥하기도 쉬웠고, 양질의 동물성 식품을 언제나 풍부하게 얻을 수 있었다.

20세기에도 순록을 따라 생활하는 유목민인 츄크치족(Chukchi 族)과 네네츠[173]인(Nenets peoples), 차탕족[174] 등을 탐방한 생생한 영상 기록을

---

173 네네츠인은 사모예드인이라고도 한다. 네네츠라는 호칭은 네네츠어로 '사람'을 뜻한다.

174 차탕족은 몽골 북서부 러시아 접경 지역, 타이가라고 불리는 한랭 삼림지대에 살고 있다. 몽골어로

보면, 모기를 피해 그곳보다 더 추운 툰드라의 고산지대까지 함께 동행하며 살아가는 모습을 이해할 수 있다.

우리 조상이나 투르크(돌궐)족, 아메리카의 인디언이나 인디오 등이 추운 산악을 중심으로 생활했던 연유를 찾을 수 있을 것이다. 중앙아시아의 '―스탄'의 여러 나라들도 조상 때부터 산악 생활을 했다는 흔적이 아직도 남아있다. 연구해 볼 과제가 아직도 많다고 본다.

'순록을 따라 다니는 사람들'이라는 뜻 그대로 차탕족은 부족 전체가 순록을 따라 다니며 산다. 차탕족 그들은 순록을 '차'라고 부른다. '차탕'은 '차를 탄다'는 말이다. 즉 차(순록이 이끄는), 탕(탄, 타는), 족(사람)의 합성어인 셈이다. 제주도에서는 지금도 "걸엉 가젠, 차 탕 가젠? (걸어 갈 거냐, 차를 타서 갈 거냐?)"처럼 탕을 쓴다. 우리말과 한자를 조합한 언어 같지만 우리와 뜻이 통하는 명칭이다.

오방(五方)과 오방색의 배치와 순서는?

❗ 동서남북 4방(四方)이 아니고 1방(중방)을 더한 5방(五方)이 있다 한
다. 오방색의 깃발은 경기도 수원성에 가면 볼 수 있다. 수원(화성)성곽은
동서남북으로 4개의 관문(關門)이 있는데 북쪽에는 장안문(長安門), 남쪽
에는 팔달문(八達門), 서쪽에는 화서문(華西門), 동쪽에는 창룡문(蒼龍門)이
있다. 도성(都城)의 오방색이라 하여 방위별로 깃발 색깔이 다르다. 서쪽
은 백색, 동쪽은 청색, 남쪽은 적색, 북쪽은 검은(흑) 색, 중앙지대는 노란
색으로 구분해서 깃발이 꽂혀 있다.

왜 5방인가? 중앙을 하나의 방위로 삼아 굳이 5방을 맞추는 까닭이
무엇일까? 5방이 5성(五星, 五行星)과 관련된 상징적 의미라는 주장을 전
혀 무시할 수는 없지만, 실용적인 면이 더 있지 않나 한다.

사각으로 조성된 적석총 위에 세워졌다는 향당(享堂)에서 5방위를 찾
아낼 수 있다. 중산국(中山國)[175] 착왕(錯王)의 능(BC310년 무렵에 조성)에서
길이 94m, 폭 48㎝의 청동 판형으로 된 무덤의 기획 설계도, 즉 조역
도(兆域圖)가 고스란히 발견되면서 향당이 밝혀졌다. 향당은 왕릉 위에
세워 선왕에게 제사지내는 종교적 건축물이다. 이형구 교수는 비문을
탁본한 자료를 수소문하는 과정에서 동이계 상족(商族)의 상례(喪禮)제도
라는 것을 밝혀냈다.[176]

---

175 중산국은 전국시대에 있었고, 조(趙)나라, 연(燕)나라, 제(齊)나라를 잇는 삼각지점 안에 위치했다.
176 이형구·이기환, 전게서. pp. 329~330.

중국 지린성(吉林省, 길림성) 지안(集安, 집안)의 고구려 수도 국내성에 조성된 장군총이나 그 외 태왕릉, 천추총, 임강총, 서대총, 중대총 등 고구려 적석총의 정상부에는 어김없이 기와 편들이 집중적으로 수습되었다. 이형구 교수는 "바로 고구려 적석총 정상부의 난간 기둥 흔적과 기와편, 전돌, 초석 등은 바로 이곳에 능묘 위에 조성된 건축, 즉 향당이 존재했다는 결정적 증거"라고 보았다.

한반도의 서울 송파구 석촌동 4호분(3층 계단식 피라미드 형식의 석실묘)를 4-5세기 백제왕의 무덤이 아닌가 보는 학자도 있다. 이 무덤 정상에서 고구려 장군총에서 드러난 자갈과 석회 및 흙을 섞은 이른바 '콘크리트' 구조물 흔적이 남아있다.

오방색 탐구는 적석총의 문화와 관련 있다는 점에서 중앙아시아로 거슬러 올라가야 한다. 중앙아시아 카자흐스탄에서 발견된 적석총은 이집트 피라미드 보다 훨씬 작지만 구조는 거의 비슷하다는 것을 찾아냈다. 꼭대기가 평평한 5층의 계단식 Djoser(죠세르) 피라미드 구조 형태를 띠고 있다. 피라미드 건설 연대에 따라 초기에 건설된 피라미드의 꼭대기가 평평했던 점에 주목할 필요가 있다. 그곳, 사각의 중심에 오방의 흔적이 있다.

오방이 왜 필요한가에 대한 생각에서 출발한다면, 먼저 나를 중심으로, 내가 서 있는 곳을 기점(중앙)으로 삼아 자신의 위치에서 사방을 바라보는 것이 이치에 맞는 일이다. 오방이 오행성에 맞추었다기보다 사방을 찾기 위한 실용적 생각에서 실사구시에 가깝다는 것을 깨닫게 한다. 이렇게 보면 +1의 중방은 동방, 서방, 남방, 북방보다 앞서야 한다. 내가 서 있는 곳도 1방의 하나로 본 것이며, 내가 있어야 사방을 알아본다는 뜻이다.

달력을 펼쳐놓고 오늘을 찾아보자. 오늘을 중심으로 해서 어제와 그제의 날짜가 정해지고, 내일과 모레의 날짜도 정해진다. 며칠이 지난 후에 오늘이란 날짜가 달라지면 엊그제나 낼모레의 날짜도 따라서 달라진다.

오늘을 중심으로 앞뒤를 생각하듯 내가 서 있는 시점, 지점을 중심으로 동서남북을 찾고 갈 방향을 정하는 것도 마찬가지다. 혹자는 오방을 무시하고, 동서남북이라는 절대방향을 주장하기도 하겠지만, 방향의 절대성은 한참 후(기원 후)에 나침반이 일반화 되면서 자리 잡은 개념이다.

방향을 알아야 길을 찾던 석기시대의 절대 방향은 북두칠성으로 찾을 수 있는 북극성과 북쪽이었을 것이다. 당시, 찾아갈 곳이 서쪽이라면 북을 찾은 후에 서쪽을 찾고, 그쪽으로 보이는 산봉우리나 어떤 지형을 시점(視點)의 목표로 하여 전진했을 것이다. 날이 밝으면 별이 보이지 않고 또 다음 날 밤 흐리거나 비가 오면 북극성을 볼 수 없기 때문에 서쪽이나 동쪽을 폭표 지점으로 삼는 지형지물을 정하는 일은 여행자에게 생명처럼 중요한 일이다.

이러한 사고체계를 근거로, 중방(中方)이 먼저인 것은 나를 중심으로 세상을 보고 말하는 것이 가장 정확하다는 것이다. 요즈음 말로 GPS 개념이다.

중방이 먼저라면 그 다음에 찾아야 하는 방향은 무엇인가? 특히 밤이라면 두 말 할 것 없이 북방(北方)이다. 북쪽(북극성)을 찾아야 다른 방향이 정해진다. 또한 북극성은 손쉽게 찾을 수 있는 방향이기도 하다.

중앙아시아에서 고조선을 오가는 길에 보이는 북두칠성과 북극성은 변함없는 북쪽이고 나침반일 수 있다. 어쩌면 중앙아시아(...스탄)에 근거를 둔 장사꾼이 돌아갈 때 방향을 알려주는 이정표가 될 수 있다.

그 당시 상투를 하게 된 이유를 찾아야 한다. BC2300년경 메소포타미아 수메르문명 당시 사르곤왕의 상투[177]와 뉴허량(우하량; 牛河梁) 유적(BC4700-BC2900) 제2지점 1호 적석총 제21호 무덤에서 상투를 한 피장자가 발굴되었다. 상투(上斗)의 별자리 두(斗)는 북두칠성을 뜻한다. 상투(上斗)를 머리에 이고 지닐 만큼 북두칠성으로 방향 찾기를 중시한다는 표식이다.

북두칠성으로 북극성을 찾아 정확한 북쪽을 알아야 목적지에 도달할 수 있다. 정확한 방향을 알아야 안전한 귀환도 보장된다. 북방(北方)이 먼저인 것은 당시 안전을 구하는 현실적 문제였다.

세 번째 방향은 남방(南方)이다. 남쪽은 나를 중심으로 북쪽의 반대편이다. 남(南)쪽은 북에 상대되는 방향으로 남북을 알아야 정확한 동서를 찾을 수 있기 때문이다. 그 당시는 지금처럼 남북이라 부르지 않고 북남이라 했을 것이다.

다음으로 남은 것이 서동(西東)이다. 왜 동서(東西)가 아니라 서동인가? 초원길을 이용하는 사람들은 방향을 찾는 이러한 문화가 중앙아시아(스탄)를 중심으로 하여 서쪽에서 왔기 때문이다. 고조선을 비롯하여 그 이전에도 이곳 주인공인 당시 사람들이 서쪽에서 왔다. 동서로 왕래하고 이동하지만 언제나 시작은 서쪽이고 돌아갈 방향이기도 하다.

네 번째 방향은 서쪽이다. 따라서 동방(東方)은 다섯 번째 방향이 된다. 오방의 순서를 매기자면 ①중방, ②북방, ③남방, ④서방, ⑤동방 즉 중북남서동이다. 현대에 살고 있는 우리의 상식을 뛰어넘는 사고방식이라 할 수 있다. 만약 방향과 관련된 고문서 기록이 있다면 이와 같은 순서로 보면 쉽게 해석할 수 있을 것이다.

---

177 석재 부조. 아카드제국 건설

상투는 중앙아시아의 문화인가?

❗ 영국 런던 대영박물관 아시리아(Assyria) 컬렉션에서 수메르(Sumer)
와 아카드(Akkad)의 유물 중에 필자의 눈을 끄는 석재부조가 있다. 머리
에 우리 조상처럼 상투를 했기 때문이다. 헤어스타일로 상투를 하는 나
라나 조상이 있는 경우는 흔치 않다.

이 부조의 주인공은 아시리아 역사에서 정복 군주인 아슈르나시르팔 2
세(Ashurnasirpal Ⅱ, 재위 BC873-BC859)라 한다. 이 부조상(浮影像)은 기원
전 9세기 당시 아시리아 왕국의 수도였던 님루드(Nimrud)의 한 사원[178]의
입구에 있었다고 한다. 지금의 이라크 모슬 동남쪽 30㎞ 지점에 있었다.

이와 비슷한 석재 부조(BC2300년경 제작)가 또 있다. 수메르의 초기 사
르곤왕(BC2334-BC2279)의 머리에도 상투를 하고 있다. 이들은 당시 그
지역의 지배 계층이었다. 메소포타미아문명의 원류, 수메르문명의 지배
계층은 상투를 틀었다는 것을 알 수 있다.

한편 상투의 연결을 좀 더 살피기 위해, 앞에서 소개했듯이 동아시아
홍산(랴오허)문명의 뉴허랑 유적(BC4700-BC2900) 제2지점 1호 적석총
제21호 무덤을 발굴할 때, 부장자 머리맡에 있는 '옥고'가 있었다. 옥고
는 상투머리를 고정시키는 도구이다. 상투를 한 그대로 묻힌 것이다.

---

178 사원은 지금 이슬람국가(Isis)에 점령된 뒤 잔혹하게 파괴되는 영상(2015.3)을 마지막으로 사라졌다.

이번에는 아메리카대륙 이야기다. 손성태 교수가 쓴 『우리 민족의 대이동』에서, 멕시코 역사를 담은 1523년경의 그림[179]을 소개하고 있는데 원주민들이 바로 우리 선조들의 상투모양과 같은 헤어스타일을 하고 있다.

상투문화를 가진 이들이 언제 아메리카 대륙으로 건너갔을까? 송호수 교수의 『한민족의 뿌리사상』에 의하면, 북미의 오리건 주에서 발굴된 짚신 75컬레는 동이족의 짚신과 흡사한데 방사선 탄소 측정에 의하면 이것은 약 9천 년 전의 것이라고 한다. 그 이전에 이미 상투를 하고 두루마기를 입은 동이족이 베링해협을 걸어서 넘어갔다고 할 수 있다.

이들 아시리아와 수메르의 메소포타미아 지역과 홍산문명 지역과 아스텍문명 지역을 연결 지으면, 문명의 연결선상에 중앙아시아문명이 있다. 당시 문명 수준이 높은 중앙아시아문화에서 비롯된 것이 아닌가 한다.

중앙아시아문명은 자취를 감추고 있지만, 지금부터 1만 년 전후로 왜 그들의 문명이나 문화가 높았는지, 금속문명을 어떻게 발전시킬 수 있었는지는 다음 기회에 밝히겠다.

---

179 아스텍문명(Aztec culture)은 지금의 멕시코 지역에 존재하던 아스텍 인들이 만든 문명이다. 수도는 멕시코 중부의 텍스코코 호 중앙의 인공 섬에 있던 테노치티틀란이었다. 마야문명의 영향을 받았다. 1519년 11월 8일 에스파냐의 정복자 에르난 코르테스가 수도 테노치티틀란에 들어갔다. 아스텍 제국의 통치자였던 몬테수마 2세는 백인인 코르테스와 그의 무리를 아스텍문명의 전설에 나오는 깃털 달린 뱀케찰코아틀로 여겨 환대했으나 내부의 정치적 위기를 이용한 코르테스의 계략으로 1521년 코르테스의 군대에게 정복당했다. 바로 직후에 정복자 쪽에서 그린 그림이다.

우리는 사망(죽음)을 왜 "돌아갔다"고 말하는가?

! 우리가 아는 역사는 대부분 정치사(政治史)이다. 생활사(生活史)를 기록한 경우가 드물다. 생활사를 살필 수 있다는 것은 우리 조상들이 어떤 생각을 하고 어떤 삶을 살았는지 파악하는 데 도움이 될 것이다.

우리 언어 중에 부음(訃音)을 듣고 "죽었다"라고 말하기보다 "돌아갔다"는 말을 더 많이 쓴다. 원수지간이 아니라 웬만하면 주위의 죽음에 대해 '돌아가셨다'는 말을 써 왔는데, 존칭 외에 또 다른 의미가 담겨 있다.

'돌아가다'의 의미를 사전에서 찾아보면, ①원래의 자리로 회기(回基)하다. ②빙글빙글 회전(回轉)하다. ③다른 길로 우회(迂廻. 迂回)하다. ④일이 진행되어가다. ⑤죽다 등의 의미가 있다. 특히 ⑤의 죽다는 '돌아가다'를 존댓말로 '돌아가셨다' 했을 때, 그 의미가 뚜렷해진다.

"돌아가다니, 어디로 돌아갔나요?"

초상집에 가서 상주에게 말도 안 되는 엉뚱한 질문을 했다고 하자. 그런데, 말이 되는 뜻밖의 대답이 돌아왔다.

"돌아간 곳이 어디냐 하면, 그가 떠나왔던 곳으로 돌아갔어요."

"그가 떠나왔던 곳이 있었나?"

"혹시 삼신(三神)할머니라는 말, 들어보셨나요?"

"삼신할머니는 알지요. 아기씨를 점지해 주신다는….”

"맞아요. 삼신할머니로부터 명줄을 받아, 어머니의 태(胎)에 인연을

맺고 태어난다는 것이 우리 동이(東夷)의 생사관이지요."

"그런데 삼신할머니와 돌아갔다가 무슨 연관이 있나요?"

"삼신할머니가 어디에 사시는 지 아시나요?"

"어디에 계신데요?"

"북두칠성요, 삼신할머니는 전설적으로 북두칠성에 산다고 하네요."

"아, 그렇다면 북두칠성으로 돌아갔다는 말인가요?"

"예, 그래요. 죽음은 온 곳으로 돌아가는 것이지요. 죽어서 관 바닥에 깔아놓은 '(북두)칠성판'을 지고가야 북망산(北邙山)을 찾아갈 수 있고, 염라대왕이 받아주거든요."

"그렇다면 염라대왕도 거기에…."

"맞아요. 그곳에 있다는 전설이 있어요. 사람이 태어나서 죽음까지 북두칠성 신(神)이 관장한다는 '칠성신앙'이 우리 문화 유습 중에 있어요. 사찰에 가면 칠성각(七星閣)이 있는데, 이는 신라 이차돈의 순교 때, 당시 이러한 민간신앙을 수용했다는 증거지요. '죽음'을 가리켜 '돌아갔다'고 당신이 쓰는 말 속에 우리도 모르는 사이에 칠성신앙 문화에 젖어 있음을 암암리에 인정한다는 것이지요."

사람이 죽으면 북망산(北邙山)[180]을 거쳐, 북두칠성으로 돌아간다. 북두칠성이 시계바늘처럼 회전하다가 북망산이 있다는 지평선에 닿으면 그곳을 통해 돌아간다는 오래된 원형문화를 엿볼 수 있다. 항상 우리의 삶과 죽음의 경계에 북두칠성이 있다고 구전되어 왔다.

---

180 중국 허난 성 뤄양(洛陽)에 있는 작은 산의 이름이다. 본 이름은 망산이었으나 뤄양 북쪽에 위치한 산이라서 북망산이라고 개명된 것이다. 다시 말해 북망산을 도입한 것이다. 뤄양이 주나라 (BC1046-BC256)의 도읍이고 왕후나 공경들이 묻히면서 이름이 붙었다 하니 BC11세기 이후로 본다. 그러나 아스텍문명에도 북망산 개념이 남아있는 것을 보면 1만 년 전 이상 오래된 전통문화로 볼 수 있다.

이러한 문화는 우리 언어에 들어있다. 아마도 우리 언어의 본류가 중국 만주로 진입하기 이전에 이미 형성된 것이 아닌가 한다.

북두칠성 문화는 우리의 삶에 녹아있다. 우선 떠오르는 것이 ①상투문화, ②정화수와 칠성신앙, ③삼신할멈과 금줄문화, ④칠성판과 장례문화, ⑤북망산과 노잣돈, ⑥자정 시각에 제사지내는 문화, ⑦어동육서 등 북쪽을 기준으로 제사지내는 문화, ⑧윷놀이와 말판문화 등이 있다.

①상투를 한자로 쓰면 상두(上斗)라 한다. 북두칠성(北斗七星)을 줄여서 두성(斗星)이라 하니 두(斗)가 북두칠성을 뜻하는 글자이다. 다시 말해 두(頭, 머리) 위(上)에 두(斗)를 이고 있는 셈이다. 상투를 멜 때, 천상 북쪽 하늘을 향해 머리카락을 위로 올려 앞으로 4번, 뒤로 3번 총 7번을 꼬아 올려 고정시키는 헤어스타일이다. 일곱 번을 꼬아 올리는 것은 북두칠성의 7을 상징한다.

상투문화는 앞의 글에서 소개했듯이 수메르의 지배계층(BC2300년경)이 상투를 틀었고, 홍산(랴오허)문명의 뉴허랑 유적(BC4700-BC2900) 적석총 제21호 무덤에서 부장자 머리맡에 있는 '옥고'가 출토되었는데 상투머리였음을 증명한다. 멕시코 역사를 담은 그림(1523년경)에서 원주민들이 상투를 하고 있다. 북두칠성을 상징하는 상투는 동이문화 이전에 중앙아시아 문화라 할 수 있다.

②먼 길을 떠난 남편이나 자식을 위해 정화수를 떠놓고 무사히 귀환하기를 기원하는 것도 칠성신앙의 하나이다. 머리에 이고 있는 상투(상두: 북두칠성)로 북극성을 찾고 방향을 잃지 말기를 기원한다. 북두칠성과 북극성을 찾아 스탄의 땅(집)으로 찾아오는 길을 놓치지 말라는 기도(기원)가 들어있다.

③삼신할멈과 금줄문화는 멕시코의 원주민 아스텍문화에 남아있다. 이들의 한 갈래인 인디언 중에도 그들의 유물, 짚신이 9천 년 전 것으로 밝혀졌는데 아마도 그 이전에 베링해협을 걸어서 건너간 것 같다. 우리문화와 닮았으며 탄생과 죽음도 칠성문화와 연결되어 있다고 본다.

④칠성판과 장례문화, ⑤북망산과 노잣돈, ⑥자정 시각에 제사지내는 문화 역시 칠성문화라 본다. 북두칠성(큰곰자리)과 카시오페아자리가 북극성을 중심으로 한 시간에 15°씩 시계도는 반대 방향으로 회전하여 시각을 알 수 있다는 것은 현대 과학이 인정하는 바다. 상고사의 우리 조상도 그렇게 시간 관리를 했을 것으로 믿는다.

북두칠성이 하늘을 회전하다가 지평선에 있는 북쪽 북망산에 걸리는데, 이때 북망산을 거쳐 북두칠성에 이른다고 생각했었다. 그리고 그리로 가려면 사자(死者)가 이생에서 아무리 똑똑했다 하더라도 눈이 멀고 귀가 어둡고 판단력이 어두운지라 칠성판이란 나침반과 목표인식이 있어야 찾아갈 수 있다. 북두칠성이 가리키는 이정표대로 움직이려면 밤에만 이동해야 하는데 얼마나 오랜 시간이 걸리겠는가? 그런 긴 일정에 필요한 것이 여행 경비, 노잣돈이다.

중국 동해안의 동이가 세운 월주백제가 있었다. 월주백제의 무령왕릉(공주 소재) 지석 위에 놓인 노잣돈, '오수전'(양나라 엽전)이 여행경비이고, 아스텍문화에서 사자(死者)의 입속에 넣어주는 옥구슬 역시 여행경비, 노잣돈이다. 칠성판이나 노잣돈 모두가 북두칠성에 이르는 교통경비의 일부이다.

우리나라는 전통적으로 자시(子時: 밤 12시-2시)에 제사를 지낸다. 아스텍의 원주민도 자정에 제사를 드린다. 망인과 내가 교통할 수 있는 시간이 북망산에 북두칠성이 걸리는 시간이다. 이것은 우리 조상들의 생각이었다.

⑦어동육서(魚東肉西)나 홍동백서(紅東白西) 등 북쪽 방향을 기준으로 해서 제사지내는 문화를 분석해 보면 거기서도 북두칠성과 북망산 개념을 찾을 수 있다. 제사 진설도(陳設圖)에서 말하는 어동육서는 동이의 제사 문화를 정리한 공자의 가르침 속에 있다. 어동육서의 제삿상은 일종의 방향성을 내포하고 있다.

제삿상은 어동육서처럼 북망산 쪽으로 맞추어야 성립되는 진설(陳設: 상차림) 개념이다. 북쪽을 향하여 제사를 지낼 때, 제삿상의 동편에 있는 바다에서 나는 굴비(魚)를 놓고, 서편에 산적(육류, 肉)을 올려놓는 것은 공자가 살던 노나라 곡부(曲阜)에서 볼 때 그렇다. 공자보다 그 이전 단군조선 때도, 굴비(생선, 魚)가 동쪽 바다 황해(黃海, 발해)에서 잡히기 때문이다. 공자가 태어나기 전, 고조선 제사 풍속에도 그랬을 것이고, 공자가 이를 정리하여 집대성 한 것이다. 공자가 제사지낸 기록이 있다.[181] 제삿상이 북망산천(北邙山川)을 향하는 것은 북두칠성과 관련이 있는 것이다.

⑧윷놀이와 말판놀이문화를 눈여겨보자. 말판에도 북두칠성이 들어 있다. 말판을 들여다보면, 둘레를 도는 20개의 점과 그 안에 열 십(十)자를 이루는 9점이 있는데 도합 29개의 점으로 이뤄져 있다. 이 중에 열 십(十)자의 중심을 이루는 교차점(1점)을 빼면(29-1) 28개의 점이 된다. 이를 4방으로 나누면(28÷4) 7(북두칠성)이 된다.

이 교차점이 바로 북극성이다. 북극성을 중심으로 하여, 4개의 북두칠성으로 이뤄져 있음을 발견하게 된다. 한 바퀴 돌면 24시간 하루가

---

181 『논어(論語)』 제3편 〈八佾編〉 祭如在, 祭神如神在. 子曰 吾不與祭, 如不祭라, 공자께서는 조상에게 제사를 지낼 때에는 조상께서 살아 계신 것처럼 공경하는 성의를 다하였고, 또 신을 모셔 제사지낼 때에는 신이 눈앞에 나타난 것처럼 경건하였다. 그리고 제자들에게 한 마디 한다. "내가 직접 제사에 참여하여 정성을 다하지 않으면 제사를 지내지 않은 것 같다"

된다. 말판에 말을 놓고 돌아가는 방향이 실제로 북두칠성이 돌아가는 방향이다.

옛날 초상집에서 밤을 새울 때, 투전 대신 윷가락을 가지고 말판놀이를 했다는 설이 있는데, 죽어서 가는 곳이 북두칠성이기 때문에 일리 있다고 본다.

돌아갔다는 말은 태어난 곳으로 돌아가는 북두칠성 신앙의 단편이다. 우리 삶의 곳곳에 역사가 배어있다고 본다.

수메르문명은 우리 상고사와 무슨 관계인가?

❗ '만주, 한반도문명과 수메르문명은 중앙아시아문명에서 갈려나갔다'는 가설을 제기한다.

우리 동이의 언어와 문화가 성립된 지역을 중앙아시아문명이라 본다. 우리 상고사 연구의 출발점이기도 하다. 1만년 전후의 중앙아시아 역사를 집중적으로 더 연구할 필요가 있다고 본다.

①토판에 쐐기문자로 기록된 수메르어와 우리 언어가 똑 같은 교착어(膠着語)이다. 수메르어는 한국어와 마찬가지로 목적어가 동사보다 먼저 나오는 언어여서 문장의 구조가 SOV(주어+목적어+동사)형으로 되어 있다. 토판에 쐐기문자로 남아있는 수메르어와 이에 해당하는 한국어를 비교하면 음가도 비슷하여 얼른 알아볼 수 있다.

②수메르인의 상투('사르곤'왕의 석재부조)는 물론이고, 동이문화와 마찬가지로 씨름을 즐기고 순장을 했으며 결혼 전 신부의 집에 함을 가지고 가는 풍습도 있는데 우리 풍습과 너무 닮았다. 수메르문명과 우리를 포함한 동이문명이 언어와 풍습 등 문화적으로 닮았다는 데서 관심이 집중되고 있다.

③언어와 민속학의 연구가 더 필요하다고 본다. 예를 들어 언어의 변화를 보면, 9,000년 전에 베링해협을 건너 아메리카로 간 아스텍 원주민에서는 '산(山)'이란 말이 없고 대신 '태백(산)'이나 '다치할 태백(손으로 지은 산, 피라미드)'이란 단어를 사용한다. 5,000년 전에 메소포타미아 수메르 제국이 남긴 쐐기문자에 보면, '아누Anu(하느님)', '안An(하늘, 天)', '샨Shan(산, 山)', '안샨Anshan(하늘 산, 天山, 중국의 텐산)'이 있다.

고조선(BC2333)보다 더 앞선 배달조선(BC3897)을 세웠다는 환웅의 도래 시기는 약 6,000년 전 일이다. 이때 '태백(太白)'이란 단어가 나오는데 고유명사가 아닌 일반명사 산(山)을 말한다. 수메르문명에 대한 탐색은 우리 상고사 연구에 도움이 될 것으로 본다.

피라미드문화의 연결통로는?

! 북미 멕시코에는 아스테카문명의 피라미드(430여 기)군(群)이 장관을 이룬다.

광개토대왕릉이나 장군총 등 만주에 흩어져있는 고구려의 적석총이 피라미드 형태를 하고 있다. 고구려 지안(集安) 국내성 일대에서만 1만여 기의 적석총이 무리를 이루고 있다.

이집트의 사카라에 있는 제2왕조 파라오 죠세르(Djoser, BC2630–BC2612 추정) 피라미드가 20세기 초반까지는 가장 오래된 피라미드로 알려져 왔다. 그런데 메소포타미아 수메르문명의 중심지, 우르의 지구라트(BC3000)는 피라미드 형태의 계단식 신전 탑이다.

중앙아시아의 카자흐스탄 고고학자들은 카자흐스탄 카라간다시(市) 인근 사리아카 지역에서 BC3000년경에 만들어진 것으로 추정되는 피라미드 구조물(적석총)을 발견했다. 카자흐스탄 한인신문은 영국일간지 데일리메일의 보도를 인용하여, 2016년 8월 빅토르 노보첸노프 카라간다 주립대 발굴팀 연구원은 "기원전 3,000년에 이 지역을 지배했던 왕의 무덤으로 추정된다"고 했다. 이 구조물은 높이 약 2m, 길이는 15m로 크기는 이집트 피라미드보다 훨씬 작지만 구조는 거의 비슷하다고 한다. 완전한 삼각형 구조인 이집트 기자 피라미드와 달리 꼭대기가 평평한 5개층의 계단식 피라미드 구조 형태를 띠고 있다. 발굴에 참여했던 노보첸노프 연구원은 "구조물은 돌로 만들어졌으며 외부는 석판으로 감쌌다"고 말했다. 적석총의 형태의 피라미드를 연상하게 한다.

만주와 몽고의 경계에 있는 홍산(랴오허)문명 우하량(뉴허량)에서 남쪽으로 1㎞ 지점, 적석총유적지 전산자(轉山子) 동방의 피라미드(제13지점)에 진쯔타(金字塔)이라는 적석총이 있다. 우하량유적문화를 BC4700-BC2900으로 보고 있다. 이집트의 죠세르(Djoser) 피라미드보다 1,000년이나 앞선 시기에 세워진 것이다.[182]

오늘날까지 남아있는 피라미드(적석총)의 유적을 연결하여 보면, 이집트문명, 수메르문명, 중앙아시아문명, 홍산(랴오허)문명 아스텍문명으로 문명 전파의 길이 보인다. 문명 전파는 어느 끝에서 시작되는 것이 아니라 그 중심점 어디엔가에서 사방으로 가지를 뻗는 것이다. 그 중심점이 중앙아시아문명이 아닌가 한다.

---

182 이형구·이기환, 전게서. pp.137-138. p. 152.

동북공정으로 밝혀진 홍산(랴오허)문명은
동이와 어떤 관계인가?

> ❗ 홍산(랴오허)문명을 고조선문명으로 보는 이유는 다음과 같다.
>
> 첫째, 중국이 자기네 조상이라 여기는 양사오(仰韶; 앙소)문화와 홍산(랴오허)문명은 하나도 닮지 않았다.
>
> 둘째, 홍산(랴오허)문명은 동이문명(만주, 한반도, 중국 동해안)과 중앙아시아문명을 연결하는 길목에 있다.
>
> 셋째, 홍산(랴오허)문명은 다음과 같이 동이문명과 아주 많이 닮았다.

①뉴허랑 유적 제2지점 1호 적석총 제21호 무덤에서 발굴된 부장자의 상투에서 동이족임이 확인되었다. 우리나라 조선시대까지 일상화되었던 상투문화를 떠오르게 한다.

②뉴허랑 유적 제2지점 1호 적석총 제21호 무덤에서 옥으로 된 동물 형상이 나왔다. 고고학자들은 이를 곰 형상의 장식품으로 보고 있다. 다른 유적지에도 곰 형상의 유물들이 출토되었다. 뉴허랑 여신묘에서 곰발 모양의 소조상과 곰의 실제 이빨이 나왔다. 홍산문명을 이룬 시대에 곰을 숭상하는 토템사상이 있었을 것으로 보인다.

③츠펑(적봉 赤峰) 인근 청쯔산(성자산 城子山) 유적지는 중국의 댐 공사로 노출된 지역이다. 이곳에는 200기가 넘는 적석총과 석관묘(石棺墓), 하늘신과 조상신에게 제사를 지낸 돌로 쌓은 제단 터는 유적의 규모로 보아

국가단계의 사회조직이 분명하다.[183]

총(塚, 적석총)과 신전(廟), 제단(檀)은 국가적 존재를 말해준다. 이곳 샤자덴(夏家店) 하층(下層)문화(BC2000-BC1500)에 속한 곳으로, 고조선 연대와 겹쳐져 있다. 적석총, 석관묘, 제단 터의 축조방식이 고구려의 유적과 비슷하다. 특히 이곳에서 발견되는 고조선식 평저통형토기는 통이 깊은 화분모양과 같이 밑은 납작하고 몸은 원통인 빗살무늬 그릇으로서 황하유역의 한족문화에서는 발견되지 않는다. 고조선식 비파형 동검과 함께 요하유역, 만주일대, 흑룡강 하류 등 동이족이 살았던 지역에서만 발굴되는 토기이다.

④성자산 일대에서 발견된 치가 있는 석성의 축조방식도 고구려 성을 너무나 닮았다. 할석의 한 면만 다듬어 삼각형으로 쌓고 그 다음 것은 역삼각형으로 쌓는 형식인데, 할석과 삼각석(견치석 犬齒石), 그리고 역삼각형의 돌로 견고하게 쌓은 성벽은 한반도 인천 계양산성의 축조방식을 연상케 한다.[184]

⑤싱룽와(興隆洼, 흥룽와)문화(BC6200-BC5200) 유적에서 발굴된 옥결이 세계 최고(最古)라고 하는데, 이와 같은 계통의 옥결이 한반도의 동해안 강원도 고성군 문암리 유적(BC6000년)에서도 발견되어 같은 문화를 공유한 것으로 보인다.

⑥나만기 유적(BC4500-BC3000)에서 발굴된 옥인장(도장)은 그동안『삼국유사』나『환단고기』에서 전설로만 취급받던 '천부인'이 현실로 나타난 것이다. 천부3인(天符三印)을 받았다는 서자환웅(庶子桓雄)이 활동했던 BC3900년경과 겹치는 시기로 우리의 역사기록(환단고기)이 정확했다는 실증이 선다. 물론 나만기 유적에서 발굴된 옥인장이 그때, 그 상황에서

---

183 이형구·이기환, 전게서. PP.29-32.

184 상게서. P.33.

사용된 인장은 아니라 하더라도, 그 당시 인장을 사용했다는 문화에 관심을 집중할 필요가 있다.

⑦순장문화는 동이족의 묘장문화였다. 국립가야문화재연구소는 경남 창녕군 송현동15호분(6세기 가야)에서 출토된 여성 순장 인골의 인체를 복원하여 그 모형을 공개(2009.11)한 적이 있다. 1921년 6월 스웨덴 지질학자 앤더슨(J.G. Anderson)은 랴오닝성 서부지역을 조사하다가 후루다오(葫蘆島, 호로도)의 사귀툰(沙鍋屯, 사과둔) 동굴 유적을 발견했다. 그곳에서 다른 유물과 함께 42명분의 인골을 발굴했다.

이 유적은 중국 고고학사에서 정식 발굴을 거친 최초의 유적이었고, 제사를 지낸 흔적이 엿보인다는 점에서 각광을 받았다. 그러나 층위를 구분하는 방법이 그다지 과학적이지 못하다는 이유로 폄하됐다. 폄하된 이면에는 동이족의 순장제도를 닮았고, 연대도 황하문명과 같거나 그보다 더 오래된다는 데 대하여 더 정확한 다른 사료를 얻고 싶었기 때문으로 보인다. 하지만 그 후 사귀툰에서 30km 떨어진 카줘(喀左, 객좌)에서 비슷한 문화층을 가진 동굴이 발견됨으로써 홍산문화는 다시 주목을 받았다. 또 다른 동굴에서도 인골이 다량 발굴되었고 다른 유물도 흡사했다. 이들 유물이 연대 측정 결과 BC3000-BC2000년에 걸쳐 발전했던 샤오허엔(小河沿, 소하연)문화였다. 이들 순장문화는 중국의 매장문화와 다른 동이족문화였다.

홍산(랴오허)문명은 이렇게 많은 공통점을 가지고 있는데 필자가 보기엔 동이문명이라 해도 과언이 아니다. 우리 사학계가 좀 더 관심을 집중하여 중국 사학계와 공동연구가 있기를 기대한다.

한자를 동이가 만들었다는 데에 대한 중국 식자들의 반응은?

❗ 우리나라 초대 문교부장관(1948-1950)을 지낸 안호상(1902-1999) 박사가 중국의 세계적 문호이며 문학평론가인 린위탕(임어당林語堂, 1895-1976)을 만났을 때[185] 여담처럼 말했다. "중국이 한자를 만들어 놓아서 한자를 사용하는 우리나라가 한글 전용에 문제가 많습니다."하자, 임어당이 놀라면서 "그게 무슨 말씀이오. 처음 한자는 당신네 동이족이 만든 문자를 우리가 빌려 쓰는 것인데 그것도 모르고 있었습니까?"라는 핀잔을 들었다는 일화는 너무도 유명하다.

진태하(陳泰夏, 1939-2018) 교수가 들려준 이야기가 또 있다. "한자는 중국 문자가 아니라 우리 조상 동이족이 만든 글자입니다. 중국 학계에서는 이런 역사적 사실을 인정하는데 한국만 모릅니다." 한자를 만든 사람은 우리 조상이라는 거다.

중국의 학자 필장박은 『중국인종북래설(中國人種北來說)』에서 중국의 고대 문헌, 고고학적 유물, 언어적 특성, 인류학적 특성, 민속문화적 특성 등을 종합적으로 고찰한 뒤, 중국 인종의 시원(始原)이 북방의 시베리아 일대와 동북아 쪽이라는 결론을 내리고 있다. "중국 문자(文字)가 만들어진 것은 필시 중국 중원에서 시작된 것이 아니다. 그 계통은 멀리 추운 북방에서 시작된 것을 계승한 것이다."(中國文字之制作 必非始于中國中原而係遠始于寒的北方)라고 했다.

---

185 1968년 〈사상계〉의 초청으로 광화문 시민회관에서 한국 청소년들에게 강연한 일이 있다.

중국 산시(陝西)성 푸핑(富平)현 성타이(盛泰)호텔에서 한국과 중국, 대만 등에서 모인 학자 30여 명이 참석한 가운데 한자 관련 학술대회 (2017.4.18)가 열렸다. 한국 학자로 진태하(73) 인제대 교수가 한국내 한자교육 현황을 발표했다. 이어진 질문응답 시간에 대만 행정원 문화건설위원회에서 참석한 척동흔(戚桐欣)은 "강희자전체의 정자체를 쓰고 있는 한국을 배워야 한다"고 여러 차례 언급했다. 한자를 한(漢)족이 아니라 동이(東夷)족이 만들었다는 진 교수의 학설이 학술대회라는 성격도 있지만, 양심 있는 중국학자들 사이에서도 큰 거부감 없이 받아들여지고 있었다. 진 교수는 갑골문을 분석하고 중국 사학자 쩌우쥔멍(鄒君孟), 왕위저(王玉哲), 장원(張文)과 쑨펑(孫鵬) 창힐문화연구회장, 대만의 문자학자 이경재(李敬齋)의 논문 등을 인용하여 동이족이 한자를 만들었다고 주장한 것이다. 중국의 식자들은 한자를 만든 사람이 자기들 조상이 아니라 동이족의 조상임을 잘 알고 있다. 그러나 그들이 개인적으로는 우호적으로 실토하지만 공식적으로는 남의 눈을 의식하여 인정하지 않는다. 동이족이 한자를 만들었다는 사실을 증명할 사람은 바로 우리들 자신이다. 그들이 거부할 수 없는 증거를 가지고 세계 사학계의 지지를 얻어내야 한다. 우리 조상의 자랑스러움은 국수적 차원이 아니라 중국이 내면적으로 인정하는 바다.

한자를 동이가 만들었다는 증거가 있나?

①교수신문이 해마다 연말이 되면 정치, 사회상을 반영하여 사자성어를 선정한다. 2013년 교수신문이 선정한 '도행역시(倒行逆施)'의 경우, 해석이 난해했다는 기억이 있다. 출전은 오자서의 답신[186], '日暮途遠 吾故倒行 而逆施之'에 근거한다. 대부분 한학자들이 "해는 지는데 갈 길이 멀어서(日暮途遠) 도리에 어긋나는 줄 알면서도 부득이하게 순리에 거스르는 행동을 했다(吾故倒行 而逆施之)"고 풀이했다.

필자는 동이어순으로 해석했다. "해는 지고 갈 길이 멀어서(日暮途遠), 내가 과격한 행동을 했는데(吾故倒行), 이제 보니 도리에 어긋난 일이네(而逆施之)."가 된다.

전자의 해석은 도덕적으로 잘못을 알면서(逆施)도 행한 일(倒行)이고, 후자의 해석은 경황이 없어 저지른 일(倒行)을 나중에 생각해 보니 도덕적으로 잘못됐다(逆施)는 반성이다. 이 둘은 전혀 다른 정서와 도덕률의 해석이다.

---

186 사마천의 『사기(史記)』 '오자서 열전' 중 日暮途遠 吾故倒行 而逆施之에 근거한다. 及吳兵入郢, 伍子胥求昭王. 既不得, 乃掘楚平王墓, 出其屍, 鞭之三百, 然後已. 申包胥亡於山中, 使人謂子胥曰 : 「子之報讎, 其以甚乎! 吾聞之, 人衆者勝天, 天定亦能破人 今子故平王之臣, 親北面而事之, 今至於僇死人, 此豈其無天道之極乎!」伍子胥曰 :「為我謝申包胥曰, 吾日暮途遠, 吾故倒行而逆施之.」오나라 병사들이 영에 입성했을 때 오자서가 소왕을 잡으려고 했으나 뜻을 이루지 못하자 초 평왕의 묘를 파헤쳐 그의 시신을 꺼내어 3백 번이나 채찍질한 후에야 그만두었다. 신포서는 산중으로 도망친 후 사람을 보내 오자서에게 "그대의 복수는 너무 심하구나. 내가 듣기로는 '사람이 많으면 한때 하늘을 이길 수 있으나, 일단 하늘의 뜻이 정해지면 사람을 무찌를 수도 있다.'라고 하는데 일찍이 평왕의 신하로서 친히 북면北面해 평왕을 섬겼던 그대가 지금 그 시신을 욕되게 했으니 이보다 더 천리에 어긋난 일이 있을 수 있겠는가?"라고 전하게 했다. 그러자 오자서는 "나를 대신해서 신포서에게 사과하고 '해는 지고 갈 길이 멀어 도리에 어긋난 짓을 할 수밖에 없었다.'고 전해주게."라 했다.

후자(필자 포함)의 해석은 진·한 이전, 춘추시대의 출전이므로 글자 순서 그대로 읽는 것이고, 우리의 사고방식에 가깝다. 학자에 따라 해석이 분분하겠지만, 동이어순에 따라 해석하면 원전에 흐르는 정서에 보다 더 접근할 수 있다고 본다.

②고사성어 중 춘추전국시대 출전(天高馬肥 천고마비 등)은 어순의 문장구조가 우리말과 같은 SOV(주어+목적어+동사)형(A형)이고, 진한(秦漢) 이후의 고사성어(焚書坑儒 분서갱유 등)는 우리와 어순이 다르다(B형).

고사성어 중에서 어순이 다른 두 가지 형태의 사자성어 군(群)으로 분류해 보았다. 천고마비(天高馬肥)[187]나 과전이하(瓜田李下)[188], 계구우후(鷄口牛後)[189], 도청도설(道聽塗說)[190], 자포자기(自暴自棄)[191], 순망치한(脣亡齒寒)[192],

---

187 중국 은나라 초기부터 '하늘이(보어) 높고(술어) 말이(보어) 살찐다(술어)'는 계절 가을이 되면 북방 초원의 흉노를 걱정해야 하는 안보의 화두가 된다.

188 춘추전국시대 제齊나라 위왕威王 때 후궁 우희虞姬와의 일화, '오이 밭(보어) 거기서 신을 고쳐 신지 않고(술어) 오얏나무(보어) 아래서 갓을 고쳐 쓰지 말라(술어)'에서 유래한다.

189 춘추전국시대 중엽, 동주東周의 도읍 낙양에 소진蘇秦이란 책사가 있었다. 그는 합종책合縱策으로 입신할 뜻을 품고, 당시 최강국인 진秦의 동진정책에 전전긍긍하고 있는 한韓, 위魏, 조趙, 연燕, 제齊, 초楚의 6국을 돌아다니던 중, 한나라의 선혜왕을 알현하는 자리에서 '닭의 부리 되는 것이 쇠꼬리보다 낫다. 큰 집단의 말석보다 작은 집단의 우두머리가 낫다'고 말했다.

190 공자의 언행을 기록한 『논어』〈양화편 陽貨篇〉에 길에서 듣고 길에서 말하는 것(道聽塗說)은 덕을 버리는 것과 같다(德之棄也)는 구절이 있다.

191 춘추전국시대, 『맹자』〈이루편 離婁篇〉에 자포(스스로를 학대)하는 사람과 더불어 대화를 나눌 수 없다. 자기(스스로를 버림)하는 사람과도 더불어 행동할 수 없다. 입만 열면 예의도덕을 헐뜯는 것을 자포自暴라 한다. 한편 도덕의 가치를 인정하면서도 인仁이나 의義라는 것이 자기와 무관한 것이라 생각하는 것을 자기自棄라 한다.

192 춘추전국시대 말엽 오패五霸의 하나인 진晉나라 문공의 아버지 헌공獻公이 괵虢·우虞 두 나라를 공략할 때의 일이다. 괵나라를 치기로 결심한 헌공은 통과국인 우虞나라 우공虞公에게 길을 빌려주면 많은 재보財寶를 주겠다고 제의했다. 우공이 제의를 수락하려 하자 중신 궁지기宮之奇가 극구 간한다. "괵나라와 우나라는 한 몸이나 다름없는 사이오라 괵나라가 망하면 우나라도 망할 것입니다. 옛 속담에도 덧방나무와 수레는 서로 의지하고(輔車相依), 입술이 없으면 이가 시리다(脣亡齒寒)란 말이 있는데, 우리와 사이가 가까운 괵나라를 치려는 진나라에 길을 빌려준다는 것은 언어도단言語道斷입니다." 그러나 재보에 눈이 먼 우공은 진나라에 길을 내주었다. 괵나라를 멸하고 돌아가던 진나라 군사는 궁지기의 예언대로 우나라를 공격하여 우공을 포로로 잡아갔다.

토사구팽(兎死狗烹)[193], 적재적소(適材適所)[194] 등은 보어 다음에 술어가 뒤따르는 동이어순(A형)이다.

이와 다른 형태(B형)의 '이이제이(以夷制夷)[195]나 분서갱유(焚書坑儒)[196], 각주구검(刻舟求劍)[197], 곡학아세(曲學阿世)[198], 양약고구(良藥苦口)[199], 창업수성(創業守成)[200], 마부작침(磨斧作針)[201] 등은 중국어식 어순(술어→보어)이다.

---

193 '토끼 사냥이 끝나면 사냥개는 삶아 먹힌다.'는 뜻이다. 한 고조高祖(유방)를 도운 창업공신 한신韓信이 죽임을 당하는 자리에서 사용한 말로 알려졌으나 실은 춘추전국시대 월의 범려가 한 말, "새 사냥이 끝나면 좋은 활도 사장되고, 재빠른 토끼가 죽으면 사냥개도 삶겨 먹힌다(蜚鳥盡, 良弓藏, 狡兎死, 走狗烹)"에서 유래한다.

194 사람을 등용하는데 자기의 일족이라고 해서 사양할 필요도 없거니와, 또는 원수라고 해서 그것을 피할 필요도 없다. 모두 적재적소適材適所에 발탁해서 써야 한다. 춘추전국시대 말기 한韓나라 한비자韓非子의 말이다.

195 화하세력 진秦이 중국을 쉽게 통일할 수 있었던 데는 이이제이라는 계책이 있었다. 이이제이는 중국의 전통적 외교 전략으로 오랑캐 이(夷: 동이족)로 오랑캐 이夷를 무찌른다는 전술이다. 오랑캐로 서융이나 북적, 남만이 있었으나 동이東夷를 최대의 라이벌로 본 것 같다.

196 중국을 통일(BC221)하여 춘추전국시대를 마감시킨 진秦의 시황제가 국정의 안정을 이루자 곧이어 전국의 책(죽간竹簡)을 수거하여 불태우고(BC213) 선비를 산 채로 구덩이에 파묻은(BC212) 포악정치를 이른다.

197 출전, 여씨춘추呂氏春秋에 '옛날 초楚나라에 사는 한 젊은이가 강물에 떨어뜨린 칼을 나중에 찾으려고 뱃전에 표시를 했다'는 어리석음을 비유하는 말이다. 여씨춘추는 진秦의 재상 여불위呂不韋(? - BC235)가 식객 3,000명을 모아 편찬(BC239)한 책, 26권. 별명 여람呂覽. 전국시대의 각가各家의 사상을 8람覽, 6론論, 12기紀로 분류하여 수록했는데, 수록량으로는 유가儒家, 법가法家, 노장가老莊家의 순이며 후세의 고증학자考證學者들에게 좋은 자료가 되고 있다.

198 한漢의 6대 황제 경제景帝가 등용한 원고생轅固生이 젊은 학자 공손홍公孫弘에게 충고한 말, '학문을 굽혀 세속에 아첨한다'는 말, 정도를 벗어난 학문으로 시류를 타려함을 탓하는 말이다.

199 유방劉邦이 한漢나라 창업초기 진秦에 침입하여 아방궁에 머물고 싶어 지체할 때, 참모 장량張良이 간했다. '좋은 약은 입에 쓰다'는 뜻으로 귀에 거슬리지만 충언을 들어야 함을 강조했다.

200 이세민李世民은 아버지인 이연李淵을 도와 당唐나라를 창업했다. 후일 2대 태종太宗 이세민이 공신들과 모인 자리에서 '창업이 어렵다 하나 이제 끝났으니 앞으로 수성에 힘쓸까 하오' 하며 지키기 어렵다는 점을 강조하고 있다.

201 당나라 시선詩仙 이태백李太白이 어린 시절 공부에 싫증을 느껴 산을 내려오던 중에 바위에 도끼를 갈고 있는 노파에게 묻자, "바늘을 만들려고 도끼를 갈고 있다"란 말을 듣고, 다시 산으로 들어가 분발하여 공부에 매진했다는 일화가 있다.

사자성어의 형태가 A형과 B형 외에 지(之)자로 매듭 짓는 다른 형태(C형)도 있지만 A와 B의 두 형태는 어순이 서로 대비되어 매우 흥미롭고 연구의 가치가 있다고 본다. 이 글에서는 A형과 B형의 사자성어에 대해서만 논하겠다.

중국어 어순과 문법정리 시대가 분명하지 않지만 고사성어의 어순이 확연히 달라진 것은 진시황의 중국통일 이후의 일이라고 본다. 이 두 가지 형태의 고사성어 출전을 시대적으로 구분한다면 진시황 이전 A형과 그 이후의 B형으로 선을 그을 수 있다.

앞에서 예시한 A형의 사자성어처럼 진시황(중국을 통일) 이전에는 동이 어순으로 한자를 사용했다는 증거이기도 하다. 그런데 그렇지 않은 사자성어도 있다. '풍성학려(風聲鶴唳)'[202]는 동이어순(A형)인데 그 출전으로 보는 동진(東晉)[203]이란 나라는 한나라 이후 5호16국 시대의 1국이다. 진시황 이후의 일인데 왜 그럴까? 당시 동이어족이 많이 분포된 지역이란 점에서 매우 흥미롭다.

B형태의 사자성어 '고복격양(鼓腹擊壤)', '맹모단기(孟母斷機)', '와신상담(臥薪嘗膽)' 등은 춘추전국시대의 고사를 말하지만 한나라 이후에 제작된 서책[204]에서 처음 쓰였기에 출전은 한나라 이전이지만 한족언어 방식으로 표현된 개연성이 있다. 고사성어와 그 출전을 살펴보면 한자가 어디서

---

202 오호십육국五胡十六國 중 동진의 9대 효무제孝武帝 때 쳐들어온 전진前秦(3대 부견)의 100만 대군과의 일전에서 비롯된 고사가 있다. 바람소리와 학의 울음소리란 뜻으로 겁을 먹은 사람이 하찮은 일이나 작은 소리에도 몹시 놀람을 비유하는 말로서, 당시 대혼란에 빠진 전진의 군대는 서로 밟고 밟혀 죽은 시체가 들을 덮고 강을 메웠다 한다.

203 동진(317-420)은 중국의 강남(양쯔강 유역)에 위치한다. 북방의 중국인이 이주하기 전에는 동이 어족이 주류를 이루었다. 동진의 불교가 백제 법성포를 통해 영접을 받은 것도 언어가 통하는 두 나라의 선린관계 때문이라 본다.

204 태평성대를 노래하는 고복격양鼓腹擊壤(요堯)은 명明의 『십팔사략』에, 맹모단기孟母斷機(춘추)는 전한의 『열녀전』에, 와신상담臥薪嘗膽(춘추, 오월)은 명明의 『십팔사략』에 출전을 둔다.

왔는지 가늠할 수 있어 연구의 실마리가 될 수 있다.

한자라는 이름 이전에는 '동이문자(東夷文字)' 혹은 '은허문자(殷墟文字)'였다고 할 수 있다.

③집 家(가)를 보면 동이족이 만들었다는 증거가 더욱 확실해진다. 가(家)는 움집 宀(면)에 돼지 豕(시)가 합쳐진 글자이다. 집에서 똥돼지를 기르는 모양이다. 똥돼지를 기르는 풍습은 동이족이 살았던 중국의 동부 해안과 발해만 연안, 그리고 한반도와 제주도, 일본령 오키나와 섬에서도 20세기 초까지 남아있던 습속이다.

중국의 사서(史書)『삼국지(三國志)』를 쓴 진수(陳壽, 233-297)는 〈위지(魏志) 동이전(傳)〉 읍루조(條)에서 당시 동이족이 똥돼지 기르는 풍습을 기록했다. "사람들이 더럽게도 집 가운데 뒷간을 만들고 그 주위에 모여 산다." 당시 대학자인 진수가 집 가(家)를 돼지 시(豕)와 연관시키지 못하고 동이의 습속을 묘사한 것으로 보아 가(家) 자(字)가 宀+豕에서 온 줄을 미처 생각하지 못했던 것 같다.

제주도에서는 도야지(돼지) 혹은 '돋'이라 하는데, 한자 '돈(豚)'과 발음이 비슷하다. 돼지고기를 돈육(豚肉)이라 하는데 제주말로 '돋괴기(도꾀기)'라 한다. 똥돼지가 들어있는 집 가(家)는 동이족이 만들었다는 단서가 된다.

④중국의 수도 '북경(北京)'을 소리 내어 읽어보자. 두 글자이니 우리는 마땅히 2음절 '북경'으로 읽는다. 그런데 중국인은 자기네 수도인데도 2음절로 읽지 못하고 3음절 '베이징'으로 읽고, 일본인도 3음절 '호꾸교'로 읽는다. 중국인도, 일본인도 2음절로 읽지 못한다. 다른 글자들도

그렇다. 한 마디로 말하면 그들의 글자가 아니기 때문이다.

한자를 1자1음(一字一音)으로 읽는 민족이 동이계열 뿐이다. 한자가 우리 글자란 증거이다. 혹자(중국인 입장에서)는 세계의 글자들이 일자일음이 아니라고 하지만 '한글'도 1자1음이고, '한자'도 1자1음으로 만들어진 글자이다. 확실한 것은 1자1음으로 읽는 민족이 있다는 사실이다. 또한 중국도 일부 글자에 대해 2음절로 읽지만, 대부분 한자를 1자1음으로 읽는다.

알파벳을 사용하는 유럽, 라틴, 영·미 국가는 그들이 문자를 만든 것이 아니라 빌려 쓰고 있는 것이다. 문자가 만들어지는 과정을 보면 말이 먼저이고 그에 맞는 글자가 만들어지므로 문자를 만든 민족은 1음1자(一音一字)로 출발하는 것이다. 한자는 우리가 만들었기 때문에 1자1음이고, 중국이나 일본은 빌려 쓰기 때문에 1자1음이 안 되는 것으로 본다.

⑤氏(씨)라는 글자는 씨족(氏族)의 대명사로 쓰이는 글자다. 성씨(姓氏)는 곧 혈통을 말한다. 진(秦)이 중국을 통일하기 전, 춘추전국시대까지 중국에서는 족보를 중시했었다.

'씨'라는 우리말에는 열매나 곡식의 씨앗, 종자라는 뜻도 있다. 우리말에 보면, 막되 먹은 자기 자식을 가리켜 그 어미가 "저놈의 종자"라고 욕을 한다. 혈통과 종자(씨앗)를 겸해서 쓰고 있다.

중국에서는 종자를 나타낼 때 '씨(氏)'라고 쓰지 않는다. 오직 성씨만을 씨(氏)라고 한다. 씨(氏)의 상형문자는 씨앗에서 싹을 틔우는 모습이며, 땅 밑에서는 뿌리가 내리는 형상이다. 뿌리를 내리는 씨앗이나 혈통의 조상을 같은 의미로 보는 것이 동이문화이다.

⑥상(殷)나라보다 앞서 조개 화폐를 사용했던 기록이 『환단고기』〈단군세기〉에 있다. 인하대 융합고고학팀은 "단군세기의 4세 오사구 단군 재위 시(BC2133) 주조한 원공화폐(戊子五年鑄 圓孔貝錢) 기록은 흥미롭게도 최근의 고고학 발굴 성과와 일치하고 있다"며 "개오지로도 알려진 카우리 조개[205]가 이미 하나라 때부터 화폐로 쓰였다는 사실이 밝혀진 것이 1987년 이후인데 이보다 앞서 1911년에 간행된 『단군세기』에서는 이 사실을 명확히 서술하고 있다"고 밝혔다. 단군세기는 고려조 행촌 이암(1297-1364)이 당시 고서를 종합하여 쓴 역사서이다.

조개 화폐에 둥근 구멍을 뚫어 사용한 사실 역시 허난성(河南省) '정저우(鄭州)시 이리두(二里頭) 유적'과 내몽고 '하가점 유적'이 발굴되면서 알게 되었는데, 『단군세기』에는 이미 그 내용이 기술되어 있다. 요서 지방 대전자(大甸子) 유적에서 납으로 주조한 조개 모양 화폐가 발견돼 단군세기의 금속 조개 화폐 주조 기록의 사료적 가치도 시사하고 있다. 화폐라는 글자, 조개 패(貝)는 카우리조개 모양을 본뜬 상형문자이다. 고조선 때 이미 조개 화폐가 쓰였고, 조개 패(貝) 변은 그 때 만들어진 글자라 할 수 있다.

⑦진(秦)의 주체 세력이 분서갱유 이후 동이의 글자를 자기네 언어의 도구로 활용하면서 가장 이해할 수 없었던 부수가 보일示(시)변이었다고 한다. 보일 시示는 하늘(一) 아래 빛(川)이 있고, 하늘 위에 무엇인가의

---

205 개오지 조개는 난대성 해류가 흐르는 깊은 바다에서 서식한다. 필자는 어려서 제주도 바닷가에서 놀 때, 해안으로 밀려 온 엄지손톱만한 개오지 조개(카우리조개) 껍질을 가끔 본 일이 있다. 제주도 해안은 경사가 급격하여 깊고 맑으며, 난류가 유입되는 지역이다. 나중에 알고 보니 제주도는 개오지 조개가 서식하는 지역에 포함된다. 개오지 조개는 크기도 다양하고 무늬와 색깔이 아름답다. 다른 조개껍질은 질그릇처럼 거친 반면, 개오지 조개는 영국제 본차이나 그릇처럼 매끈하여 지금도 소장하고 싶을 정도이다.

존재(●)가 있는데 그가 바로 보일示(시)변이 말하는 신(神)이라는 것이다. 빛이 있어 보인다는 뜻과 함께 귀신이라는 의미도 함께 한다. 옥편(玉篇)에서 보일시변을 찾아보면, '제사 祀(사)', '봄제사 祠(사: 사당 사)', '제사 祭(제)' 등 제사를 지내라는 암시가 여러 곳에 들어 있다.

복 福(복) 자는 억지로 이해한다 해도 재앙 禍(화)는 이해할 수 없는 글자였다. 왜 빌 祝(축)에 兄(맏형)이 들어가야 하고, 종손(宗孫)이나 종가(宗家)를 나타내는 글자에 왜 보일시변을 사용해야 하는지 도무지 이해할 수 없는 일이다.

그런데 동이족의 습속인 제사문화를 알고 나면 쉽게 이해할 수 있는 일이다. 제사 음식을 차릴 때, 풍부의 富(부)에서 갓머리(宀) 변을 버리고 畐(가득 찰 복)을 보일 시(示)에 합하여 풍성하게 차리면 福(복)을 받는다 했고, 재앙 禍(화)는 지나간다는 過(과)에서 책받침 변을 빼고 대신 보일시변을 붙여, 제사를 잊어버리고 지나가면 화를 면치 못한다고 경고한다. 제사를 지낼 때 재물이나 정성을 가득하게 채우라는 메시지가 들어있다.

제사 지낼 때 축문(祝文)을 읽고 빌(祝=示+兄) 수 있는 사람은 우선 맏형(兄)에게 있고, 맏형(長孫)으로 이어진 종손(宗孫) 혹은 종가(宗家)에서 주관하는 동이족의 제사 풍습으로 인해 종(宗)에 보일 시(示)변을 사용한 것이다.

한자 속의 보일시변은 동이족의 의식구조이다. 예를 들어 祝, 福, 宗, 祠 등의 글자에 보일시변이 들어있다 해서 중국에서 동이문화라고 기피하는 글자도 아니다. 중국인은 이런 문화를 모른 채 동이의 글자를 빌려 쓰고 있는 셈이다.

⑧동이의 분포 지역, 하남성 은허(殷墟)에서 한자의 기원으로 보는 갑골문자가 발견된 것으로 보아 3,400년 전 '동이어족이 살던 상(은)나라[206]

---

206 동이계에서 볼 수 있는 순장문화가 발굴되었다.

지역'이라는 데에 이의가 없다. 발견되고 수집된 갑골문자를 근거로 이미 4,500자가 넘는 글자를 사용한 것으로 보아, 한자의 시작은 주(周)나라도 아니고 그 이전 은나라보다 훨씬 더 앞선다고 볼 수 있다.

⑨'중국의 창힐이 새나 짐승의 발자국을 보고 한자를 만들었다'는 주장에 대해, 첫째, 창힐(倉頡, 4,500-4,700년 전)과 동 시대, 혹은 그 이전의 골각문이 속속 발견되고 있다. 발견된 골각문의 글자가 '그림문자 수준을 넘어 필획의 수준'이다. 창힐이 한자를 처음 만들었다는 말은 성립될 수 없다.

둘째, 창힐이 새나 짐승의 발자국을 보고 만들었다는 가설을 내놓았는데, 새나 짐승 발자국 비슷한 한자는 찾기 힘들다. 한자는 처음부터 발자국처럼 기호화한 소리글자가 아니다. 한자는 처음부터 형상을 그린 상형문자이다. 처음에는 형상이 비슷한 그림문자였다가 나중에 기호화한 것이다. 예를 들어 鳥(새 조)를 말한다 해도 烏(까마귀 오), 鳳(봉황 봉), 鳩(갈매기 구), 鳧(물오리 부), 雁(기러기 안), 凰(암 봉황새 황), 隹(꼬리가 짧은 새 추), 雀(참새 작), 隼(새매 준) 등은 새를 여러 모양으로 나타내고 있다. 그렇지만 새의 발자국과는 무관하다. 새를 떠나 日, 山, 川, 水, 火 등 원래 그림문자도 새의 발자국과는 무관한 본체의 본질에 접근하는 모양의 상형문자이다.

이 밖에도 동이가 한자를 만들었다는 증거가 더 있으나, 다음 기회에 밝히기로 한다. 이들 한자는 '한자(漢字)'라는 명칭으로 한(漢)나라에 입양되었고 그 후 대단히 발전하고 변화된 것은 사실이다. 그렇지만, 그 전에 춘추시대 그리고 그 이전에 이미 '동이문자(東夷文字)'였음을 강조하고 싶다.

동이라는 명칭은 어디서 온 것인가?

❗ 중국 문헌 중 가장 앞선다고 하는 『사기史記』에 '은(殷)[207]나라는 동이
족이고, 주(周)나라는 중화족이다. 또 말하길, 동이는 대륙의 동쪽에, 하
화족(華夏族)은 대륙의 서쪽에 있다.'(殷曰夷 周曰華 又云 東曰夷 西曰夏)라는
기록이 있다. 춘추전국시대의 주요 활동무대인 낙양 농쪽은 동이가 살던
곳이다.

백과사전에서 동이(東夷)를 찾으면, 중국 상고사에서 (중국) 동쪽에 사
는 이민족을 일컬어 부르는 말이다. 동이는 특정 민족이 아니라 중국인
들이 중국의 동쪽에 존재한 여러 이민족들을 '동쪽 오랑캐'라고 얕잡아
부르는 말이었다. 오랑캐(올랑개)란 중국말이 아니라 순 우리말(동이어)로
우리조상이 '주변국에 살고 있는 문화적으로 낮은 야만인'이란 뜻으로
사용하던 말이었다.

동이 외에도 오랑캐 융(戎), 오랑캐 만(蠻), 오랑캐 적(狄)을 인용하여
주변국을 뭉뚱그려 표현하고 있다. 중국의 서쪽에는 창과 수레를 앞세

---

207 은(殷)은 나무위키 백과사전에 의하면, 중국의 고대 국가. 한자는 상(商). 국성은 자(子). 수도는 은
허이지만, 은(殷)나라고도 부른다. 한때 전설상의 국가로 인식되었으나 갑골문자의 발견으로 실
존했던 중국 최초 국가로 인정받고 있다.은(殷)이라고도 불리기에 합칭하여 은상(殷商)이라고 부
르는 경우도 있다. 은은 반경(盤庚)-제신(帝辛) 시기에 도읍했던 상나라 최후의 수도인데, 당대에
는 의(衣) 혹은 대읍 상(大邑 商)이라는 별칭이 있었다. 주나라 성립부터 은이라 불렸던 것으로 보이
며, 이를 주나라 사람들이 부른 폄칭으로 이해하는 견해도 있다. 갑골문에서도 은이라는 글자는 나
타나지 않는다. 주 시대 초기 기록에도 '상'이라고 등장한다. 서구인들도 'Shang'이라고 하며, 중국
인들도 '상'이라고 부르는 추세다. 상인, 상업 등의 '상(商)'자가 이 나라의 이름에서 나온 것이다. 상
나라 유민들이 이곳저곳 장사하며 떠돌아다니던 것에서 기인한 것이다.

운 서융(西戎), 남쪽에는 병충해와 연관된 남만(南蠻), 북쪽에는 짐승과 화공의 어려움이 도사리는 북적(北狄) 등 이런 시각에서 오랑캐라 했다. 동쪽과 서쪽의 동이와 서융은 수성(守城)이라는 방어의 어려움을 에둘러 표현한 것이고, 남북의 남만과 북적은 공성(攻城)에서 유의해야 할 것을 암시하고 있다.

동이는 실제로 동이의 큰 활이 접전하기 전에 이미 승패를 가름한다는 의미가 들어있다. 오랑캐 융(戎)을 보더라도 창과 수레 등 병장기를 뜻하는 금속문명이 앞섬을 의식하는 방어개념이다. 중국의 패권을 장악한 하화족(夏華族)의 우월감에서 나온 것이라기보다 사방의 적이 갖는 장점에 따른 열등감을 숨기는 춘추필법, 즉 '중국은 높이고 주변 나라는 깎아내리는 존화양이(尊華攘夷) 필법'의 하나로 본다.

동이의 이(夷)를 해자하면, 큰 활(大+弓)로 보이지만, 필자가 보기엔 똑바로 서 있는 사람(人), 큰 사람(大)이 활(弓)을 등에 진 모습(夷)이라 본다. 큰 활의 의미가 강조된 까닭은 중국이 동이와 전쟁을 할 때, 게임이 성립하지 않았다. 철기를 앞세운 철 화살촉이 포물선을 그리며 떨어지지만 흑요석의 화살촉은 평행선을 그리며 사정거리가 길어 접전할 때, 이미 우위가 판정난다. 그래서 활을 잘 쏘는 사람, 큰 활을 쓰는 사람이란 뜻도 들어있다.

후한(後漢) 때 허신(許愼)이 편찬한 『설문해자』에 의하면, '이(夷)'라는 글자는 '큰 활(大弓)'을 말하는 것으로서 동이(東夷)는 큰 활을 쓰는 동쪽사람이란 뜻이다. 은대 갑골문(甲骨文)에 보이는 이(夷)는 큰 활(大弓)의 의미를 넘어서 사람이 똑바로 서있는 형상이며, 또한 이(夷)는 인(仁)의 의미를 가지고 있다. 따라서 '동이'는 동방에 살고 있는 '어진 사람(仁者)'을 나타내기도 한다고 했다고 한다.

홍콩대학의 임혜상(林惠詳) 교수는 그의 저서 『중국민족사(中國民族史)』에서 이렇게 말했다. '맹자가 말하기를 "순(舜)임금은 동이(東夷) 사람이다"라고 하였으니, 오늘날 우리가 순(舜)임금은 은(殷)나라 사람의 조상임을 추측하여 알 수 있다. 은나라 사람이 바로 동이인데 동방에서 흥기(興起)하였다' 하며 동이 사람들의 문화와 전통을 중시하였다. 다시 말해 중국문화의 중심에 동이가 있었다는 말이다.

서량지 교수는 『중국사전사화(中國史前史話)』(1943년 10월초판)에서 '중국의 책력법(冊曆法; 달력)은 동이(東夷)에서 시작되었다. 책력을 만든 사람은 희화자(羲和子)이다. 역법은 사실 동이가 창시자이며, 소호(小昊) 이전에 이미 발명되었다.'(曆法實倉始於東夷 而且小 以前便已發明)

중국문화의 대부분이 소호 이전에 이미 동이에 의해 기반 조성이 됐다는 이야기다.

동양의 태평성대를 이룩했다는 최고의 성군(聖君) 요(堯) 임금과 순(舜) 임금도 동이족이요, 세계의 4대성인 중 한 사람 공자(孔子)도 동이족이고, 주역과 역법(曆法)을 창안했다는 희화자(羲和子)는 물론, 농사법과 의학을 발전시켰다는 염제신농씨(炎帝神農氏)도 동이족이라 한다.

중국 상고사의 중심에 있는 주요 인물이 동이족이다. 중국 상고사의 중심에 있었고 중국문화를 만들어 냈던 동이가 진·한(秦漢) 이후 변방의 오랑캐라는 부끄러운 취급을 당하고 있는 데 대해 설움을 금치 못한다.

제주해협을 어떻게 건너갔나?

❗ 이 질문과 답을 이해할 수 있어야 동양 3국을 아우르는 동양사를 제대로 이해할 수 있다.

한반도 남단에서 제주도에 가려면 수심 100-120m의 제주해협의 거센 파도를 건너야 한다. 구석기나 신석기 시대에 뗏목을 타고 더구나 가족과 함께 건넌다는 것은 상상할 수 없는 일이다.

제주도에는 13,000년 전에도 사람이 살았다는 증거가 나왔다. 1988년에 발굴된 제주도 고산리 토기가 말해준다. 고산리 유적 토기는 화산재 층 밑에서 출토되었는데 10,000-14,000년 전으로 편년되고 있다. 우리나라에서 발견된 토기 중 가장 오래된 것이다.

제주시 애월읍 어음리에 구석기 유적지인 빌레못동굴이 있다. 구석기 유물과 함께 황곰 뼈도 발견되었다. 황곰은 시베리아에서 서식하는 동물이다. '사람이나 곰이 바다를 건너간 것이 아니라 육지를 걸어간 것'이라는 결론을 얻을 수 있다. 어떻게 그런 일이 가능한 일인가?

중·고등학생 때 역사부도를 보았을 것이다. 누구나 한 권씩 가지고 있었으니까. 그 책에 동북아시아의 1만 년 전, 혹은 1만5천 년 전 지도가 있다. 찾아보시라. 그 지도상에 표시된 당시의 바닷가는 일본 홋카이도 동북쪽의 쿠릴열도에서 일본열도를 지나 남쪽으로 난세이제도와 센카쿠제도를 거쳐 타이완 섬과 하이난 섬으로 이어지는 해안선이라는 점이다. 그 지도에 의하면 1만5천 년 전, 중국과 한반도 사이(지금에 명칭을 붙인다면 황해대평원)에 바다가 없고, 한두 줄기 거대한 강이 흘렀을 것이다. 한반도와 중국 동해안과 그 사이에 있는 제주도는 이렇게 연결된 적이 있었음을 이해해야 한중일 동양사를 파악하는 데 도움이 될 것이다.

고려-송나라 사신이 닝보항 뱃길을 택한 이유?

❗ 협계산(소흑산도)-군산도(선유도)-마도(안면도)-자연도(영종도)-예성
항(벽란도)을 잇는 뱃길에는 섬을 그린 그림을 가지고 위치를 분별했다.
협계산(지금의 독실산)이 보이면 고려에 도착한 것으로 여겼다는 것이다.
이 항로는 1123년 송나라 사신의 일행으로 고려에 왔던 서긍(徐兢, 1091-
1153)이 쓴 『고려도경(高麗圖經)』에는 '두 봉우리를 쌍계산[208]이라 했다.'[209]
고 기록한 여행기의 항로와 일치한다.

　서긍의 행로는 12세기 전반기에 고려와 송의 가장 안전한 공식 해로
였다. 송 왕조는 사절을 파견할 때마다 이 해로를 이용했다고 한다. 서
긍이 고려를 방문한 1123년은 송나라가 남송(南宋)이 아니라 북송(北宋)
시절이다. 북송의 수도는 지금의 허난성(河南省) 카이펑(개봉開封)이다.
카이펑은 북위 35°(N)지점으로, 지도상으로 볼 때는 한반도의 고려 벽
란도(개경, 38°N)에 가려면 중국 동해안의 칭다오(靑島, 37°N)에서 항로를
잡으면 쉬울 것 같지만, 역사의 기록을 보면 당시 실제상황은 그렇지 않
았다. 육로를 이용하여 중국대륙 남쪽으로 멀리 돌아 닝보(寧波, 30°N)항
까지 가서 벽란도로 가는 항로를 이용했다. 육로는 물론 바닷길도 더 길
어졌다. 닝보와 벽란도를 잇는 항로를 특별히 이용해야 할 이유가 있는
걸까?

---

208 소흑산도에는 협계산(夾界山) 혹은 쌍계산(雙啓山)이라 불렸다.
209 〈세계일보〉, 2013.3.18, '最古 고려수묵화 찾았다'

해저지도[210]를 펼쳐서 보면, 황해바다 밑에는 기다란 해저산맥 2개가 나란히 한반도 서남부에서 서남방향으로 뻗어있는 흔적을 찾을 수 있다. 하나는 노령산맥의 끝자락 함평군, 영광군(법성포)에서 해제반도(지도면)를 따라 임자도, 증도, 자은도, 비금도, 대흑산도, 우이군도, 거차군도, 만재도, 소흑산도(가거도), 가거초로 이어지다가 바닷속으로 숨는다. 바다 밑에 가라앉은 무수한 섬들과 암초들, 가끔 보이는 '거문여(검은 嶼)[211]'가 거의 일직선을 이루며 중국의 루동(如東)과 상하이(上海) 방향으로 연달아 이어져 있다. 중국 동해안에 가까이 갈수록 뭍으로 오르더니 항저우와 황산(黃山)을 지나 우이산맥(武夷山脈)으로 이어진다.(이하 '해저 노령산맥')

또 하나의 해저산맥은 한반도 서남쪽으로 뻗어 내린 소백산맥의 연장선이다. 해남군 두륜산(해발 703m)으로 끝난 것 같은 소백산맥이 완도와 노화도, 보길도를 이어 추자도, 화도, 제주도의 서쪽 해안의 비양도, 차귀도, 가파도, 마라도로 이어가고, 다시 파랑초와 이어도에 닿으면, 멀리 중국의 주산군도의 꼬리로 이어간다. 중국과 가까워질수록 산맥은 뭍으로 올라 항저우만의 닝보 앞바다에서는 주산군도를 이루더니, 가파르게 뭍으로 올라 산맥으로 변하면서 저장성과 푸젠성의 가파른 해안선을 이루고 있다.(이하 '해저 소백산맥') 한반도의 소백산맥과 노령산맥의 두 갈래는 바다 밑을 지나 중국의 저장성, 푸젠성, 장시성, 광둥성까지 산맥으로 이어진다.

---

210 2013년 12월 대한민국 해양수산부 국립해양조사원 발행, No.3010(WGS-84), No.2010(WGS-84).
211 바닷가에 가면 '거문여'를 볼 수 있는데, 밀물과 썰물에 따라 드러나고 숨는 암초 또는 일시적인 섬을 말한다. 필시 '검은 색의 여'가 어원인 것 같은데, '여'가 서(嶼, 섬서, 수중에 있는 산)와 의미가 통하는 여(嶼, 산이름여)의 음가를 빌려 쓰는지는 확실하지 않다.

해저지도가 없어 쉽게 이해할 수 없다면, 중·고교 때 쓰던 지리부도에서 동부아시아 지도를 찾아보시라. 일본 규슈에서 남쪽으로 중국 푸젠성 앞 타이완섬까지 이어진 난세이 제도가 있다. 오키나와 섬을 비롯한 무수한 섬들이 사실은 바닷물에 잠긴 해저산맥의 상층 부분이다.

이들 2개의 해저산맥이 바닷물에 덜 잠긴 5,000년 전에는 어떠했을까? 해수면의 변화는 지구과학 이론을 빌려 한반도 주변의 지각운동으로 계산해 낼 수 있다. 맨틀대류설(convection current theory: mantle 對流說)에 의하면 유라시아판(Eurasian Plate) 위에 놓여있는 한반도의 황해바닥은 1년에 대략 1㎝씩 가라앉고 동해안은 1㎝씩 솟아오른다. 한반도 역시 1㎝ 정도씩 남동쪽으로 이동하고 있다. 이런 수치를 대입시켜 계산하면 황해의 수심은 백년이면 1m이고 천년이면 10m에 가까운 수치가 나온다. 여기에 빙하가 녹아 해수면이 높아지는 수치를 더하면 더 깊어졌다고 볼 수 있다.

이와 같이 중국과 한반도 사이에도 황해바다 물속에 잠긴 두 산맥이 만들어낸 섬들로 5,000년 전에는 다도해를 이루었을 것이다. 다도해의 내해(內海)는 파도가 높지 않아 소형 평저선으로도 물길이 가능하다.

삼국의 시초인 초창기인 2,000년 전에는 어떠했을까? 두 산맥 중 태평양에 가까운 해저 소백산맥은 바다 속으로 대부분 잠기고, 그 북쪽의 노령산맥을 연장한 섬들이 남아 있었을 것이다. 이런 상황에서 해양을 넘어야 할 배들은 어느 산맥을 의지하여 어떤 항로를 선택하였을까?

소흑산도가 있는 '해저 노령산맥'이 닿는 중국 쪽 해안선은 광범위하게 두꺼운 층의 갯벌이 발달하고 수심이 얕아서 항구나 포구가 발달할 수 없었다. 한반도의 백제나 왜 백제와 뱃길이 닿는 관문인, 닝보는 주산군도로 이어지는 '해저 소백산맥'과 연결되어 있다. 그런데 깊은 바다로 나아갈수록 섬들이 물속에 잠겨 해저 소백산맥은 먼 바다로 나가면 항해의 안전을 보장해 줄 수 없다.

중국 닝보항에서 출발하는 현명한 어부(선장)들은 안전한 항해를 위해 어떤 산맥의 항로를 선택했을까? 다행히 닝보 앞바다 주산군도의 섬들이 북쪽의 해저 노령산맥의 섬들과 연결되어 있다. 그렇다면 항저우에서 소흑산도까지 이어지는 뱃길은 무엇을 기준으로 안전하게 항해했을까? 소흑산도에는 협계산(夾界山) 혹은 쌍계산(雙啓山)이 있어 알아볼 수 있다. 앞에서 말한 해저지도의 해저 노령산맥에 이어져 있다. 1,000년 전에 해저 수심 10m 정도를 뺀다면 무수한 섬과 '거문여'가 있어 그 뱃길을 따라 항해하기에 용이했을 것이다.

실제로 안전한 항해를 위해 닝보항을 떠난 무역선은 기수를 북쪽으로 돌려 중국의 해안선 가까운 북쪽 항로를 확보할 수 있다. 이어서 해저 노령산맥 섬들을 만나게 되면 한반도로 가기 위해 기수를 동북방향으로 돌려 미처 잠기지 않은 섬과 거문여를 따라 항해하면 된다. 이 뱃길 중에 쌍계산이 보이면 소흑산도에 이른 것이고 한반도를 눈앞에 둔 것이다. 항해의 안전을 위해 먼 길을 도는 닝보항 뱃길을 택한 이유가 해저 노령산맥을 이용하는 데 있었다고 본다.

항로 탐색을 하다 보니 '신안해저선'이 떠오른다. 침몰선의 유물 인양 작업에 참여했던 학자들은 당시 (고대) 항로는 닝보항에서 제주도(제주해협)를 지나 하카타로 향하는 직항로를 이용했다며, 뜻하지 않게 제주도 근처에서 폭풍을 만나 신안제도 증도(섬)까지 밀려와 침몰한 것으로 추정하고 있다.

이러한 학자들의 견해에 대해 필자는 몇 가지 의문이 있어 반론을 제기한다. 우선 제주해협에서 신안의 증도(선박 발견 지점)까지 140㎞가 넘는 거리다. 140㎞의 거리라면 제주도에서 본토(진도나 완도)까지 가는 거리(80㎞)보다 더 먼 거리다. 커다란 목선이 거친 바람을 맞으며 증도까지 밀려가기 전에 침몰했을 것이다. 또한 고대 항로는 예측할 수 없는 폭풍에 대비하고, 선박의 수리와 식수 확보 등 만약에 대피할 포구를 의식하여 섬과 가까운 뱃길을 이용하는 것이 관례인데, 망망대해인 제주해협을 가로질러 갔다는 것은 상식에 맞지 않는다.

현대판 지도를 펼쳐놓고 쉽게 그어놓은 항해 경로는 맞지 않다고 본다. 문제는 닝보에서 어떤 항로를 거쳐 시모노세키 해협에 들어서는 것이 가장 안전하며 효율적인가 하는 당시의 항로를 찾는 일이다. 고대 항로를 찾는 일은 동북아 역사를 연구하는 데 필요한 일이라 생각한다.

검단산과 검단의 용어는 어디서 온 것인가?

－천년고찰 검단사(경기 파주읍)의 명칭은, '신라 문성왕 9년(847) 혜소(慧昭)가 창건하였다. 혜소는 얼굴색이 검어 흑두타(黑頭陀) 또는 검단(黔丹)이라는 별명을 가지고 있었는데, 사찰 이름은 그의 별명에서 유래한다(두산백과사전).'

－검단사가 먼저 지어져 그 산을 검단산이라 했는지, 검단산에 사찰을 지었기 때문에 검단사라 했는지, 어느 쪽이 먼저인지 궁금하다.

❗ 하남시의 검단산(黔丹山, 657m)이 있고, 그 인근 남한산성이라는 청량산(淸凉山) 남쪽에도 검단산(黔丹山, 535m, 성남시 은행동)이 있다. 경기도 김포시에 검단면(黔丹面)이 있고, 인천시 서구에도 검단면(黔丹面)이 있다. 대동여지도(김정호)에 양주 검단산(黔丹山, 현 남양주시 철마산)과 충주 달천진(達川津) 인근에 검단(黔丹) 마을(현 달천역 부근, 이유면利柳面)이 있다. 동여도지(東輿圖志, 김정호)에 해주 근방 달마산 아래 검단(黔丹) 마을과 검단천(黔丹川)이 있다. 또 다른 고지도[212]에 교하 검단산(黔丹山, 현 교하읍 탄현면 성동리)이 있다.

양주 검단산(黔丹山, 현 철마산) 북편에 검단마을(팔야1리)과 웃검단이(검단마을 윗마을, 팔야4리)마을이 있고, 그 인근에 검단천(黔丹川)이 흐르며, 금단이들(검단이 들판)도 있다. 검단마을 북쪽에 진접 검단이고개(능고개)가 있다.

---

212 국립중앙도서관,『고지도를 통해 본 경기지명연구』, 국립중앙도서관 고문연구총서②, 2011. p.28.

웃검단이 동쪽에 수동 검단이고개가 있으며, 이 고개를 넘어가면 수동면 검단골이 있다.

또 하나의 '검단마을'은 남한강과 북한강이 만나는 남한강변 검천(檢川) 3리(경기도 광주시 남종면)에도 있다. 이렇게 수많은 '검단'이란 명칭이 서울 주변에 흩어져 있다는 것은 예사로운 일이 아니다. 필시 무슨 사연이 있거나 의도가 깔려 있는 것이다.

대저, 검단(黔丹)과 봉수(烽燧)는 둘 다 목적과 개념은 같지만 국적과 문화가 다른 데서 출발한 용어라고 본다. 그래서 두 가지 용어가 만나면 충돌할 수밖에 없었을 것이다. 고대(古代) 거대한 한문화(漢文化)의 각종 제도와 서책 등 한류(漢流)가 토종 언어를 삼켜버렸다고 봐야 한다. 검단이란 용어가 이 상황에서 사라진 언어라고 본다.

우리가 예리하게 파악해야 할 점은 서책과 한문화를 타고 들어온 한자 이전에 이미 한자로 표기된 지명이 어떤 형태로든 존재했다는 사실이다. 그 남아 있는 편린 하나가 검단이란 이름의 지명이다. 지명 이름이 아니었더라면 사라져 없어질 용어였다.

서울 인근에 흩어져 있는 검단이란 지명과 충주의 검단을 대강 묶어보면 Y자 형태의 연결선을 이룬다. Y의 중심점이 하남의 검단산이라 본다. 하남검단산에서 북쪽으로 남양주시의 철마산(검단산)과 2개의 검단마을, 2개의 검단이 고개와 검단골, 그리고 금(검)단들(野)로 연결된다. 철마산과 하남 검단산과의 거리는 약 22km이다. 검단(봉수)의 신호를 시력이 좋으면 맨눈으로 볼 수 있는 거리이고, 그 사이 한 곳(예봉산)에 중계지를 둘 개연성도 있다.

또 하나의 연결선은 하남 검단산에서 서북쪽으로 김포의 검단마을과 파주의 검단산, 해주 검단 마을이 있다. 해주는 제쳐두고라도 하남의 검단산에서 김포 검단이나 파주 검단산까지 직선거리는 각각 약 66km이다. 이 두 곳의 위수방위 신호를 이으려면 적어도 3,4곳의 중개 지점이 필요한 거리이다. 우선 첫 중계지로 안남산(安南山, 현 인천·김포의 계양산 395m)과 심악산(深岳山, 현 파주의 심학산 194m)을 상정할 수 있다. 이와 같이 먼 거리인데 하남의 검단산과 연결된 군사방위 체제로 볼 수 있느냐 하는 의문점이 있다. 하남의 검단산과 가까운 미사리, 암사, 풍납, 몽촌, 송파, 석촌, 잠실, 삼성 등 한강 중·하류 유역에 자리 잡고 있는 세력과 그 주민들에게 한강은 편리한 교통로이며 장삿길이다. 이는 또한 적군이 내습할 수 있는 통로가 되기도 한다. 당시(BC930년[213] 전) 중국과의 교역 해상로[214]가 가능한 만큼 중국방면 선진세력의 침투는 새로운 병기 등 결정적 위협이 될 수 있다. 따라서 한강 입구인 김포 검단과 파주 검단산이 하남과 멀리 떨어져 있지만 수도방위 차원에서 매우 중요한 위치라고 본다.

하남의 검단산에서 동남쪽으로는 연결되는 검단체제는 광주시 남종면의 검단 마을과 광주시와 성남시 경계를 이루는 남한산성 남쪽의 검단산(535m), 그리고 충주의 검단이 있다. 이들은 하남의 검단산과 가까이 10km 정도 거리에 있다. 그리고 멀리 충주의 검단마을은 남종면 검단마을과 80km나 떨어져 있다. 충주 검단이 남한강으로 연결된다는 점에서 검토할만하지만, 서울 지역과 너무 멀리 떨어져 있어 재고의 여지도 있다.

---

213 고고학계는 울산광역시 울주 검단리(檢丹里) 유적의 연대를 출토유물과 방사성탄소연대측정으로 미루어 선사시대(BC930)의 청동기시대로 보고 있다. 검단(黔丹)이라는 한자는 다르지만 동음이고 검단이라는 기능성도 같다.

214 원서(原書) 4-1의 논의에서 한반도는 중국 동안과 교통이 가능하여 동일언어권임을 밝히고 있다.

Y자 축을 이루며 산재한 검단이란 지명들의 중심이 하남 검단산이라면, 이 산은 여러 곳에 산재한 검단과의 통신체계 중심에 있는 것이다. 위수방위 목적에서 이뤄진 검단이란 통신체계와 그 중심에 있는 하남 검단산을 필요로 하는 지점은 어디이며, 누구인가? 검단산 가까이(5㎞)에 있는 이성산성을 지목하지 않을 수 없다.

검단이란 용어는 적의 이동을 파악하고 알리는 군사적 위수방위 체제이며, 조선시대의 봉수제도에는 미흡하지만 비슷한 개념이다. 검단이란 지명은 한반도의 삼국시대 이전, 선사시대(BC930경)에 붙여진 한자식 명칭이라고 본다.[215]

이 글을 소개하는 까닭은 삼국(고구려, 백제, 신라)이 형성되기 이전, 한반도 중부 이남에 한자를 사용하는 군장국가 이상의 나라가 있었다는 것을 밝히고, 사학계의 관심과 연구를 끌기 위한 것이다.

한반도의 청동기시대에 이미 중국 동안(東岸)과의 문자공유가 있었다는 추론이 가능하고, 문자공유에 따라 우리식으로 문자(한자)를 사용했다는 새로운 가설을 도출할 수 있다. 또 하나 서울을 중심으로 하여 경기·인천의 한정된 지역에서 출토되는 청동기시대 유물 중에 한자관련 유물이 발견된다면 시대가 다른 유물이 교란(攪亂)된 것이라 단정할 일이 아니라 신중하게 검토할 일이다. 이 점을 강조하고 싶다. 검단에 대한 더욱 세심한 연구와 한자 사용 시초에 대한 발전적 연구가 있기를 기대한다.

---

215 오운홍, '검단은 선사시대 한자용어의 군사방위 개념이다', 『해동문학』, 2014. pp.88-125.

우리가 자행한 역사 수거령이 있다는데 그 내용은?

❗ 유교를 국교로 신봉하고 소중화(小中華) 주의[216]를 표방한 조선이 개국초에 춘추와 자치통감 강목만 사필로 여기고, 한민족의 고유 사서를 이단이라 하여 모조리 압수하여 소각한 일이 있다. 태종 12년(임진. 1412)에 서운관에 보관되어 있던 고유 사서를 공자의 가르침에 어긋난다 하여 소각하였고, 세조에서 성종까지 3대에 걸쳐 임금이 전국 관찰사에게 사서(史書) 수거령을 내려 우리의 뿌리, 역사를 제대로 알 수 없게 만들었다.

명나라를 상국으로 섬기는 사대주의 혹은 모화사상이 거들었다. 동방 문화의 종주국이며 강성했던 조상의 역사를 기록한 고유 사서를 받아들일 수 없었던 것이다. 수거령에 포함된 사서 중에는 우리나라 최고의 역사기록『삼성기』(안함로, 원동중)도 포함되어 있다.

세조실록 7권, 세조 3년(丁丑, 1457) 5월 26일(戊子) 3번째 기사의 수거령에 다음과 같은 내용이 있다.

---

[216] 소중화주의는 중국 중화사상의 영향을 받은 주변 나라에서 발달한 자민족 중심주의 사상이다. 중화 사상은 중국이 세계의 중심이라고 믿는 자문화 중심주의적 사상이다. 조선에서는 중화사상의 영향을 받아 한족의 나라인 명이 오랑캐가 세운 나라인 청에 멸망하자 조선이 명의 뒤를 이은 유일한 소 중화라는 인식이 강화되었다. 중국은 이전부터 중화사상을 바탕으로 중국이 세상의 중심이며, 중국 이외의 나라는 천시하고 배척하였다. 이러한 사상은 우리나라와 베트남에도 영향을 주었고, 스스로를 중국 다음 가는 문명국가라고 여겼다. 명이 청에 의해 멸망한 이후 만주족이 세운 청을 따르는 것을 거부하던 조선에서는 소중화주의가 더욱 강화되었다. 스스로를 오랑캐인 만주족보다 문명의 수준이 높다고 믿었고, 조선이 한족 정통 국가인 명을 계승한 나라라고 생각하였다.

'팔도관찰사(八道觀察使)에게 유시(諭示)함: 고조선비사(古朝鮮秘詞), 대변설(大辯說), 조대기(朝代記), 주남일사기(周南逸士記), 지공기(誌公記), 표훈삼성밀기(表訓三聖密記), 안함노 원동중 삼성기(安含老元董仲三聖記), 도증기지리성모하사량훈(道證記智異聖母河沙良訓), 문태산(文泰山), 왕거인(王居人), 설업(薛業) 등 삼인기록(三人記錄), 수찬기소(修撰企所)의 1백여 권(卷)과 동천록(動天錄), 마슬록(磨蝨錄), 통천록(通天錄), 호중록(壺中錄), 지화록(地華錄), 도선 한도참기(道詵漢都讖記) 등의 문서(文書)는 마땅히 사처(私處)에 간직해서는 안 되니, 만약 간직한 사람이 있으면 진상(進上)하도록 허가하고, 자원(自願)하는 서책(書冊)을 가지고 회사(回賜)할 것이니, 그것을 관청·민간 및 사사(寺社)에 널리 효유(曉諭; 알아듣게 타이름)하라.' 하였다.(諭八道觀察使曰: 古朝鮮秘詞, 大辯說, 朝代記, 周南逸士記, 誌公記, 表訓三聖密記, 安含老, 元董仲三聖記, 道證記智異聖母河沙良訓, 文泰山, 王居仁, 薛業等三人記錄, 修撰企所一百餘卷, 動天錄, 磨蝨錄, 通天錄, 壺中錄, 地華錄, 道詵 漢都讖記 等 文書, 不宜藏於私處, 如有藏者, 許令進上, 以自願書冊回賜, 其廣諭公私及寺社)"

수거령에는 역사서가 대부분이지만 천문, 지리에 관한 서적도 포함되어 있다. 예종실록 7권, 1년(1469)[217] 9월 18일(무술) 3번째 기사의 수거령을 보자.

'예조(禮曹)에 전교함: 주남일사기(周南逸士記), 지공기(志公記), 표훈천사(表訓天詞), 삼성밀기(三聖密記), 도증기(道證記), 지이성모하사량훈(智異聖母河沙良訓), 문태(文泰)·옥거인(玉居仁)·설업(薛業) 세 사람의

기(記) 1백여 권과 호중록(壺中錄), 지화록(地華錄), 명경수(明鏡數) 및 모든 천문(天文), 지리(地理), 음양(陰陽)에 관계되는 서적들을 집에 간수하고 있는 자는, 경중(京中)에서는 10월 그믐날까지 한정하여 승정원(承政院)에 바치고, 외방(外方)에서는 가까운 도(道)는 11월 그믐날까지, 먼 도(道)는 12월 그믐날까지 거주하는 고을에 바치라. 바친 자는 2품계를 높여 주되, 상 받기를 원하는 자 및 공사 천구(公私賤口)에게는 면포(綿布) 50필(匹)을 상으로 주며, 숨기고 바치지 않는 자는 다른 사람의 진고(陳告)를 받아들여 진고한 자에게 위의 항목에 따라 논상(論賞)하고, 숨긴 자는 참형(斬刑)에 처한다. 그것을 중외(中外, 서울 밖)에 속히 유시하라.' 하였다. (傳于禮曹曰: "周南逸士記, 志公記, 表訓天詞, 三聖密記, 道證記, 智異聖母河沙良訓, 文泰·玉居仁·薛業 三人記 一百餘卷, 壺中錄, 地華錄, 明鏡數, 及凡干天文, 地理, 陰陽諸書家藏者, 京中限十月晦日, 呈承政院, 外方近道十一月晦日, 遠道十二月晦日, 納所居邑. 納者超二階, 自願受賞者及公私賤口, 賞綿布五十匹, 隱匿不納者, 許人陳告, 告者依上項論賞, 匿者處斬. 其速諭中外.)

참형에 처하라 할 정도면 추진하고 있는 수거령이 미증유의 위급함과 중대함에서 비롯된 것임을 짐작할 수 있다.

성종 원년 12년 9일(무오)에도 여러 도(道)의 관찰사에게 교서를 내렸다. "전일에 주남일사기, 지공기, 표훈천사, 삼성밀기, 도증기, 지이성모, 하소량훈, 문태·옥거인·설업의 삼인기 1백여 권과 호중록, 지화록, 명경수 무릇 천문, 지리, 음양 등 여러 서책을 빠짐없이 찾아내어 서울로 올려 보낼 일을 이미 하유했으니 상항 명경수 이상의 9책과

태일금경식, 도선참기는 전일의 하유에 의거하여 서울로 올려 보내고, 나머지 책은 다시 수납하지 말도록 하고, 이미 수납한 것은 돌려주도록 하라." 하였다.

일본의 역사책 수거를 탓할 일이 아니다. 우리도 이보다 더 했으면 더 했지, 반성하고 통탄할 일이다. 무엇을 통탄한다는 말인가? 사라진 우리 상고사를 말함이다. 그래서 필자가 상고사의 퍼즐을 맞추려 노력하고 있다.

우리가 찾고 있는 '코리언 루트'는 어디인가?

! "코리언 루트는 '중앙아시아문명'과의 연결이다." 이 가설은 우리가 궁금해 하던 '환웅의 동방진출설'을 뒷받침하고, 동이가 중국의 양사오 문명과 뿌리가 다른 점을 부각시킬 것이다.

필자가 제시한 가설은 다음의 세 가지 전제를 조건으로 성립한다. 앞에서 소개한 내용과 겹치더라도 주제 접근을 위해 이해를 바란다.

첫째, 서역(西域)이라 불리던 ○○스탄의 나라들의 선조, '중앙아시아의 문명'이 1만 년 전후에도 존재했었다는 것과 그 문명이 외세에 시달리기 전, 고유의 문화와 인종이 유지되던 기원전 5,000년에서 1만 년을 전후한 시대와의 연결이라는 점이다.

'-스탄'은 '-의 탄'이며, '-의 딴(따 地)', '-의 땅'의 원음으로, '나라 혹은 국가'를 의미한다고 본다. 현대지도에서 찾아보면 '-스탄의 나라', 즉 파미르고원에 근거를 둔 키르기스스탄, 카자흐스탄, 우즈베키스탄, 타지키스탄, 아프가니스탄의 원조로 불리는 파나류(파미르)국이 그곳에 있었다고 본다.

원동중이 쓴 『삼성기』 하편[218]에 파나류국 이야기가 있다.

'옛글에 말한다. 파나류산 밑에 환님의 나라가 있으니, 천해 동쪽의 땅이다. 파나류의 나라라고도 하는데, 그 땅이 넓어 남북이 5만 리요, 동서가 2만여 리니, 통틀어 말하면 환국이요, 갈라서 말하면 비리국, 양운국, 구막한국(중략) 선비국(중략), 수밀이국이니, 합해서 12국이다.'
(古記云 波奈留之山下有桓仁氏之國, 天海[219]以東之地亦稱波奈留之國其地廣南北五萬里東西二萬餘里, 摠言桓國分言則卑離國養雲國寇莫汗國<중략> 鮮裨國[220] <중략> 須密爾國[221]合十二國也)

파나류산(파미르고원)을 중심으로 12개국이 있었는데, 그 중에 수밀이국(須密爾國)이 있다. 이 나라를 묘사한 중국 『산해경(山海經)』의 기록으로 볼 때 수메르의 자연환경을 잘 나타내고 있다. 수메르 토판에서 말하는 '동방', '천산'이 바로 그 곳, 파미르고원 북단에 있는 천산산맥 일대라고 본다. 수메르어 연구의 대가인 크레이머(N Kramer) 박사는 "수메르인은 자기들 스스로 동방에서 왔다"고 했다. 그들이 말한 동방은 수메르인의 고향이고 천산으로 본 것이다.

---

218 임승국, 전게서. pp.26-28.

219 천해(天海)는 물맛이 짠 카스피해(海)로 본다. 바이칼호(湖)는 담수인 호수(Lake, 天湖)이다.

220 선비국(鮮裨國)은 퉁구스를 뜻한다.

221 중국 『산해경(山海經)』에 수밀이국(須密爾國)을 수마국(壽麻國)이라 기록하고 있다. '수마국이 있다. 남악이 주산의 딸을 아내로 맞이했는데 이름을 여건이라고 한다. 여건이 계격을 낳고, 계격이 수마를 낳았다. 수마는 똑바로 서면 그림자가 없고 크게 외쳐도 메아리가 없다. 이곳은 더위가 대단해서 갈 수가 없다.'(有壽麻之國. 南嶽娶州山女, 名曰女虔. 女虔生季格, 季格生壽麻. 壽麻正立無景, 疾呼無響. 爰有大暑, 不可以往). 이중재, 『산해경(山海經)』〈대황서경(大荒西經)〉, 아세아문화사. pp.460-461.

둘째, 지역(A-E)의 문명을 연결하는 분석틀인데, 수메르문명(A), 중앙아시아문명(B), 홍산(랴오허)문명(C), 동이(황해안)문명(D), 아메리카 인디언문명과 아스텍문명(E)의 연결통로가 육로라는 것을 전제로 한다.

수메르문명 A와 홍산 혹은 동이문명인 C와 D, 아메리카문명 E를 연결하는 경로 중, 육로에는 중앙아시아문명 B가 존재한다. 만약 해로(바닷길)로 A와 C 혹은 D로 연결했다면, 바닷길의 길목인 인도문명과 스리랑카와 말레이시아, 싱가포르를 거치는데, 이곳에 동이어와 상투문화, 순장문화와 적석총문화가 남아 있어야 한다. 그런데 이들 지역은 우리와 전혀 다른 문화이므로 해로는 배제한다. 더욱이 기원전 5,000년에서 1만 년 전에는 선박을 이용한 원거리 항해가 기술적으로 어려운 시기이므로 육로 이동을 통해 문명의 연결을 분석하려 한다.

육로에서 B의 중앙아시아에서는 우랄-알타이어라는 교착어가 발견되고, 적석총문화도 발견되었기에 A-B-C-D-E라는 육상의 연결통로를 전제로 본 가설을 제기한 것이다.

셋째, 문화를 구성하는 요소들, ①언어문화, ②상투를 비롯한 의상문화, ③생활 풍속문화, ④골격과 인종의 모습, ⑤사후의 적석총문화가 이들 지역에서 나타나는가? 또한 연결선상에 있는가? 분석한다.

①의 언어문화를 비교분석틀로 탐색해 보자.

수메르문명(A)의 언어는 한국어와 마찬가지로 목적어가 동사보다 먼저 나오는 언어여서 문장의 구조가 SOV(주어+목적어+동사)형으로 되어 있다. 수메르 토판에 있는 쐐기문자로 보는 언어, 낱말의 음가와 한국어가 놀랍게도 아주 닮았다. 중국어나 한자음이 아니다. 5,000년의 시간차를 두었는데도 토판에 화석처럼 남아있는 문자이기 때문에 우리가 쉽게 알아볼 수 있는 것이다.

중앙아시아문명(B)의 언어는 인종이 변한 것만큼 많이 달라졌다. 이지역은 우랄-알타이산맥과 인접한 곳이기도 하다.

수메르 토판들을 판독하는 작업을 광범위하게 진행해 온 새뮤얼 노아크레이머는 수메르어가 "어느 정도는 우랄 알타이어를 연상시킨다"고주장한다. "카스피 해의 바로 북쪽과 서쪽에서도 이(수메르어) 언어가 발견되었다"고 했다. 수메르어 전문가 크레이머 교수가 B지역도 '수메르어'와 '우랄 알타이어'와의 연관성을 인정한 것이다.

홍산(랴오허)문명(C)은 20세기에 와서 유적과 유물로 발굴된 곳이다. 이 지역의 언어는 그 인근에 남아있는 만주어라고 본다. 만주-퉁구스언어는 알타이어족에 속하며 중요한 위치를 차지하고 있다. 만주어와한국어가 약 2,500년 전에 갈려 나간 것으로 보고 있는데 두 언어의 어순이 같다. 어순이 같은 동이(황해안)문명(D)의 언어도 마찬가지다.

중국의 사자성어를 분석해 보면 진·한(秦漢) 이전의 춘추전국시대에출전을 둔 고사성어들이 명사 다음에 형용사나 동사가 뒤따른다는 것을기타편 〈궁금역사 9〉에서 발견하게 된다. C와 D의 지역이 같은 언어를사용했던 동이어족의 분포지역이기도 하다.

E의 아메리카 인디언문명과 아스텍문명의 언어도 우리 언어와 비슷하다. 손성태 교수가 쓴 『우리 민족의 대이동』에 의하면, 인디언 언어에

'yag i itta'(야기이따)라는 말이 있다. 미국 학자들은 이 문장을 'I have medicine'이란 의미라 한다. 인디언 언어를 연구하는 학자들은 이를 인디언 언어의 기본 문장으로 삼아, 다른 문장을 해석하는 데 원형으로 삼고 있다. 우리는 소리만 들어도 '야기 이따'를 '약이 있다', '나는 치료약이 있다'로 알아듣는다. 우리와 똑같은 언어이기 때문이다.

아스텍문명의 원주민들 언어에 '다마틴이'(tlamatini, 다 맞히는 사람, 점쟁이, 예언가)나 '나 그 다조타'(na c tlazota, 나 그것이 다 좋다)와 같이 쉽게 알아들을 수 있다. 심지어 '태백(tepec, 산)'과 '다치할 태백'(tlachihual tepec, 피라미드, 손으로 지은 산)이란 말이 그대로 남아 있어, 우리나라 고기(古記) 연구에도 도움을 주고 있다. 태백은 고유명사가 아니라 일반명사인 것을 알 수 있다. 따라서 우리 상고사에서 태백산이 어디인가 찾을 필요가 없는 일이다. 또한 이들 조상은 '산(山)'이라고 하는 한자음이 발생하기 이전에 베링해협을 건너갔다고 추론할 수 있다.

이와 같은 일들이 가능한 것은 수메르문명(A), 중앙아시아문명(B), 홍산(랴오허)문명(C), 동이(황해안)문명(D), 아메리카 인디언문명과 아스텍문명(E)이 하나의 언어로 연결되었기 때문이라 본다.

②상투문화를 비교분석해 보자.

수메르 지역(A)은 더운 곳이라 동이의 의상과 비교할 수 없지만 머리에는 상투를 틀었다. 메소포타미아 전역을 통일하여 아카드제국을 건설한 '사르곤'왕의 석재부도에서 상투머리를 발견한 것이다. 중앙아시아문명(B)에서는 상투를 발견하지 못했지만 홍산(랴오허)문명(C)에서 상투문화를 발견할 수 있었다. 앞에서 언급한 것처럼 뉴허랑 유적(BC4700-BC2900) 제2지점 1호 적석총 제21호 무덤을 발굴할 때, 부장자 머리맡에 있는 '옥고'는 상투머리를 고정시키는 도구이다. 무덤 양식이 적석총이라 동이족이 분명한데, 거기에 부장자의 머리맡에 상투옥고가 놓여있는 것으로 보아 상투문화를 알 수 있다.

E의 아메리카 인디언문명과 아스텍문명에서도 상투를 비롯한 두루마기 의상을 찾을 수 있다. 손성태 교수가 소개한 자료에 의하면, 멕시코 역사를 담은 1523년경의 그림에서 원주민들이 바로 우리 선조들의 상투모양과 같은 헤어스타일을 하고 있다. 상투와 두루마기로 특징짓는 동이(황해안)문명(D)은 한반도 안으로 축소되었지만 20세기 전반까지도 한반도의 대표 의상이었다고 본다.

상투문화는 중앙아시아문명(B)에서는 현재로서 발견되지 않았지만, 수메르문명(A), 홍산(랴오허)문명(C)과 동이(황해안)문명(D), 그리고 아메리카 인디언문명과 아스텍문명(E)에 걸쳐 찾을 수 있는 상고대의 생활 모습이라 할 수 있다.

③생활 풍속문화를 비교분석해 보자.

수메르(A)인들은 동이문화와 마찬가지로 씨름을 즐기고 결혼 전 신부의 집에 함을 가지고 가는 풍습이 있는데 우리 풍습과 닮았다. 중앙아시아(B)의 경우, 인종과 언어가 바뀐 것처럼 고유 문화도 남아있지 않다. 그렇지만 20세기까지 남아있는 순록 유목민족인 츄크치족(Chukchi 族), 네네츠인, 차탕족이 시베리아 툰드라에서 중앙아시아 지역 사이를 오간다는 점에서 옛날 중앙아시아문명의 흔적을 찾을 수 있다. 그들을 탐방한 생생한 기록 영상을 필자가 직접 확인했는데, 결혼 전 신부의 집에 함을 가지고 가며, 신부의 오라비가 새 신랑을 상대로 우리와 똑같은 씨름을 걸어 남자로서의 힘을 가늠하는 걸 보고 놀란 일이 있다. 중앙아시아도 상고시대에 이와 같은 풍속과 문화가 있었으리라고 본다.

홍산(랴오허)문명(C)과 동이(황해안)문명(D)은 이웃한 만주지역과 한반도에 이와 같은 습속이 지금까지 남아있음으로 부연 설명할 필요가 없다고 본다.

아메리카 인디언문명과 아스텍문명(E)에서도 우리와 닮은 생활 풍속을 발견할 수 있다. 손성태 교수의 소개에 의하면 아스텍문화에서 부인들의 한복과 색동저고리, 쪽진 머리와 비녀, 머리 장신구, 붉은 볼연지, 가체(加髢) 풍습도 우리와 유사하다. 아스텍의 아기 탄생에 금줄 사용, 신성한 장소에 거는 금줄 등의 풍습도 우리와 거의 같다. 음식을 먹기 전에 조금 떼어내 던지던 '고수레' 풍습도 우리와 같다. 이 '고수레'를 원주민 말로 '다다 살리'라 하는데 이는 '모두 함께 살아' 하는 공동체적 삶을 표현한다. 죽은 사람의 입에 노잣돈으로 옥구슬을 넣어주고, 자정이 되어 제사를 지내는 풍습도 우리 전통과 닮았다.

보름달 속에 토끼가 한 마리 있다는 믿음도 우리와 같다. 팽이치기, 널뛰기, 굴렁쇠놀이, 자치기, 장대 말 타기, 말뚝박기, 줄넘기, 숨바꼭질 등도 우리와 같다. 자치기와 숨바꼭질 놀이의 구체적인 방법도 우리와 거의 같다. 씨름, 구슬치기, 공기놀이, 윷놀이도 규칙이 우리와 같고 달집태우기 풍습도 우리와 유사하다. 아메리카 인디언문명을 찾았던 송호수 교수는 1982년 10월 7일에 현지 조사와 미국 워싱턴 인디언박물관(스미소니언)에서 나무절구, 소쿠리, 광주리, 베틀, 어망, 물레 등 우리 선조들이 쓰던 생활도구와 동일한 것이 너무도 많았다고 소개하고 있다.

종합하면 수메르문명(A), 중앙아시아문명(B), 홍산(랴오허)문명(C), 동이(황해안)문명(D), 아메리카 인디언문명과 아스텍문명(E)이 비슷한 생활 풍속을 가지고 있었다고 할 수 있다.

④골격과 인종의 모습은 어떠한가?

앞에서 A-B-C-D-E지역의 언어와 상투문화와 생활문화가 우리와 같거나 비슷하다는 것이 밝혀졌다. 그렇다면 골격이나 인종도 우리와 비슷할까?

먼저 D는 우리 동이문화권이므로 재론할 필요가 없고, C의 홍산(랴오허)문명도 만주족과 연결되어 있어 우리와 같은 골격의 황인종이다. E의 아메리카 인디언이나 아스텍의 원주민도 우리와 같은 인종임이 속속 밝혀지고 있다. 아메리카 대륙의 원래 주인인 인디언은 동북아에서 베링해협을 건너 북아메리카로 건너갔다는 사실이 언어, 혈액형, 체질, 치아 모양 등의 과학적 연구 방법을 통해 이미 밝혀진 것으로서 미국의 고고학자나 인류학자들의 일치된 견해이다.

스탠포드 대학의 조세, H. 그린버그 교수와, 애리조나 대학의 스티븐 제구라 교수, 그리고 애리조나 주립대학의 크리스티 G. 터너 교수팀이 신세계의 선사역사에 대한 언어, 혈액형, 현존하는 고대 인디언들의 치아(齒牙)형태 등을 연구한 결과, 세 개의 추측을 이루는 이주자들이 아시아에서 신세계로 이주해 들어왔다는 사실을 발견하여 학계에 발표하였다. 이들의 연구 결과 아메리카 인디언은 1만5,000년 전, 6,000년 전, 그리고 4,000년 전에 한 차례씩 모두 세 번에 걸쳐 아시아에서 이주해 왔다는 사실이 밝혀졌다.[222]

아메리카 원주민들은 현대에도 남아있어 DNA분석으로 계속 입증이

---

222 김상일, 『인류문명의 기원과 한』, 상생출판, 2018. pp.32-35.

되고 있다. 1999년 남미 아르헨티나와 칠레의 접경지대인 해발 6,700m의 유야이야코산의 분화구에서 3명의 어린이가 꽁꽁 언 시신으로 발견된 적이 있는데, 그 중 '잉카의 얼음소녀'라는 별명을 갖게 된 한 소녀의 유전자(DNA)를 분석해 본 결과, 아메리카 선주민의 유전자와 대부분 부합되었다. 또 하나 몇 가지 패턴은 한국이나 대만 사람의 것과 비슷했다는 미국 메릴랜드 로키빌 게놈연구소의 트레이시 스프릭스 박사 주장이 나와 관심을 끈 적이 있다. 북아메리카 인디언문명, 멕시코의 아스텍문명, 남미의 잉카문명의 언어와 풍습, 원주민의 골격 등이 거의 같다고 할 수 있다.

이번에는 수메르문명(A)과 중앙아시아문명(B)에도 우리와 같은 골격을 가진 인종이 존재했느냐 하는 점이다. 그런데 현대 메소포타미아나 중앙아시아에 살고 있는 인종을 보면 그렇다고 대답할 수 없다. 그러나 수메르문명에서 발굴된 유물과 유적으로 그 당시 중앙아시아의 인종을 추측할 수 있다.

수메르(A)인들은 자신들이 토판에 기록한 그대로 "검은머리의 사람들"(black-headed people)이라 불렀으며, 자신들이 사는 땅을 수메르(Sumer)라고 불렀다. 여기에 기록된 '검은머리 사람들'은 수메르의 지배계층을 이루고 있었다.

수메르인은 머리가 검고 서양인에 비해서 키가 작으며 머리(얼굴)가 넓은 민족으로 묘사되고 있다. 옛 기록들은 그들(수메르인)이 수염을 깨끗이 깎고, 땅딸막하고, 머리(통)가 넓은 민족으로 묘사하고 있다.(『이스라엘의 역사』上卷, 존 브라이트 지음, 김윤주 역)

수메르 사람들은 검고 곧은(곱슬머리가 아닌) 머리를 가진 사람들이었다.

그들이 남긴 초상(부조)을 보아도 머리가 그렇다. 이 사실을 보면, 그들은 백인종(Caucasoip)도 흑인종(Negroid)도 아닌 황인종(Mongoloid)이었다는 것을 의미한다.(『알타이 신화』, 박시인 지음, 청노루)

수메르문명[223] 지배세력의 골격에 대한 묘사를 읽어보면 우리와 투르크인의 조상과 비슷한 점이 있는데, 지금의 중앙아시아인은 골격이나 인종 면에서 수메르 인과 닮지 않았다. 당시 수메르 인이 스스로 중앙아시아 고산지대에서 왔다고 기록했는데 이를 어떻게 설명할 것인가?

수메르 연구가(울리, 크래머, EH 번즈)들의 결론은 "수메르 민족이 고산족(高山族)의 특성을 가지며, 동방에서 왔다는 말을 한다"고 했다. 필자가 보기엔 "하늘에서 내려왔다", "하늘 산을 넘어왔다"의 토판의 기록은 천산 산맥, 혹은 파미르고원을 넘어서 왔다는 의미로 해석된다.

프린스턴대학의 크레이머가 쓴 『역사는 수메르에서 시작되었다』(가람기획)의 책은 로마 사람들이 왜 "빛이 동방에서 왔다"고 생각하였는지를 실감나게 서술하고 있다. 저자는 그 동안 메소포타미아 연구에 탁월한 업적을 보여 주었다. 직접 유적 발굴에 나서 큰 성과를 이룩하였는가 하면 유적의 내용을 자세히 분석하여 그 동안 학계에서 비상한 관심을 모았다. 그러나 동방이라는 여기가 끝이다. 더 이상 하늘 산, 얀산 너머 그 땅에 대해서 알지 못한다고 했다.

이에 대한 답을 구하기 위해 중앙아시아 역사를 간략하게 살펴볼 필요가 있다. 중앙아시아의 역사를 대강 ①고고학적 유물에 의해서만 그

---

223 수메르문명이 가장 융성했던 때는 기원전 3000년경으로, 역사학자들은 이 기간을 초기 왕조시대(BC2900-BC2350), 아카드 왕조시대(BC2350-BC2150), 우르 3왕조시대(BC2150-BC2000년)의 세 시대로 구분한다.

상황을 알 수 있는 긴 선사시대(BC5000-BC700), ②인도유럽어족의 언어를 사용하는 아리아인들이 거주한 아리아 시대(BC6세기-AD9세기), ③투르크족이 진출하여 투르크화, 이슬람화의 시대(10세기경-19세기 전반), ④청나라 및 러시아에 합병되어 민족이동과 사회주의가 파급된 근현대(19세기 후반 이래) 등 4시기로 구분한다.

　세계사의 흐름 속에 장삿길로 이어지는 상거래의 중심이 어딘가를 살펴보면 수메르와 중앙아시아가 보일 때가 있다. 근현대에는 상거래 중심이 유럽과 대서양이었다. 그 전, 중세와 근대는 지중해와 인도양을 사이에 둔 중동이었다. 그보다 이전, 고대나 상고대는 어디인가?

　바로 이곳 중앙아시아지역이다. 이곳은 동서양을 연결하는, 소위 실크로드를 잇는 중심이었고 중계무역으로 번영을 추구하던 지역이었다. 이곳은 특수한 자연환경을 이룬다. 삶의 생명수인 산악지역을 흐르던 강물이 평지인 사막에서 사라지는 오아시스 생태를 이룬다. ①의 상고대에는 산악지대에 살았으며, 교통로도 산악지대로 연결되었다. 산악의 도시, 비슈케크와 타슈켄트와 두샨베와 카불을 잇는 실크로드가 예부터 있었다. 그러나 동아시아로 연결되는 실크로드는 산악지대 아래쪽에 있는 오아시스를 연결하는 대상무역으로 이뤄졌다. 이곳은 실크로드를 통한 부의 축적이 있었고, 또한 부의 축적을 탐내는 전쟁의 땅이기도 하였다. ①의 상고대, ②의 고대, ③의 중세, ④의 근현대에 이르기까지 수없이 인근 이민족의 침입과 전쟁과 수탈이 이어지는 역사였다. 이에 따라 인종 교체가 계속 이루어졌다고 볼 수 있다. ①의 상고대 인종이 다른 지역으로 이동했거나 외세의 침입에 따른 혼혈로 당시의 골격이 사라졌다고 본다.

우리는 중앙아시아 ①의 상고대(BC5000-BC700)를 주목하지 않을 수 없다. 세계사를 연구하는 학자들은 이 기간에 대해 '고고학적 유물에 의해서만 그 상황을 알 수 있는 긴 선사시대'라는 별칭을 두고 관심을 두지 않았다. 세계사에 유래가 없이 선사시대가 길게 보인 데는 이유가 있었다. 바로 손에 잡히는 '언어'와 '문자'가 남아 있지 않았기 때문이다.

왜 손에 잡히는 '언어'와 '문자'가 없었을까? 외침이 잦은 지역이라 언어와 문자가 정착할 일정한 시간을 놓친 것이다. 문자가 없더라도 구전되는 언어에는 의미가 들어있을 수 있다.

우리와 골격이 비슷하고 '검은 머리의 사람'인 투르크족이 주를 이룬 터키 사람들이 현대에 이르기까지 아직도 코리아를 '형제의 나라'라고 하는 말에 관심을 둘 필요가 있다.

터키 언어가 우리와 같은 우랄알타이어를 쓴다. 빨리빨리 문화가 있다. 몽골 반점의 빈도가 높다. 흉노족으로 연결되며, 우리는 모르고 있는데 동아시아 고구려를 두고 고향으로 여긴다.

형제의 나라였지만 터키(투르크족)는 중동국가로서 지리적으로 볼 때, 외세에 시달려서 순수한 혈통의 골격이나 언어 유지가 어려웠을 것이다. 종교적 영향으로 음식과 생활양식이 많이 달라졌다. 그에 비해 한국(코리아)은 외세의 침략을 가끔 받았지만 은자의 나라로서 변화의 속도가 느렸다고 본다. 이러한 이유 등으로 투르크족과 코리언은 언어와 골격 면에서 상당한 차이가 생긴 것이라 본다. 투르크족과 코리언의 갈래가 상고대의 어느 시기인지 더 연구해야 하겠지만 당시 첨단문명의 힘을 빌려 사방으로 진출하던 시기가 아닌가 한다.

필자가 보기엔 상고대의 텐산산맥과 파미르고원은 최초의 금속문명이 태어날 확률이 높은 지역이라고 본다. 또한 장사를 통해 첨단문명의 씨앗이 잉태되었던 곳이기도 하다. 이 기간, BC5000-BC4000년 전후한 시대는 중앙아시아가 외침을 당하던 시대가 아니라 금속문명과 첨단문명을 앞세워 주변을 침략했던 시기라고 본다. 그 시절 주변국에 수메르의 땅도 포함되었을 것으로 보인다. 환웅의 동방진출도 이 시기가 아닌가 한다.

외침을 받지 않았던 그 시대의 순수한 인종과 골격은 수메르와 환웅의 골격과 닮은 검은머리의 동양적 골격이 아니었나 한다. 문명을 주도하던 5,000여 년 전에는 검은머리의 사람이었을 것이다. 상고대, A-B-C-D-E지역의 인종과 골격은 비슷하다는 결론에 이른다.

⑤죽음과 사후의 적석총문화

A의 메소포타미아 수메르문명의 중심지, 우르의 지구라트(BC3000)는 피라미드 형태의 계단식 신전 탑이 있었다. 피라미드로 대표되는 이집트문명도 수메르문명의 영향을 받은 것으로 세계사는 인정하고 있다. 이집트의 사카라에 있는 제2왕조 파라오 죠세르(Djoser, BC2630-BC2612 추정) 피라미드가 20세기 초반까지는 가장 오래된 피라미드로 알려져 왔다.

그런데 중앙아시아(B)의 카자흐스탄 고고학자들은 카자흐스탄의 카라간다시(市) 인근 사리아카 지역에서 BC3000년경에 만들어진 것으로 추정되는 피라미드 구조물(적석총)을 발견했다는 것을 앞에서(기타 궁금역사 6) 자세히 언급했다. 크기는 이집트 피라미드보다 훨씬 작지만 구조는 거의 비슷하다고 한다. 완전한 삼각형 구조인 이집트 기자 피라미드와 달리 꼭대기가 평평한 5개층의 계단식 피라미드 구조 형태를 띠고 있다.

발굴에 참여했던 노보첸노프 연구원은 "구조물은 돌로 만들어졌으며 외부는 석판으로 감쌌다"고 말했다.

적석총 형태의 피라미드를 연상하게 한다. 만주와 몽고의 경계에 있는 홍산(랴오허)문명(C) 뉴허랑(우하량)에서 남쪽으로 1km 지점, 적석총유적지 전산자(轉山子)의 동방 피라미드(제13지점)에 진쯔타(金字塔)이라는 적석총이 있다. 우하량 유적문화를 BC4700-BC2900으로 보고 있다. 이집트의 죠세르(Djoser) 피라미드보다 약 1,000년이 앞선 셈이다. 만주와 한반도의 동이(D)지역에 있는 광개토대왕릉이나 장군총 등 만주에 흩어져 있는 고구려의 적석총이 피라미드 형태를 하고 있다. 고구려 지안(集安) 국내성 일대에서만 1만여 기의 적석총이 있다.

북미 멕시코에는 아스테카문명(E)의 피라미드(430여 기)가 장관을 이룬다. 1920년대 메소포타미아(A) 우르에서 영국의 고고학자 레너드 울리 경(卿)이 BC2700년경에 조성된 수메르의 왕릉(여왕)을 발굴했을 때, 74명의 인골이 있었다. 그 당시 동이문화(D)와 같은 순장문화가 있었다. 오늘날까지 남아 있는 피라미드(적석총)의 유적을 연결하여 보면, 이집트문명, 수메르문명(A), 중앙아시아문명(B), 홍산(랴오허)문명(C), 동이지역(D), 아스텍문명(E)으로 이어지는 문명 전파의 길이 보인다.

지금까지 전개한 이론은 필자가 제시한 가설, '코리언 루트는 중앙아시아문명과의 연결이다'를 세 가지 전제 조건에서 탐색하였다.

첫째, 기원전 5,000년에서 1만 년을 전후한 시대와 연결되었다는 점.

둘째, 우리 문화와 비슷한 지역의 문명을 연결하는 분석틀로서, 수메르문명(A), 중앙아시아문명(B), 홍산(랴오허)문명(C), 동이(황해안)문명(D), 아메리카 인디언문명과 아스텍문명(E)을 선정하여 연결통로가 육로라는 것을 전제로 했다는 것.

셋째, 문화를 구성하는 요소들이 서로 연결되는지 분석하는 틀로서 ①언어문화, ②상투를 비롯한 의상문화, ③생활 풍속문화, ④골격과 인종의 모습, ⑤사후의 적석총문화가 이들 지역에서 나타나는가? 또한 연결선상에 있는가를 탐색하였다.

각 지역의 문화를 요소별로 탐색하고 분석한 결과, 이들 지역의 문명을 잇는 동일한 문화의 흔적을 발견할 수 있었다. 문명전파는 어느 끝에서 시작되는 것이 아니라 그 중심점에서 문화의 등고선에 따라 사방으로 가지를 뻗은 것이라 할 수 있다. 지금은 사라져서 존재하지 않은 것처럼 보이지만 중앙아시아문명을 주목하지 않을 수 없다. 코리언 루트는 이곳으로 연결된다고 본다.

후기

1 역사의 편린을 주워 모으다가 '상고사의 줄기'를 잡아당겼다. 그 줄기에는 '삼국(三國)의 태동'이란 사료(史料)가 주렁주렁 매달려 있었다. 혼자 감당하지 못할 만큼 상고사의 스케일이 커진 데는 궁금역사가 고구마 줄기처럼 얼기설기 이어지고 확대된 때문이다.

신라, 고구려, 백제는 한반도에서 태동하지 않았다. 고구려는 그러려니 예상했지만 신라의 시작이 중국 대륙이라는 것에 필자도 크게 놀랐다. 반론에 대비하여 이중삼중으로 증거자료를 확보하고 있다.

증거자료를 확보하는 중에 가장 어려웠던 부분은 백제 위례성 서쪽에 바다가 있다(서조대해, 西阻大海)는 『삼국사기』의 기록이었다. 이런 것들이 해결되고, 신라와 백제가 중국 대륙에 있다는 전제 아래 『삼국사기』를 읽으니, 전에는 뭔가 좌우로 걸리던 문제들이 봄눈 녹듯 사라졌다.

이제 남은 과제는 중국 땅에서 신라, 고구려, 백제의 흔적을 찾는 일이다. 최근 산시성(山西省) 린펀(臨汾)시에서 금성(金城)이라는 석판이 달린 토성(土城), 즉 '금성보유적(金城堡遺蹟)'이 발견되었다. 이처럼 다른 곳에서도 많은 자료를 찾을 수 있었으면 한다. 중국이 개발되면서 많은 자료들이 소멸되지 않았나 우려한다. 삼국의 태동이 한반도가 아니라 중국에서라는 사실을 좀 더 일찍 알게 되었더라면 좋았을 텐데 하는 아쉬움이 생겼다.

2 필자는 젊은 날부터 일본이 '조선총독부'를 설치한 장소(한양성 경복궁 터)에 주목했다. 조선총독부를 강원도나 두만강에 두지 않고, 왜 서울(왕궁 터)에 두었을까? 그들이 조선 속국을 통제하려면 그 심장부를 장악해야 하기 때문이었다.

위만조선을 멸망시킨 한나라 입장에서 한사군과 낙랑군 자리를 찾아봤다. 한나라는 낙랑군을 어디에 설치하는 것이 효율적이었을까? 그런 관점에서 낙랑 관련 문헌만 수집한 것이 아니다. 위만의 수도 서울 '왕험성(王險城) 관련 자료'도 찾고 있었다. 왕험성(왕검성)을 찾으면 '낙랑군'의 그림자를 찾을 수 있을 것 같아서였다.

낙랑 관련 자료를 정리하다가 그동안 눈여겨보지 않았던 결정적 기록을 기억해 냈다. 중국 문헌『수서』와『구당서』에 '신라의 위치가 한나라 때 낙랑 땅'이다. 중국 대륙에서 태동했다는 신라의 위치를 파악하면서 연달아 따라오는 고구마줄기 같았다.

한반도 대동강에 한사군 '낙랑'이 있었다는 중국 문헌기록은 아무데도 없다. 일본이 실증이라 주장하던 '점제현신사비'와 '낙랑 봉니'가 신뢰를 잃고 있다. 남아있는 것은 일본이 써 준 '조선사' 역사책 속의 기록뿐이다.

이제 우리는 무엇을 해야 하는가? 우선 감격의 소리를 힘껏 지르자. "우리는 한사군민의 자손이 아니다" 다음은 '한반도가 한나라 속국'이라고 표시한 미국의 세계사 지도 회사를 찾아가 정정을 요구해야 한다. 세계 역사부도에 영향력이 크기 때문이다.

그 다음은 세계 각국에 이 사실을 알려야 한다. 이렇게 가슴 벅찬 일을 누가 해야 할 것인가? 아마도 우리 독자가 해야 하지 않을까 한다.

3 필자에겐 독자들처럼 궁금한 역사가 참 많았다. 그 중에 오랫동안 풀지 못해 고민하던 난제도 있었다. 예를 들어 월주백제 성왕이 부왕인 무령왕의 묘를 왜 숨기듯 바다 건너 한반도에 매장하였을까? 무령왕이 죽기 직전(523년 2월)에 한수(한강)와 한성에 행차했다는 기록이 『삼국사기』에 있다. 그곳이 과연 어디일까? 이러한 난제들이 일시에 풀렸다. 박창화의 필사본 〈고구려사초〉 덕에 해결된 것이다.

박창화의 필사본 『상장돈장』 덕분에 신라의 미스터리, '이사금과 부인의 관계', '갈문왕 추존의 비밀', '이사금 부인이 가끔 공백인 까닭', '이사금 체제의 정착 시기', '박혁거세 시해사건과 오릉(사릉)의 내력' 등도 일시에 풀렸다.

필자는 필사본을 허겁지겁 받아들이지 않는다. 필사본 속에 이러한 난제들에 대한 해답이 있는 것도 아니다. 필사본에 나온 시대 상황을 보면, 이러한 난제들을 풀 수 있는 열쇠가 보인다.

현재 우리 국사학계는 어떤 모습인가? 필사본의 진위 논쟁에 함몰되어 헤어 나오지 못하고 있다. 필자가 이들에게 제안을 하고 싶다. 그러한 시간과 여력이 있다면, 우리 정부를 통하여 일본 정부와 교섭하여 우리에게서 빼앗아간 '황(왕)실 도서 반환' 노력을 해야 할 것 아닌가? 반환이 어려운 일이라면 '열람'이라는 국제적 선례도 있으니, 그런 노력이라도 해야 하지 않을까 한다. 그렇게 되면 필사본 진위도 자연스럽게 해결되고 우리 한국사 복원 자료도 확보될 수 있다고 본다.

4 필자는 '환빠'라는 오명을 감내하면서 『환단고기』의 기록을 인용하였다. 『환단고기』가 위서(僞書)가 아니라는 신념이 있기 때문이다. 또한 독자들이 이 책을 통해 삼국의 태동이 한반도가 아니라는 역사적

사실에 공감한다면 도리어 현행 국사교과서가 '위서'라는 사실을 인지하게 될 것이다. 위서 논쟁에 국력을 소모할 일은 아니다. 위서라고 몰아붙이는 세력들은 자기네 역사관이 더 심각한 위사(僞史)가 아닌가부터 돌아봐야 한다.

남은 과제는 위사 문제를 그냥 두어도 될 것인가 하는 점이다. 민족의 존엄을 위해 바로 잡아야 한다. 아이들에게 '한사군의 거짓'을 언제까지 가르칠 것인가? 중국 문헌과 역사를 살펴보면 그들에겐 상고사가 있다. 『일본서기』에도 상고사가 있다. 우리와 똑같이 다낭(시)에 한강(漢江)이라 이름 붙인 베트남에도 상고사가 있다. 그런데 우리 한국사에는 상고사가 없다. 정말 우리는 미개한 민족의 후손인가?

상고사를 복원하려면 두 가지 방안이 있다. 그 첫째 방안이 일본 황(왕)실 도서를 반환 받든지, 열람하든지 하여 잃어버린 상고사를 복원하는 일이다. 그게 당장 어려우면 둘째 방안으로 『환단고기』를 중국이 아니라 우리의 상고사로 인정해야 한다. 『환단고기』의 기록이 주로 중국과 만주의 땅을 배경으로 쓰여졌다. 필자가 보기엔 중국 역사가 아니라 우리 조상의 역사가 틀림없다.

이 책 속에 무궁무진한 역사 자료가 창고의 보물처럼 담겨있다. 한국사의 상고사 부분을 복원하려면 『환단고기』를 외면해서는 안 된다.

과학과 이성과 논리를 갖춘 젊은 사학도가 앞으로 우리 역사를 바로잡아, 새로 써 주기를 바라는 마음이 간절하다.

참고문헌

◇ 국립중앙도서관, 「고지도를 통해 본 경기지명연구」, 국립중앙도서관 고문연구총서 ②(2011).

◇ 김부식 지음, 이재호 옮김, 『삼국사기』(1) (2) (3), 솔(1997).

◇ 김상일, 『인류문명의 기원과 한』, 상생출판(2018).

◇ 김종수 외, 『고등학교 한국사』, 금성출판사(2013).

◇ 박시인, 『알타이 신화』, 청노루(1994).

◇ 박창범, 『하늘에 새긴 우리역사』, 김영사(2018).

◇ 박창화(남당) 필사본, 『고구려 사초/략』〈23대 안원왕(安原王) 편〉.

◇ 박창화(남당) 필사본, 『상장돈장(上章敦牂)』.

◇ 박창화(남당) 필사본, 『위화진경』.

◇ 소진철, 『해양대국 대백제』, 주류성출판사(2008).

◇ 손성태, 『우리민족의 대이동』, 코리(2014).

◇ 신채호 저, 이만열 주석, 『주석 조선상고사(註釋 朝鮮上古史)』상·하, 형설출판사(1983).

◇ 안경전 옮김, 『청소년 환단고기』, 상생출판(2012).

◇ 엔닌 저, 신복룡 역주, 『입당구법순례행기』, 정신세계사(1991).

◇ 오운홍, '검단(黔丹)은 선사시대 한자용어의 군사방위 개념이다', 『해동문학』, 2014. 여름(통권86호).

◇ 이기백, 『한국사신론』, 일조각, (1972).

◇ 이중재, 『산해경(山海經)』, 아세아문화사(2000).

◇ 이중재, 『상고사의 새 발견』, 명문당(1993).

◇ 이형구·이기환, 『코리안 루트를 찾아서』, 성안당(2010).

◇ 일연 지음, 이재호 옮김, 『삼국유사』(1) (2), 솔(2008).

◇ 임승국 번역, 『한단고기(桓檀古記)』 정신세계사(2016).

◇ 존 브라이트 저, 김윤주 역, 『이스라엘의 역사』 상권, 분도(1978).

◇ 크레이머 저, 박성식 역, 『역사는 수메르에서 시작되었다』 가람기획(2018).

◇ 해저지도, 국립해양조사원 해도(K-2010), 한국해양(주).

◇ 『China Road Atlas』 山東省地圖出版社(2006).

◇ 『World History』 (미)글렌코 맥그로 힐 출판(2004).

재인용한 중국의 사서

◇ 『수서(隋書)』 『구당서(舊唐書)』 『통전(通典)』 『위서(魏書)』 『송서(宋書)』 『남제서(南齊書)』 『자치통감(資治通鑑)』 『양서(梁書)』 『삼국지(三國志)』 『후한서(後漢書)』 『사기(史記)』 『흠정만주원류고(欽定滿洲源流考)』 『상서대전(尚書大傳)』 『문헌통고(文獻通考)』 『북사(北史)』 『사기사전(史記辭典)』 『태평어람(太平御覽)』 『남사(南史)』 『북제서(北齊書)』 『한서(漢書)』 『상서대전(尚書大傳)』 『주사(周史)』 『진서(晉書)』 『수경주(水經注)』 『요사(遼史)』 『사고전서(四庫全書)』

웹문서

◇ 고구려역사저널 www.greatcorea.kr

◇ 나무위키, namu.wiki/w/황남대총.

◇ 한국타밀연구회(Korean Society of Tamil Studies) 회장, 김정남의 글.

◇ DAUM백과, 한민족문화대백과사전/신궁神宮.

관련 신문기사

◇ 〈경북일보〉, '연오랑 세오녀 연구소' 개소식, 2009.12.8.

◇ 〈경향신문〉, '초원으로 뻗은 발해의 초피로(貂皮路)', 2009.10.13.

◇ 〈경향신문〉 주간지 '뉴스메이커', 허황후의 고향 아유타(阿喩陀)가 인도남부타밀나

두주(州)의 아요디야쿠빰(AyodhyaKuppam)이다, 2005. 8. 16.

◇ 〈동아일보〉, '무령왕릉 발굴' 기사, 1971년 7월 8일

◇ 〈매일신문〉, '우리 역사의 외연(外延)을 넓혀가야!', 2018. 6. 22.

◇ 변정용, 울산북구의 '쇠불이 축제', 〈서라벌신문〉, 2012. 10. 22.

◇ 〈세계일보〉, '최고(最古) 고려수묵화 찾았다', 2013. 3. 18.

◇ 인터넷신문, 〈스카이데일리〉의 2017. 7. 15. '조선사편수회' 관련 기사.

◇ 〈연합뉴스〉, 중국 요서에서 '임둔(臨屯)' 봉니 출토, 2002. 4. 11.

◇ 〈연합뉴스〉, 1만8천 년 전 백두산 흑요석, 700㎞ 떨어진 대구 온 까닭은, 2017. 1. 7.

◇ 〈한겨레신문〉, '이덕일 주류역사학계를 쏘다, 유적 유물로 보는 한사군', 2009. 6. 9.

◇ 〈한국일보〉, '비류(沸流)는 몽고의 부이르 호수' 관련 기사, 1980. 1. 23.

◇ 〈한인일보〉(중앙아시아 카자흐스탄 교민신문), '카자흐스탄서, 세계에서 가장 오래된 피라미드 발견', 2016. 8. 28.

◇ The Korea History Times, 2018. 1. 18.

색인

창도(彰道) 오운홍(吳雲弘)

저자는 제주사범학교를 졸업하고, 국민대학을 거쳐 건대 행정대학원에서
교육행정학 석사학위, 단국대학교에서 교육학 박사학위를 받았다.

교육부 교육연구관, 서울양재초등학교 교장, 서울면동초등학교 교장,
교육부 장학관을 역임했다.
단국대학교와 협성대학교에서 외래교수로서 교육학 강의를 맡은 바 있다.
시인, 문학평론가, 해동문인협회 회장, 강원일보 칼럼니스트로 활동하였다.

저서로는
시집『낯설므로 때론 자유롭다』,
수상집『손자에게 주고 싶은 보물이 몇 개 있습니다』,
평론『한용운의 님의 세계』,
역사비평『표면과 이면의 역사 거슬러 오르다』,
『대통님 춥고 배고파요』가 있다.